地方金融转型发展路径研究
重庆市金融业"十三五"发展思路

主编 张洪铭

责任编辑：石　坚
责任校对：张志文
责任印制：丁淮宾

图书在版编目（CIP）数据

地方金融转型发展路径研究——重庆市金融业"十三五"发展思路（Difang Jinrong Zhuanxing Fazhan Lujing Yanjiu: Chongqingshi Jinrongye "Shisanwu" Fazhan Silu）/张洪铭主编. —北京：中国金融出版社，2017.9

ISBN 978 – 7 – 5049 – 9111 – 9

Ⅰ.①地… Ⅱ.①张… Ⅲ.①地方金融事业—经济发展—研究—重庆—2016—2020 Ⅳ.①F832.771.9

中国版本图书馆CIP数据核字（2017）第178321号

出版
发行　中国金融出版社
社址　北京市丰台区益泽路2号
市场开发部　（010）63266347，63805472，63439533（传真）
网 上 书 店　http://www.chinafph.com
　　　　　　（010）63286832，63365686（传真）
读者服务部　（010）66070833，62568380
邮编　100071
经销　新华书店
印刷　北京市松源印刷有限公司
尺寸　169毫米×239毫米
印张　17
字数　249千
版次　2017年9月第1版
印次　2017年9月第1次印刷
定价　68.00元
ISBN 978 – 7 – 5049 – 9111 – 9
如出现印装错误本社负责调换　联系电话（010）63263947

本书编委会

主　　编：张洪铭

编　　委：何海峰　程　炼　康继军
　　　　　邓　涛　顾　胥　李　瑜
　　　　　付蕴英　罗超平　沈朋雁
　　　　　付　海　孙迎新　李　英

序

直辖 20 年来，重庆市金融业发展日新月异，金融综合实力稳步提升，金融总量规模迅速增长。2009 年 1 月，国务院发布了《关于推进重庆市统筹城乡改革和发展的若干意见》（国发〔2009〕3 号），明确将重庆定位于长江上游地区金融中心。"十二五"期间，重庆建设长江上游地区金融中心取得了跨越式发展，金融组织体系更加完善，金融服务功能明显增加，金融对外开放不断扩大，金融生态环境持续改善，为重庆市金融业转型发展打下了坚实基础。"十三五"时期，重庆市委、市政府将继续认真贯彻落实中央的决策部署，紧抓"一带一路"、长江经济带、西部大开发等重大机遇，并根据《中共重庆市委关于制定重庆市国民经济和社会发展第十三个五年规划的建议》提出重庆市建设国内重要功能性金融中心的战略构想，推动重庆由长江上游地区金融中心向国内重要功能性金融中心转型发展。

2015 年，在深入研究重庆市金融发展目标和主要任务的基础上，重庆市金融办启动编制《重庆市金融业"十三五"发展规划》，在规划编制过程中，经过反复调研、征求意见、论证和修改，最终形成《重庆市建设国内重要功能性金融中心"十三五"规划》（以下简称《规划》），每次修改都体现了重庆市金融转型发展思路的升华。为提升重庆市建设国内重要功能性金融中心的影响力，同时记录保存重庆市在国内功能性金融中心建设思路上的探索历程，组织汇编了《地方金融转型发展路径研究——重庆市金融业"十三五"发展思路》。该书主要包括路径沿革、路径论证、路径确立三个篇章，汇集了重庆市金融业"十三五"发展规划相关研究及历次征求意见稿等内容。《规划》最终明确了"十三五"期间重庆市金融转型发展的目标、重点任务和措施等内容，是"十三五"期间重庆市金融转型发展的行动指南。

《地方金融转型发展路径研究——重庆市金融业"十三五"发展思路》的出版发行，得到了主管部门重庆市金融工作办公室的大力支持，也得益于中国社会科学院金融研究所、重庆市发展改革委、人民银行重庆营管部、重庆银监会、重庆证监会、重庆保监会、重庆社会科学院、重庆大学、西南大学等相关部门单位的支持和帮助，以及众多专家学者的鼎力帮助，该书客观反映了《规划》的编制过程，再现了重庆市对功能性金融中心建设思路的探索过程，为地方金融转型发展路径研究提供了一种思路，具有一定的参考价值和借鉴意义。

张洪铭

重庆市金融发展服务中心

2017 年 6 月 30 日

目 录

第一部分 路径沿革——建设区域性金融中心

金融业发展目标及主要任务研究……………………………………… 3

重庆市金融业"十三五"发展规划（初稿）……………………………… 23

第二部分 路径论证——建设功能性金融中心

重庆市金融中心建设"十三五"规划平行研究
　　——建设国内重要功能性金融中心………………………………… 61

金融业指标体系构建与论证…………………………………………… 102

关于加快建设国内重要功能性金融中心的研究报告………………… 185

重庆市建设国内重要功能性金融中心"十三五"规划（征求意见稿）…… 195

第三部分 路径确立——重庆市金融业发展方向

重庆市建设国内重要功能性金融中心"十三五"规划及解读………… 221

后记………………………………………………………………………… 264

第一部分
路径沿革——建设区域性金融中心

1997年6月18日，重庆直辖市正式挂牌，重庆金融业进入新的历史起点。直辖前十年，重庆金融业尚处发展初期，金融中心建设尚无明确定位。2006年1月，全市印发《重庆市国民经济与社会发展第十一个五年规划纲要》和《关于促进重庆金融业加快发展的若干意见》，首次从市级层面明确了"把重庆建设成为长江上游经济中心"的发展定位，提升金融业发展地位，并将金融业作为重要支柱产业。2009年1月，国务院印发《关于推进重庆市统筹城乡改革和发展的若干意见》（国发〔2009〕3号），从国家层面明确定位重庆为长江上游地区金融中心，重庆建设金融中心上升为国家战略。"十二五"期间，重庆加快提升金融业的区域集聚力和辐射力，重庆金融业整体实力已居于中西部地区前列。

综观重庆市金融业发展的历史沿革，从将重庆金融业作为重要支柱产业，到将重庆建设成为长江上游地区金融中心，从区域发展规划上升到国家战略，总体路径都是建设地区金融中心，将长江上游作为主要的集聚和辐射区域。为与建设地区金融中心的总体路径保持一致，我们在深入研究重庆市金融发展目标及主要任务的基础上，于2015年下半年，沿革"建设长江上游地区金融中心"的目标定位，启动编制了《重庆市金融业"十三五"发展规划》（初稿）。

金融业发展目标及主要任务研究

一、重庆市金融业"十三五"发展目标

金融业在稳增长、调结构、促转型、惠民生中，发挥着重要作用。未来我国金融改革发展将致力于：一是放松金融管制，加快推进利率市场化，让市场在金融价格形成中起决定性作用。二是推动资本供给制度的改革，降低金融行业准入门槛，建立多层次金融体系，满足不同类型实体经济的金融需求。三是构建开放型金融体制，加快实现人民币资本项目可兑换。四是弥补市场失灵，发挥政策性金融作用，在公共品融资与系统性风险防范上发挥政府作用。

因此，"十三五"期间，国家在保持宏观金融政策稳定性、连续性的同时，通过金融改革发展，优化金融资源配置，用好增量、盘活存量，将更有力地支持经济转型升级，更好地服务实体经济发展，更有针对性地促进扩大内需，更扎实地做好金融风险防范。

（一）指导思想

"十三五"期间，重庆市应充分利用国家推进"一带一路"和长江上游经济带发展战略以及建设国家中心城市为契机，以建设长江上游区域性金融中心为龙头，以建立和完善多层次完备的金融市场体系为主线，以建设国际结算型金融中心、全国金融要素市场集聚中心、西部离岸金融中心为重点；以培育多元化金融市场主体，建设科技金融、绿色金融、惠民金融等新型金融为突破口；以提高金融服务全市实体经济的质量和水平为重点；以打造人民币跨境电子转账平台、银行卡跨境交易结算平台、电子商务跨境集中结算平台、金融信息跨境交换平台等金融基础设施为支撑，以

制度建设、强化监管和人才建设为保障,"做全"金融组织体系、"做大"地方金融机构、"做强"金融薄弱领域、"做深"现代金融服务,进一步提高直接融资比重,使金融业成为重庆现代服务业中的重要支柱产业,形成金融各业全面发展的格局,长江上游金融中心的辐射带动作用得到充分发挥。

(二)基本原则

——坚持市场主导、强化金融政策引导原则。充分发挥市场的基础性作用,一方面要进一步优化金融业自身的结构、布局和质量,进一步完善金融组织体系和金融市场体系;另一方面要充分发挥金融政策在促进经济发展方式转变、产业结构调整、城乡一体化发展、民生保障改善等方面的引领作用。

——坚持服务发展、突出实体经济主线原则。坚持服务经济社会发展为金融工作的根本出发点,注重拓展融资渠道,优化金融资源投向结构和金融服务功能的提升,保证金融要素供给。同时,金融要围绕服务实体经济这条主线,深入推进业务模式、服务模式、管理模式全方位转型和持续性创新,不断提高服务实体经济的能力和水平。

——坚持改革创新、注重金融安全稳定原则。把创新作为加快发展的重中之重,鼓励发展新型金融市场和金融机构,积极引进国内外金融机构,推动金融机构加快理念、管理和体制机制创新,以金融创新提升金融业竞争力。同时,要注重安全稳定。改革创新是金融发展的活力之源,安全稳定是金融发展的基本保障,既要保证金融创新发展,又要注重防范风险,切实维护金融安全稳定。

——坚持生态建设、实现金融持续发展原则。建设好金融生态环境,发挥政府对金融改革发展和稳定的保障与促进作用,更加注重金融生态环境建设,健全有效的监管机制,为金融业构建良好的发展环境。金融机构要处理好加快发展与防范风险的关系,注重提高金融业可持续发展能力和金融运行质量。

（三）发展目标

1. 总体目标

继续坚持金融改革、开放和创新，健全金融组织体系、金融市场体系、金融服务体系，改善金融发展环境，积极发展国际金融结算业务，不断增强金融业综合实力和抗风险能力，力争在2020年，把重庆建设成为金融机构多元化、金融运作市场化、金融业务国际化、金融管理法治化、金融手段现代化和金融发展良性化的，立足重庆、辐射我国中西部地区的，以国际结算为特征的长江上游金融中心。

2. 具体目标

——金融对全市经济社会发展的服务能力进一步提升。金融在全市经济中的战略支柱地位持续加强，到"十三五"末，金融业增加值占地区生产总值比重达到14%左右，金融发展规模、质量、环境等方面达到内陆金融中心城市的较高水平。金融的资源配置、融资支持、保险保障功能进一步增强切实支持实体经济和战略性新兴产业发展。普惠金融、科技金融与文化金融实现创新发展，为公共服务与科技水平提升、文化软实力提升提供有效支持。

——长江上游金融中心功能得到显现，金融的创新力、辐射力和影响力进一步提升。两江新区对国家金融综合改革创新的示范引领作用充分发挥。成为长江上游的金融机构、金融资源的聚集地，金融信息和金融人才的汇集地，金融创新发源地和金融人才的培训地。金融产品和服务创新系统化推进，金融机构种类齐全，数量大幅增加，形成国际金融活动、国内外金融机构总部聚集区，成为全国金融中心网络的重要组成部分。

——进一步健全金融组织体系，实现各类金融机构全面发展、融资结构均衡的新格局。到2020年，各类银行、期货、证券、保险、信托、基金、租赁、财务公司及创新型金融机构在内的金融机构组织体系健全，各类金融机构数量力争超过2000家，能够满足各种层次经济主体的金融需求。新增境内外上市公司150家以上，证券化率达到100%，保险深度和保险密度保持全国前列。直接融资、间接融资均衡创新发展，直接融资比重保持在60%以上。

——形成结构合理、功能完善、规范透明、稳健高效、开放包容的多层次资本市场体系。充分发挥市场在资源配置中的基础性作用，完善市场体系，建立多层次、多行业、多品种的股票市场、债券市场、期货市场、私募市场以及各类要素市场。金融要素市场实现高端化整合发展，逐步成为部分商品的价格形成中心。积极完善区域股权交易市场的基础制度架构、积极开展制度创新。到2020年，力争形成若干个千亿元级别和百亿元级别的交易所。加快发展碳金融要素市场，形成绿色金融体系。

——不断完善金融服务体系，大力发展创新性金融和小微金融。创业投资与股权投资的规模和结构保持西部首位，银行业金融机构小企业贷款年度增速不低于全部贷款平均增速、小企业贷款年度增量不低于上年增量。农村金融体系进一步健全，小额贷款公司数量达到200余家，为率先形成城乡经济社会一体化发展新格局提供有力支撑。地方政府金融管理体制更加完善，金融政策支持体系更加健全，政府金融服务体系更加有效，形成政策有力、服务高效、安全稳定的服务环境。

——金融生态环境进一步优化，质量效益较好。不良贷款额和不良贷款率继续保持国内较低水平，风险防范机制进一步完善，金融机构资产质量和效益进一步提高，成为全国金融生态优良地区。高端金融人才持续聚集，形成高端金融人才汇集区。社会信用体系基本建立，专业中介服务水平进一步提升，金融发展环境的国际竞争力明显增强。金融法治环境进一步完善，金融安全稳定建设进一步加强，形成西部金融风险管理中心。

3. 主要指标

——银行业：到2020年末，全市银行业金融机构资产总额达到8万亿元（2014年35223.9亿元）实现翻番目标，存款达到5万亿元（2014年25160.1亿元）以上，贷款达到4万亿元（2014年20630.7亿元）以上。盈利能力逐步增强，资产质量逐渐改善，不良贷款率符合监管要求。农村金融服务体系不断健全，全市新型农村金融机构达到100家。开放力度进一步加大，积极引进优秀的国内外商业银行到渝设立分支机构，力争外资银行分行及代表处达50家以上。地方法人金融机构实力进一步壮大，资金集聚和辐射能力进一步增强。

——证券业：到 2020 年末，全市上市公司总市值在目前基础上翻一番；上市公司总数达到 150 家以上，推进 50 家以上上市公司实现再融资，首发融资和再融资 2000 亿元人民币以上。多层次资本市场体系不断完善，地方法人证券、期货公司治理结构进一步完善，竞争实力不断增强，力争培育国内一流的证券、期货公司；基本形成布局合理、功能完善、服务优良、交易方式先进的证券期货营业网点服务体系。

——保险业：到 2020 年末，全市保险业年保费收入达到 1500 亿元，保险深度达到 10%，保险密度达到 4000 元。转变发展方式、调整保险结构、大力发展责任险、农业险、健康险和养老险。积极培育地方法人保险机构，提升在区域和全国的竞争力。支持国内外知名保险机构在渝建立区域管理机构、后援服务中心和业务研发中心。保险中介市场发育完善，服务能力明显增强。保险区域结构、业务结构、渠道结构不断优化。风险防范体系基本健全，公司治理结构完善，市场运行规范有序。

——其他金融组织：到 2020 年末，通过扩大试点和规范发展，小额贷款公司、融资性担保公司、互联网金融机构、金融中介服务机构等创新型机构数量大幅增加，实力不断增强。各类创新型金融机构超过 1000 家，并实现规范发展。

——要素市场：到 2020 年末，将重庆建设成为除金融资产交易所、重庆农畜产品交易所、重庆农村土地交易所、重庆联合产权交易所、重庆股份转让中心、重庆航运交易所、重庆药品交易所之外的重庆金属产品交易所、重庆碳交易中心、综合农产品交易中心或票据市场中心、保险市场中心、直接融资中心、金融创新中心等金融要素市场中心。

——金融监管：大力推进金融基础性制度建设，加大金融基础设施建设力度，加强金融监管机制建设，优化监管制度和程序，通过市场准入及监管考核评价等手段，引导和支持金融机构创新产品和服务方式，通过科学监管实现金融业又好又快发展。对创新型金融，要完善监管机制和市场退出机制。

——金融创新：充分适应新常态下金融改革和发展的要求，围绕推进利率市场化、放宽市场准入、互联网金融的发展，金融资产结构、盈利结构以及经营渠道将深度调整，建设行业持续规范发展的框架，在市场准入、流动性以及风险处置机制上进行动态探索，构建鼓励创新的机制，系统推进金融产品和服务方式创新。

——金融生态环境：着力于整个行业的信息收集共享、数据库、征信评级等基础设施建设，实现高端金融人才持续聚集，金融人才培养体系、社会信用体系基本建立，专业中介机构服务水平进一步提升目标。地方政府金融管理体制持续完善，金融政策支持体系健全完善，金融服务体制机制进一步健全，形成政策有力、服务高效、安全稳定的金融生态环境。

二、重庆市金融业"十三五"主要任务

"十三五"时期，重庆市金融业发展的主要任务是：

——进一步完善长江上游区域性金融中心的功能和作用，进一步增强重庆市对长江上游地区和西部地区的经济与金融辐射影响力。

——通过健全金融机构体系和市场体系，增强金融服务能力，推动经济结构调整和经济发展方式转变。

——充分发挥市场在金融资源配置中的基础性作用，着力深化金融业的改革创新，提高金融服务实体经济的能力。

——加强对科技创新、民生工程、节能减排的金融支持，延伸金融产业链，积极发展科技金融、惠民金融、绿色低碳金融等。

——深化金融对外开放，把握好对外开放的时机、力度和节奏，使金融对外开放与经济发展水平、市场发育程度和金融监管能力相适应。

——不断完善金融业的空间布局，合理配置金融资源，推动资源的有序流动，高效配置。

——不断完善金融生态环境，强化金融业的协同监管，创建金融安全区，促进金融业的可持续发展。

——完善金融业相关支持政策，确保金融业"十三五"规划目标能顺利实现。

（一）发挥金融中心功能和作用，增强辐射力、影响力

重庆市金融中心的定位是以结算为主体的金融中心。在银、证、保等主流金融业务、非银行类金融机构、区域性要素市场建设的基础上，构成辐射长江上游广大地区的具有特色的结算型金融中心。因此，"十三五"时期，重庆市将继续适应新常态，全面深化改革，扩大开放，金融业的改革创新和转型升级将不断加快，运行的质量和效益进一步提升，金融市场更具活力，金融业核心竞争力将进一步增强。到2017年，基本建成以金融结算为特征的长江上游区域性金融中心。到2020年，长江上游金融中心的功能将进一步得到显现，辐射力和影响力将进一步强化。

——提高认识，推进"中心"建设。建设长江上游金融中心，对加快推进重庆对外开放程度和打造内部开放高地有着积极的作用，是国家实施"一带一路"战略和长江上游经济带发展战略的需要，也是继续深入实施西部大开发，将重庆建设成为国家中心城市的需要。因此，各级各部门要提高对金融中心重要性的认识，健全金融工作机构，完善金融工作组织协调机制，加强协作配合，形成齐抓共推的工作合力。

——科学定位，强化"中心"功能。长江上游是一个流域概念。长江上游金融中心是我国中西部地区重要的金融中心，重庆区域金融中心至少具有金融枢纽功能，是区域性的资金聚集中心，必须集借贷、证券、外汇、信托、保险等金融业务于一体，能通过市场机制迅速地集中和扩散巨额资金，是资金融通、各种金融业务、金融创新和金融信息集中的枢纽。通过资金强有力的聚集和辐射，促进自身经济快速增长和辐射区域的经济高速增长。此外，还包括金融对接功能、金融创新功能、金融示范功能以及信息集散功能。

——差异发展，突出"中心"特色。建设长江上游金融中心，要突出银证保之外的另类金融中心特色，以建立和完善多层次金融市场体系为主线，以开辟新兴金融市场、发展新型金融产品、培育多元化金融市场主体为突破口，以制度建设和人才建设为保障，探索为沿江经济、内陆开放经济服务的金融模式，把重庆建设成为辐射长江上游地区乃至中西部地区的

区域金融中心，实现金融产业跨越式、超常规发展。

——明确重点，抓好"中心"工作。建设长江上游金融中心，要围绕金融总部商务区、金融市场中心、金融服务中心作文章。建设金融总部商务区，引导国内外金融资源向重庆金融总部商务区集聚。加快建设西部金融市场和交易中心，使之成为既有西部地区特色和优势，又有全国影响力的金融市场和交易中心。建设西部金融服务中心。积极推动金融后台服务业集聚区建设，使重庆成为全国金融后台服务机构最多、配套服务功能最完善的金融后台服务中心。

——优化结构，提升"中心"功能。鼓励和引导银行金融机构改善资金供给，积极争取信贷额度，引入外地资金，盘活存量资金，保证信贷投入的较快增长。积极创新和灵活运用各种贷款方式，确保重点建设项目、重点企业的资金供应，重点支持保障性安居工程、"三农"、基本公共服务体系建设、节能减排和生态环境、区域协调发展、重大基础设施、自主创新和战略性新兴产业、能源资源深度转化、优势特色产业等领域发展，保持贷款投放的连续性和稳定性，进一步发挥"中心"服务重庆发展的功能。

（二）完善多层次金融市场体系，拓宽企业融资渠道

——建立多层次、完善的金融市场体系。完备的金融市场体系，包括货币市场、资本市场、外汇市场、衍生金融工具市场、黄金市场等一应俱全，债券、股票、权证等金融工具多种多样，以此满足金融主体融资、支付清算、风险管理等不同种类和不同层次的金融需求，使资金在追逐利益中自由流动，形成一个透明高效、互联互通的金融市场格局。

1. 建立信贷市场中心，为信贷二级市场交易搭建平台

为促使重庆信贷市场中心的建立，应尽快在重庆建立信贷资产转让交易中心，成为重庆建设信贷市场中心的有效载体。该交易中心是集信贷资产交易、托管、清算、查询等功能于一体的信贷资产转让交易平台和信息平台，可以有效解决目前信贷资产转让交易中存在的信息不对称、合同标准化程度低等问题。通过该交易中心的建立，可以实现信贷资产转让交易的集中化和标准化，推动重庆市逐步形成立足重庆、面向西南、辐射全国的信贷市场中心。

2. 利用电子票据交易，把重庆建成信贷资产交易中心

电子票据交易中心落户重庆，服务全国，为参与票据市场交易的各类经济主体提供交易平台和信息平台。通过该中心的建立，实现票据交易的电子化、集中化和票据资产的标准化，形成全国统一的集票据交易、托管、清算、查询等功能于一体的电子化票据交易平台，提高票据交易各环节的技术水平，增强交易的安全性和报价的时效性，解决市场主体间信息不对称以及查询、鉴证难等问题。电子票据交易中心将有效维护票据市场交易信用秩序，促进各金融机构将票据运营中心设在重庆，聚集金融电子化人才和交易人才，有效扩大重庆在全国金融市场上的影响力。

3. 促进资本市场发展，提高直接融资比重

以资本市场建设作为突破口，加快发展多层次资本市场体系，超常规发展为区域性金融中心。OTC 市场通过有效引导资本、人才、信息等资源向西部自然流动，促进企业上市融资和再融资，加强上市企业资源储备库建设，增加上市公司数量，进一步扩大直接融资规模。扩大企业债券和公司债券发行规模、推动产业投资基金、创业投资基金、风险投资基金和私募基金的设立。发挥重庆股份转让中心的作用，加强区域性场外市场建设，积极纳入全国新三板市场体系。规范上市公司运作，提高上市公司质量。支持符合条件的上市公司优先通过公司债券进行融资，运用好其他债券融资方式，增加企业债券、中期票据和短期融资券发行规模。强化证券期货行业服务功能，促进证券期货行业创新发展。建立与国内大型保险总公司的战略合作关系，开展保险资金与重大项目的投资对接活动，扩大利用保险资金的规模。提高上市公司质量，鼓励开展并购重组和再融资。力争到 2020 年末新增境内外发行上市企业 100 家，场外市场挂牌总数达到 600 家。

4. 完善金融要素市场体系，提升竞争力和辐射力

在重庆设立产权交易所、农畜产品交易所等金融要素市场机构，在此基础上，重点培育一批具有较强资源配置力的金融要素市场机构。围绕技术、金融资产、版权、产权等具备突出优势的重点领域，加快相关金融要素市场的培育和发展，提升对全国的影响力，推动碳交易、金融信息交易等金融要素市场加快发展。加快发展一批可形成定价中心的金融要素市场机构，如金属产品、综合农产品，加强相关市场的信息整合力度，培育合格投资人与专业化的大宗商品分析师队伍，打造具有国内影响力的行业定价中心。

5. 完善金融专业市场，增强金融资源集聚和配置能力

大力发展货币市场，加快银行间同业拆借与债券市场的发展，规范发展票据市场，扩大商业承兑汇票的使用和流通，提高票据的资金融通功能。改善和扩大个人信贷服务，支持城乡居民扩大消费和主动创业。发展金融衍生产品市场，促进金融机构金融衍生产品业务的发展。加快发展资本市场。有计划、分层次推动更多的企业进入资本市场，不断提高上市公司质量，充分发挥产权交易市场在促进产业资本有序流动、多渠道吸引民间资本、有效配置社会资源方面的作用。努力推进保险市场建设。大力发展企财险、工程险、货运险等保险业务。深化政策性农业保险试点工作，加快建立多形式经营、多渠道支持的农业保险体系。积极发展个人、团体养老等保险业务，提高保险业参与新型农村合作医疗水平，发展适合农民需求的健康保险和意外伤害保险。

6. 发展金融结算业务，强化离岸金融服务

大力发展加工贸易离岸结算。支持各类金融机构依托重庆出口加工、贸易产业链，大力开发国际化金融服务产品和工具，积极发展面向国际市场的离岸结算业务。大力发展电子商务国际结算，完善电子商务真实性认证体系。探索在邮政、农贸、药品、旅游等领域建设集中收付结算平台。以寸滩保税港、江北嘴 CBD 为平台，惠普亚太结算中心为样板，积极配合市级各部门为加工贸易结算、电子商务结算在政策引导、人才引进、配套措施保障等方面创造良好服务环境。力争 5 年内加工贸易离岸结算额超过 2500 亿美元，电子商务国际结算额超过 1000 亿美元。鼓励跨国企业总部和大型企业集团依托"云计算基地"在渝设立资金结算中心或财务中心。

7. 推动发展期货和金融衍生品市场

推动期货市场由数量扩张向质量提升转变。稳步发展商品期货市场，继续推动经济发展需要、市场条件具备的大宗商品期货品种上市，推动发展商品指数期货、商品期权、原油期货、碳排放权期货等。继续加强金融期货市场建设，在确保股指期货平稳运行的基础上，适时推出国债期货，积极稳妥发展其他权益类金融期货期权产品，以及利率、外汇期货期权产品等金融衍生品。积极稳妥地推进金融衍生品市场制度创新和产品创新，健全金融衍生品监管法规体系。加强机构投资者队伍建设，积极扩大金融衍生品市场参与主体。稳步推进资产证券化，便利市场主体融资和实施资产管理。继续探索发展银行间市场信用风险缓释工具，在加强管理、严防风险的前提下，稳步发展场外信用衍生品市场，逐步形成有效的市场定价和风险管理机制。

（三）进一步健全金融机构体系，扩大金融产业规模

——加快发展地方法人金融机构。不断做大做强地方法人银行机构，鼓励重庆农商行择机回归A股，提升服务县域、"三农"和中小企业的能力。推动重庆银行、重庆三峡银行增强资本实力，加快上市步伐，实现跨区域经营。支持西南证券兼并扩张，加快发展创新型业务。支持安诚保险、中新大东方人寿等保险机构完善公司治理结构，拓展市场空间。推动重庆信托、新华信托、昆仑金融租赁等机构扩大业务规模，提升市场竞争力。

——着力发展金融机构总部。积极引进和大力发展各类金融机构，保持机构数量和类型在中西部领先地位。整合市属金融资源，推进战略并购和联合重组，打造金融控股集团。力争到2017年，引进10家全国性金融机构来渝设立营运中心、业务管理中心、结算中心、后服中心、灾备中心等。

——大力发展创新型机构。打造内陆股权投资基金高地。整合全市担保公司资源，探索成立再担保集团公司。引导小额贷款公司规范发展，扩大贷款规模。支持金融(融资)租赁公司、贷款公司规模扩张，大型企业集团设立财务公司。力争到2020年，全市股权投资机构数量达到800家，募集规模达到1500亿元，融资性担保公司达到250家，小额贷款公司达到200家。

——加快发展民营金融机构。大力发展专业化投资机构，以优势产业集群为依托，推动民间资本设立涵盖优势产业的创业投资基金和产业投资基金。鼓励和引导民间资本参与银行、证券期货、保险等金融机构的改制和增资扩股。支持民间资本参与设立新型农村金融机构和各类创新型机构。鼓励有条件的小额贷款公司改制为村镇银行。引导民间资本进入金融服务外包、金融中介等相关行业。

（四）不断扩展延伸金融产业链，推动产业协调发展

——稳步发展实体金融。尤其在支持工业经济上，要完善工业企业投融资体系，搭建银企常态化对接合作平台，积极通过银行授信、银团贷款、项目融资、专项贷款等产业链融资方式放大融资规模，支持7个千亿元级产业集群、30个百亿元级产业集群快速发展。鼓励工业企业通过发行股票上市以及股权投资基金、产业投资基金、信托、债券等方式拓宽直接融资渠道。发挥资本市场功能，推动企业兼并重组。加大对工业产品专业化交易市场的金融服务力度。

——全力发展小微金融。积极开展中小微企业的动产、不动产等抵(质)押融资业务。稳步推进小额贷款保证保险。积极利用私募债、区域集优债等融资工具拓宽中小微企业融资渠道。鼓励对产业链上的中小微企业进行批量的、系统性的开发和授信。支持中小微企业参与各类行业性资金结算平台，提高融资信用等级。鼓励金融机构简化中小微企业的贷款审批流程，建立信贷计划、服务资源、信贷评审的"绿色通道"。力争到2020年，每年全市中小微企业贷款增量高于上年、增速不低于各项贷款平均增速。

——努力发展科技金融。加快建立以科技天使投资、科技信贷、科技担保、科技保险等为重要支撑的科技金融服务体系。加快推进知识产权质押担保、股权质押担保、应收账款质押担保，探索建立知识产权质押融资担保风险分担和补偿机制。鼓励科技企业通过多层次资本市场实现融资。引导创投(风投)机构加大对创业企业的投资力度。

——大力发展消费金融。重点培育大型商贸流通企业，鼓励通过资本市场上市融资。加快发展票据业务，提高电子商务和网上交易的金融服务便利度。支持银保合作，为商贸企业开发贸易融资、风险管理等方面的保险品种。支持房地产开发企业利用资产支持票据(ABN)、发行股票上市、债券、信托等方式融资。支持住房储蓄银行加快发展。积极争取新设消费金融公司，支持重庆汽车金融公司的发展。

——加快发展农村金融。加强对农业产业化龙头企业的金融支持，加强涉农贷款融资担保平台建设，发展村镇银行、担保公司等涉农金融服务机构，探索在乡镇一级建立乡镇金融综合服务站。深入开展农村"三权"抵押融资，扩大"三权"抵押融资风险补偿资金规模，探索建立"三权"抵押资产回购机制。积极推进"三农"保险，扩大政策性农业保险覆盖面。稳妥推进"地票"交易，加快建设农村综合产权交易市场。到2017年实现农村"三权"抵押融资1000亿元以上，每年全市涉农贷款增量不低于上年、增速不低于各项贷款平均增速。

——尽快发展绿色金融。探索建立集绿色金融机构、绿色金融产品、绿色金融中介服务组织于一体的绿色金融服务体系。发挥银行、证券、保险等金融机构的作用，拓展绿色产业发展的投融资渠道，鼓励绿色企业通过上市融资、发行债券等方式融资。鼓励金融机构开发绿色金融产品。支持商业银行、绿色信贷专营机构创新绿色信贷融资模式，扩大绿色金融产品和服务的覆盖面及影响力，鼓励开展能效融资项目合作。探索推进碳交易试点，逐步探索建立国内碳金融市场体系。

——加快健全文化金融。以市场为依托、以金融机构为主体、以产品创新为工具，形成多方位、多渠道支持文化创意产业发展的文化金融服务体系。充分发挥文化产权交易所的作用，促进银行信贷、信托、产业投资基金、股权投资基金、多层次资本市场等融资渠道和工具的综合运用，建立文化金融发展协调联动机制，促进交流与合作。支持金融机构创新融资服务模式，丰富金融产品体系，形成支持不同发展阶段文化创意企业的融资服务机制。进一步加大对文化创意产业集聚区的金融支持力度。

——着力提升普惠金融。提升金融支持城市建设、公共服务和社会管理的能力。鼓励各类金融机构加大对重大基础设施建设项目的资金支持力度，积极争取保险资金运用创新试点在京先行先试。探索发行房地产信托投资基金，建立保障性住房长效融资机制。引导商业保险参与多层次社会保障体系建设，积极争取个人税收递延型养老保险试点政策，鼓励健康保险参与医药卫生体制改革。大力发展安全生产责任险、旅行社责任险、校园方责任险、公众安全责任险等保险产品，提高保险对公共安全的保障水平。积极发展多层次个人理财服务。

（五）多角度打造金融服务后台，提升金融服务能力

——设立重庆灾备中心。为切实保障重要金融基础信息系统的可靠性，在重庆市的中央银行综合服务基地内建设中央银行第3个灾备中心，即重庆灾备中心。重庆灾备中心建设的初期目标是实现远程在线数据备份和应用系统温备。即每天定时、批量接收从北京生产中心或上海信息灾备中心传送来的备份数据，在重庆实现重要业务数据的远程备份和管理；同时，在重庆灾备中心建设与生产系统相统一的备份主机及外围系统，并处于运行状态。这样可以使数据的丢失控制在24小时之内，业务恢复时间可控制在8～24小时。为减少数据的丢失，可进一步建设实现远程实时数据备份和应用系统温备。将数据的丢失控制在秒级到几小时，业务恢复时间控制在宣告灾难后几十分钟至几小时。

——设立重庆造币厂。我国硬币采用的金属材料主要为不锈钢、铜、镍、铝、锌等，重庆拥有这些金属材料的矿产资源或者生产这些材料的冶金企业。重庆是全国大中城市中矿产资源最富集的地区之一。同时，重庆还有许多大型矿产冶金企业，资源生产能力充足。基于货币发行的基础性地位，设立重庆造币厂，将极大提升综合服务基地的影响力，可以切实提高人民银行的硬币生产能力，缓解市场对硬币的流通需求压力。

——设立跨区域的钞票处理中心。重庆钞票处理中心拥有BPS1040S型清分机6台，加上万州、涪陵4台清分机，共计可清分6.6亿多张（百元券），目前销毁、清分能力剩余较大。在重庆周边2小时以内车程就可到达的南充、达州、广安、泸州等地区，也均不同程度地存在着钞票处理设备闲置的现象。在重庆设立跨区域的钞票处理中心，通过打破行政区划的限制，以经济中心和辐射范围为依据，使重庆钞票处理中心能够服务周边地区，一方面可解决重庆钞票处理中心的设备开工率不充足，未有效利用设备的情况，另一方面可以充分整合利用资源，在帮助周边地区降低钞票处理费用的同时，促进中央银行金融服务成本的降低。

——打造银行卡产业发展基地。利用西永微电子产业园引进 IBM、惠普、微软等多家国际知名企业，信息产品制造、软件与系统集成、电信与信息服务不断加快发展的优势，借助银行卡 EMV 迁移、电子商务创新等机遇，开展银行卡及相关机具、软件设计与技术研发，争取率先完成银行卡产业升级，努力打造完整的银行卡产业链，积极拓展银行卡在电子商务等领域的应用。银行卡产业发展基地将有助于集聚更多的银行卡相关机构，为重庆建成全国领先的综合性立体支付体系提供有效支撑。

——建设西部金融后台服务基地。利用以北部新区为核心升级为"两江新区"的潜在历史机遇，充分发挥政策、交通和产业基础优势，做好金融后台服务园区规划，加强与各类金融机构总部的沟通联系，争取将更多金融机构的区域性资金营运中心、信用卡中心、客户服务中心、数据处理中心和灾备中心等入驻园区。金融后台服务基地将与中央银行综合服务基地发挥合力，有效提高重庆整体金融服务水平，明显改善金融中心服务环境。鼓励江津区、永川区、巴南区等具备人力、通信等资源条件的区域重点发展呼叫中心、数据处理中心、灾备中心等金融后服机构，力争 2020 年建成功能齐全的西部金融后台服务基地。

——大力发展金融中介服务机构。积极发展会计与审计服务，法律服务、资产评估、资信评级、经纪公司、投资咨询、理财服务等金融中介机构，引导中介机构完善内部治理结构，提升执业水平。引进资信较强的信用评级公司、创业投资服务公司等金融中介服务机构。大力发展金融产品研发中心、金融软件、数据处理、服务网络等金融辅助产业。

（六）进一步扩大金融对外开放，推进国际金融合作

——加大金融招商引资力度。积极引进境外投资者投资入股本地银行、证券、保险法人金融机构。鼓励境外金融资本在渝设立各类创新型机构。探索推动境外投资者与本地法人金融机构开展股权合作。吸引国际投资者参与本地金融要素市场交易。

——加快引进外资金融机构。及时掌握国内外金融机构发展的规划、区域分布意向和金融监管部门的政策导向，引进外资银行、外商合资证券、外资保险等机构来渝设立分支机构和地区总部。鼓励具有较大国际知名度和影响力的外资股权投资基金、外资投资银行、国际金融中介组织来渝发展。

——支持企业实施"走出去"战略。探索在纽约、香港等国际金融中心设立我市的金融窗口公司，强化金融招商。鼓励金融机构通过贷款、担保、保险等方式支持企业海外项目融资和贸易融资。积极推动重庆企业赴海外上市，推进重庆企业在境外发行外币、人民币债券。支持在渝金融机构充分利用国际网络，切实配合外汇服务创新试点，促进企业贸易投资便利化，利用远期、掉期等工具帮助企业规避汇率风险。

（七）不断强化金融业协同监管，完善金融生态环境

——强化金融业协同监管。发挥市政府金融职能部门的协调作用，支持国家在渝金融管理部门贯彻宏观金融政策、开展金融监管、维护金融稳定。建立和完善金融突发事件应急和风险处置长效机制。加大对非法集资、非法证券期货经营活动等各类非法金融活动打击力度。强化对小额贷款公司、融资性担保公司、私募股权投资基金等创新型机构和各类交易场所的监管。

——强化金融业行业自律监管。充分发挥银行业协会、证券期货业协会、保险行业协会、小额贷款公司协会、融资担保业协会、股权投资基金协会等组织的自律、维权、协调、服务作用。充分发挥行业协会在自我约束、纠纷协调、信息沟通、协助监管、改善服务等方面的作用，推动金融产业良性规范发展。探索成立重庆金融业联合会。

——强化社会信用环境建设。按照政府推动、市场化运作原则，以法人和自然人信用信息基础数据库建设为基础，以使用信用产品与服务为重点，建设与经济社会发展相适应的信用服务市场和现代信用服务体系。

——健全信息共享机制。进一步畅通信息沟通渠道，规范信息通报程序，及时通报信息，研究解决金融产业改革和发展中遇到的困难和问题，建立和完善金融风险应急预案和应急办法。

——健全业内风险防范机制。调整优化金融企业结构、加大金融创新力度，加强对金融风险控制管理，完善风险防范措施，防止新的不良贷款产生，化解潜在的金融风险。

——健全金融监管合作机制。加强政府金融主管部门、金融监管部门与纪委、公安、检察院、法院、工商、税务等部门协调联动，建立健全系统性金融风险防范预警体系和处置机制，防范金融风险，维护金融稳定，形成以政府为主导、金融监管部门为主体、有关执法部门为支撑、全社会共同参与的金融安全体系。规范金融秩序，严格查处高息揽存、变相高息揽存等违规行为。

（八）加大金融业改革创新力度，推动金融持续发展

——推动金融机构深化改革。支持在渝金融机构开展市场化改革、开放性重组，推进在渝金融机构与境内外著名金融机构在资本、业务、技术等方面开展战略合作。支持在渝法人金融机构优化股权结构，完善公司治理机制和资本补充机制，建立长期激励约束机制，提高经营管理水平。完善金融国资管理体制，优化金融国资布局，支持地方金融机构增强发展活力和市场竞争力。支持符合条件的在渝金融机构在境内外上市。

——规范发展新兴金融机构。积极发展专业养老保险公司、专业健康保险公司、金融租赁公司、独立基金销售机构等新型金融机构。鼓励和引导新型机构创新服务模式，加强与商业银行、保险公司、证券公司、基金公司、期货公司、信托公司等金融机构以及电子商务企业的合作。鼓励、引导和规范各类社会资本参与设立新型机构，支持各类新型机构依法合规拓宽融资渠道。探索健全符合新型机构发展需要的管理体制，增强行业自律。

——增强金融机构创新能力。支持在渝金融机构创新服务模式，扩大业务范围，拓展服务区域，提高服务能力。推进符合条件的金融企业开展综合经营试点。促进金融业务创新融合，支持具备相应能力的金融机构依法开展并购贷款、股权投资、境外贷款、期货投资咨询等创新业务，有序开发跨市场、跨行业、跨境的金融产品和业务。

——打造金融综合研发平台。争取中央金融管理机构及银行间市场交易商协会、沪深等各交易所的支持，共建重庆金融发展研究机构，使其成为我市金融业顶层设计和决策支持的综合平台。进一步加大海外金融高层次人才引进力度，积极推荐金融人才入选国家"千人计划"，加大金融研究人才的引进力度。

（九）合理规划金融业空间布局，提升资源配置效率

统筹利用全市金融空间承载能力，进一步优化金融业空间布局，各金融功能区突出特色，实现协同发展。完善金融功能区的综合服务，持续提升金融功能区品质，增强金融功能区的品牌影响力，强化金融功能区优势金融资源对周边地区的辐射带动。

——加快推进金融功能区规划建设。高标准、高效率推进金融功能区的规划建设，加快拓展金融发展空间。全面推进金融核心区发展，大力拓展北部新区的金融创新中心和金融商务区发展建设，实现各功能区融合发展，推进金融后台服务产业集聚发展。

——积极打造金融核心区。建设国内一流的江北嘴—解放碑—弹子石金融核心区。进一步完善金融核心区配套服务设施，积极吸引国内外各类金融机构来渝聚集发展，形成重庆金融核心区。

——促进金融功能区协同发展。加强统筹协调，深化金融功能区发展定位，不断提升品牌效益和国际影响力，充分发挥引领带动作用，进一步聚集金融机构总部，吸引发展资产管理机构，加快金融后台服务园区发展，引导金融后台部门和金融服务外包机构集聚。

——完善金融功能区综合配套服务。优化完善园区基础设施，优先安排功能区及周边水电气热等基础设施建设，加快完善通信等设施，优化交通路网及配套设施建设，建立公共交通短驳系统。完善金融功能区的软件基础设施，加强金融产业信息化建设。注重各功能区服务提升和功能完善，改善功能区商业、会议、餐饮、文化、医疗、娱乐等配套服务。改善政府服务体制机制，建立健全政府服务绿色通道，进一步提升为金融产业集群提供特色、专业化服务的能力和水平，为各类金融机构提供高效、便捷的服务。

（十）完善相关金融业支持政策，推进规划全面实施

"十三五"期间，重庆市将进一步争取相关的支持金融发展政策，全面推进金融业的发展。除了完善现行优惠政策，还应提升重庆市在国内外金融界的吸引力。从重庆市已出台的优惠政策来看，补助手段还不够完善，税收优惠形式有待进一步丰富，同时还需要加大吸引金融人才的力度。

——加大财政补助力度，吸引和留住更多的国内外知名金融机构总部和地区总部。有选择性地将落户重庆市的金融机构总部的一次性补助由目前的500万~1000万元提高到500万~2000万元。

——增加对已有金融企业的总部增资补助。可借鉴天津的做法，对已在重庆市规划的中央商务区、金融核心区和两江新区注册的企业总部或地区总部，加大补助力度。

——实行土地出让金补贴。借鉴上海的做法，对新引进的金融机构，在中央商务区、金融核心区和北部新区内，以招投标方式取得土地使用权建造自用办公楼的，相应缴纳的土地出让金会由相应区级财政所得部分给予100%的补贴。同时拓宽办公用房购房补贴或租房补贴适应对象，所有金融企业都能享受到此项优惠政策，而不只是针对股权投资企业。这有助于进一步降低金融机构总部和地区总部入驻的办公用房成本，增强重庆对国内外金融机构的吸引力。

——拓宽税收优惠形式，切实减轻在渝金融机构的税收负担。改变目前税收优惠政策只针对股权投资企业的状况，进一步扩大税收优惠面，只要是新引进的金融机构都可享受到营业税、企业所得税"免二减三"。为了扶持在渝中小金融企业的发展，可对非上市金融机构企业所得税实行15%西部特惠税率。为吸引和稳定在渝金融人才，今后应对所有新旧在渝金融机构高管个人所得税地方政府分成部分全额返还。

——为推动企业上市融资，重庆市财政可借鉴天津做法，成立上市专项资金，支持后备企业上市。后备企业为上市改制设立股份有限公司的，因资产评估增值而需缴纳的企业所得税，由同级财政部门按照不超过其已缴企业所得税地方留成50％部分给予支持。后备企业在上市过程中因调整以前年度应纳税所得或应税收入而补缴的所得税，由同级财政按不超过其补缴税款地方留成50％部分给予支持。减免后备企业在改制重组过程中涉及土地、房产变动需缴纳的契税。

——加大金融企业税前扣除的住房公积金比例。对于金融机构为解决其职工的住房问题而提高的住房公积金计提比例，允许其如实进行税前扣除，一则可以减轻金融企业的税收负担，二则鼓励金融企业吸引人才、留住人才。

——对金融衍生产业实行税收优惠政策，促进金融产品的有形交易市场。鉴于许多金融机构，如股权投资企业，不需要修建或租赁大面积的高档写字楼，只需要一个场所就可以开展业务，甚至在网上即可推销自己的产品。如在深圳的金融街上成立一家高档茶楼，专门为金融机构推销产品提供有形交易场所，金融机构可低成本地获得最新产品信息和销售自己的金融产品，实质上这种高档茶楼也就成了金融高管们的俱乐部。重庆可借鉴深圳的做法，鼓励私人成立类似的有形金融产品交易市场，政府则通过税收优惠政策，如企业所得税"免二减三"、营业税减半征收等方式为重庆金融业发展创造良好的发展环境。

——丰富优惠政策手段，加大吸引海内外金融人才来渝发展的力度。一是实施金融人才发展中长期规划，统筹推进各类金融人才队伍建设。二是完善引进和培养金融人才的激励机制，研究吸引金融人才并促进其在渝发展的政策措施，着重加大对金融高端人才、金融急需人才的吸引聚集力度。三是健全完善重庆金融人才资源开发与管理体制，加强金融后备人才队伍建设，制定加强重庆金融人才队伍建设的政策措施。四是搭建金融人才服务平台，设立金融人才服务中心，为金融人才在渝聚集和发展提供良好的就业、创业、培训、生活等全方位服务。

重庆市金融业"十三五"发展规划（初稿）

第一章　发展回顾和发展环境

"十三五"时期，是重庆市顺应"一带一路"和长江经济带发展战略，加快建设国家中心城市，全面建设小康社会的关键时期，也是金融业适应新常态，不断增强金融市场功能和金融创新能力，促进金融业持续稳定健康发展的重要机遇期。全市金融业将继续深化改革，全面构建组织多元、服务高效、监管审慎、风险可控的金融体系，更好地促进金融业对外开放，加快建成长江上游金融中心，以此推动全市经济结构的转型升级、提质增速，实现经济社会协调发展。

一、"十二五"时期重庆金融业发展成就

"十二五"时期，在市委、市政府的正确领导下，全市金融业整体实力和抗风险能力显著增强，金融市场快速发展，金融基础设施建设成效显著，金融改革和创新不断推进，金融对外开放水平和服务能力明显提升，为建成长江上游金融中心夯实了基础。

（一）金融业综合实力提升，区域影响显著增强

2015年，重庆市实现金融业增加值1410亿元，占全国金融业增加值的2.45%。金融业占重庆市GDP的比重达9%，比2010年提高了2.1个百分点，是2010年的2.6倍，年均增长13.8%。金融业资产规模超过4.2万亿元，金融机构达到1500家，金融业的区域辐射力、影响力显著增强。

（二）传统金融业健康发展，产业规模不断扩大

2015年，重庆市各类金融机构实力不断增强。截至2015年末，全市银行业信贷业务增长迅猛，金融机构本外币存款余款和贷款余额分别为2.8万亿元和2.2万亿元，存贷比为78.57%，信贷资源向重庆聚集态势较为明显；证券行业发展迅速，我市唯一券商西南证券资产总额达到600亿元；5年新增境内外上市公司17家，上市公司总数达62家，新增新三板挂牌企业59家。保险业发展良好，保险法人机构总资产增至113.7亿元，保费收入由283.7亿元增长到2015年的514.6亿元，增速居全国第5、西部第2；保险密度达2000元，保险深度2.9%。

（三）新型金融业快速发展，金融业态亮点纷呈

截至2015年，重庆市新型金融机构发展形成13个门类，注册资本金达2446.9亿元，较2010年增长5.6倍。其中小额贷款公司256家，资本规模621.8亿元，贷款余额887.9亿元，分别是2010年的2.4倍、3.8倍、9倍；融资担保公司161家，资本规模359.3亿元，在保余额2045.8亿元，分别是2010年的1.2倍、2.9倍、5.5倍；股权投资类企业490家，管理规模合计超2000亿元；融资租赁公司22家，商业保理公司27家，财务公司、信用评级公司、第三方支付公司等业务发展势头良好，有力地支持了实体经济的发展。要素市场集聚效应开始显现，13家要素市场交易活跃，5年来累计交易量超2万亿元，已形成资产、权益和商品合约三大交易板块，交易品种达37类，药交所、联交所等市场在全国的影响力不断增强。

（四）普惠金融全方位发展，薄弱环节得到加强

各类银行包括重庆农商行、重庆银行、三峡银行继续深化创新，下沉渠道，为小微企业和"三农"提供金融服务。2015年，全市银行业共推出23个小微企业贷款产品，2015年末，小微企业贷款余额5068.2亿元；小额贷款公司93%的贷款投向小微企业和个体工商户。市属商业银行网点进一步下沉，农村地区金融机构覆盖率达到100%；新型农村金融机构发展

迅速，34 家农村金融机构资产达 239.5 亿元，负债 210 亿元，累计发放农户贷款 26088 笔，共计 113.74 亿元；有效补充了小微企业及"三农"等薄弱环节金融服务。

（五）金融体系进一步健全，服务功能逐步完善

"十二五"期间，建立健全了功能完善的现代金融机构体系。截至 2015 年末，全市金融机构达 1500 家，是 2010 年底的 2.9 倍。银行法人机构及市级分行达 101 家，各级支行近 2600 家；在渝证券营业部 172 家，较 2010 年新增 76 家；保险法人机构及市级分公司 49 家，较 2010 年新增 12 家。新型金融机构发展迅速，形成 13 个门类，包括小额贷款公司、融资担保公司、融资租赁公司、股权投资企业、第三方支付公司等新型金融机构达 1100 多家，其中，要素交易市场 14 家，备案私募股权投资基金 492 家。重庆市本地法人金融机构实力进一步增强，以重庆农商行、重庆银行、三峡银行、西南证券、三峡担保为代表的金融机构以及发展迅速的要素交易市场，为重庆市长江上游金融中心建设打下了坚实的基础。

（六）金融业改革不断突破，金融环境不断优化

"十二五"期间，结合国家金融改革政策精神，重庆市配套出台了一系列法规制度和改革措施，重庆市金融业发展的政策环境和法制环境显著改善，为重庆市金融业的改革创新、对外开放和区域合作创造了良好的生态环境。社会信用体系建设进程加快，初步形成了以银行信贷登记咨询系统、个人征信系统、企业信用信息系统为依托，以政府相关部门、金融机构、资信评估公司、担保公司为主体的社会信用体系。金融债权保护不断加强，银行卡治理工作取得明显成效。信用评级行业健康发展，融资担保业经规范整顿步入良性发展轨道，非金融机构支付服务管理规定得到有效落实，金融中介服务机构服务水平不断提高。金融基础设施建设成效显著，支付结算体系建设取得新成绩，金融科技网络和反洗钱网络建设不断完善。

（七）金融业开放继续深化，合作水平不断提升

"十二五"时期，在国家"一带一路"战略引领下，重庆金融业对外开放与合作步伐明显加快，初步形成了全方位、多层次、宽领域、高水平的开放与合作格局。一是跨境人民币结算工作取得突破，在国家政策支持下，跨境结算业务保持高速增长，截至2015年末，累计跨境人民币结算金额超5000亿元。二是金融市场开放取得新突破，外资银行和外资结算中心相继落户重庆，外资金融机构种类和数量居中西部首位。三是金融业引进外资保持高位增长，"十二五"时期，全市金融业累计引进外资超100亿美元。

在取得巨大成就的同时，与东部发达省市金融业发展水平相比，与我市建设长江上游金融中心战略目标相比，仍有较大差距。一是金融体系有待完善。金融分支机构较多，法人机构和区域性总部较少，金融资产规模不大，机构数量仍显不足，金融的综合实力和辐射影响力不强，金融服务同质化竞争多，特色化差异化服务少。二是金融结构有待调整。银行业息差收入占比过高，中间业务收入所占比重过低；资本市场培育不足，直接融资占比较低；小微企业和"三农"等金融服务支持不足；金融业发展结构不平衡；银行业发展一枝独大，证券公司资产规模偏小，保险公司服务的广度和深度不够。三是金融市场有待培育。多层次资本市场发展滞后，债券市场、基金市场以及地方产权交易市场发展不足。票据市场、期货市场、现货市场体系不完善，跨市场投融资和交易工具不丰富，市场间联动机制尚未建立，不能有效满足投融资主体需求。四是要素配置有待优化。金融配套服务体系不完善，法律、会计、评估、评级、审计等与金融核心业务密切相关的中介服务机构数量较少，服务水平有待提高，金融从业人员增长较快但复合型和高端金融人才不足，金融业整体竞争力和抗风险能力有待增强。

二、"十三五"时期重庆金融业发展环境

（一）全球经济仍存风险，分工调整酝酿机遇

目前，全球经济发展仍面临较大风险。后金融危机时期，发达国家金

融体系的急剧动荡逐步缓解，加强宏观审慎监管、防范系统性风险的意识日益强化，但是实体经济复苏缓慢。全球经济整体复苏在曲折中前进，希腊债务危机引发全球金融市场避险情绪回潮，中东地区冲突升级以及乌克兰问题等地缘政治因素导致风险升级，区域性政治经济不确定性仍然存在，美国和欧盟量化宽松政策促使中国等新兴市场将承受流动性和汇率调整压力。重庆市金融业发展挑战与机遇并存。由于金融危机导致全球经济政治格局和世界金融市场治理结构深度调整，致使全球跨国金融业务和金融交易不断向新兴经济体倾斜，基于良好的产业基础和西部大开发战略高地优势，为重庆承接国际金融产业转移、参与国际金融合作提供了新的机遇，更有利于加快建成长江上游地区金融中心。

（二）国内经济承压下行，战略布局创造优势

当前，我国经济发展进入"新常态"，正面临增长速度换挡、发展方式转变、经济结构调整、增长动力转换的新形势，经济下行压力加大伴随金融风险的滋生，加之国内金融市场竞争日趋激烈，给重庆金融业的发展带来了新压力。"十三五"时期是转变经济发展方式的关键时期，工业化、信息化、城镇化、市场化、国际化深入发展，金融在现代经济中的核心作用日益提升。"十三五"作为重要战略机遇期，转变经济发展方式成为主线，经济全球化和区域经济一体化深入发展，"一带一路"和建设"长江经济带"的战略部署，"中国制造2025"的战略规划，新一轮西部大开发战略纵深推进，金融改革创新先行先试权的赋予，这些都为重庆金融业突破发展瓶颈、再创体制机制新优势，建成长江上游地区金融中心创造了良好条件。

（三）自身基础得以巩固，整体建设存在不足

"十三五"时期是全面贯彻落实国务院精神，加快推进长江上游地区金融中心建设的关键时期。重庆市政策优势明显，国民经济基础坚实，区位和综合交通优势独具，人才和要素资源富集。自直辖以来，重庆市作为国家推进西部大开发战略的前沿阵地，开发建设全面推进，经济社会快速发展，城市功能日渐完善，逐步成为西部地区最具吸引力和发展活力的区域，具备在高起点上加快发展的有利条件。但是，由于自身建设尚有不足，进一步提升重庆金融业整体发展水平仍然存在阻碍。一是重庆市金融业总量相对偏小，金融创新能力不够，集聚度和辐射力不高，法人金融机构数量相对较少、规模较小，综合实力不强，地方金融机构的综合竞争力亟待增强；二是金融业空间布局尚待优化，金融功能区定位不清晰，金融软硬环境和总体形象上有差距，特别是直接融资比重偏低，上市公司数量较少，融资规模偏小；三是金融高端人才特别是金融领军人才匮乏，难以满足长江上游地区金融中心建设的需求，吸引高层次金融人才难度较大。

第二章 发展思路和发展目标

"十三五"期间，充分发挥金融业在稳增长、调结构、促转型、惠民生中的重要作用，优化金融资源配置，用好增量、盘活存量，更有力地支持经济转型升级，更好地服务实体经济发展，更有针对性地促进扩大内需，更扎实地做好金融风险防范。

一、指导思想

紧紧围绕"一带一路"和长江经济带国家发展战略定位，把握重要战略机遇，继续坚持金融改革、开放和创新，坚持金融服务实体经济的本质要求，推动产融结合，深化金融体制机制改革，完善金融市场体系，强化内陆金融开放，提高金融服务水平，加强金融风险防控，优化金融生态环境，以建立和完善多层次完备的金融市场体系为主线，以建设国际结算型金融中心、全国金融要素市场集聚中心、西部离岸金融中心为重点；以培育多元化金融市场主体，建设新型金融、普惠金融、贸易金融、科技金融、绿色金融为突破口；以提高金融服务实体经济的质量和水平为重点；以打造人民币跨境结算平台、银行卡跨境交易结算平台、电子商务跨境集中结算平台、金融信息跨境交换平台等金融基础设施为支撑；以制度建设、强化监管和人才建设为保障，做全金融业态体系、做大地方金融机构、做强金融薄弱领域、做深现代金融服务，构建金融业全面发展的格局，使金融业成为重庆现代服务业中更重要的支柱产业，形成种类齐全、功能完备、结构合理、稳健高效、开放包容的现代金融服务体系，建成创新力、辐射力和影响力全面提升的长江上游金融中心。

二、基本原则

——坚持市场主导、强化金融政策引导原则。坚持市场在资源配置中的决定性作用和更好发挥政府作用，进一步优化金融业自身的结构、布局和质量，进一步完善金融机构体系和金融市场体系，进一步强化金融政策在促进经济发展方式转变、产业结构调整、城乡一体化发展、民生保障改善等方面的引领作用。

——坚持服务发展、突出实体经济主线原则。坚持金融服务实体经济的本质要求，注重拓展融资渠道，优化金融资源投向，提升金融服务功能，保证金融要素供给，围绕服务实体经济这条主线，深入推进业务模式、服务模式、管理模式全方位转型和持续性创新，不断提高金融服务实体经济的能力和水平。

——坚持改革创新、注重金融安全监管原则。坚持通过加快金融改革推进金融创新，推动金融机构体制机制创新，同时坚持创新与风险防范并重，在金融创新中加强金融监管，在金融监管中加强金融创新，实现在金融创新和金融监管中的可持续发展，守住不发生系统性、区域性金融风险的底线。

三、发展目标

"十三五"时期，重庆金融业将继续适应新常态，全面深化改革，扩大开放，金融业改革创新和转型升级进一步提速，金融业运行的质量和效益进一步提升，金融市场活力进一步提高，金融业核心竞争力进一步增强。

（一）总体目标

继续坚持金融改革、开放和创新，健全金融机构体系、金融市场体系、金融服务体系，改善金融发展环境，全面加强结算功能和能力，不断增强金融业综合实力和抗风险能力，建设金融机构多元化、金融运作市场化、金融业务国际化、金融管理法治化、金融手段现代化和金融发展良性化的，立足重庆、辐射"一带一路"沿线国家和长江经济带沿线各省市，具有国际影响的长江上游金融中心，为西部开发开放提供重要金融支撑。

——金融对全市经济社会发展的服务能力进一步提升。金融在全市经济中的战略支柱地位持续加强，到"十三五"末，金融业增加值占地区生产总值比重达到10%以上，金融发展规模、质量、环境等方面达到内陆金融中心城市的较高水平。金融的资源配置、融资支持、保险保障功能进一步增强，切实支持实体经济和战略性新兴产业发展。普惠金融、科技金融与文化金融实现创新发展，为公共服务与科技水平提升、文化软实力提升提供有效支持。

——长江上游金融中心功能得到显现，金融的创新力、辐射力和影响力进一步提升。两江新区对国家金融综合改革创新的示范引领作用充分发挥，成为长江上游的金融机构、金融资源的聚集地，金融信息和金融人才的汇集地，金融创新发源地和金融人才的培训地。金融产品和服务创新系统化推进，金融机构种类齐全，数量大幅增加，形成国际金融活动、国内外金融机构总部聚集区，成为全国金融中心网络的重要组成部分。到2017年，基本建成以金融结算为特征的长江上游区域性金融中心。到2020年，长江上游金融中心的功能将进一步得到显现，辐射力和影响力将进一步强化。

——进一步健全金融组织体系，实现各类金融机构全面发展、融资结构均衡的新格局。到2020年，各类银行、证券、保险和包括小贷、担保、期货、信托、基金、租赁、财务公司等新型金融机构在内的金融机构体系健全，各类金融机构数量力争达到2000家，能够满足各种层次经济主体的金融需求。新增境内外上市公司或新三板市场挂牌公司150家，证券化率达到全国中等以上水平，保险深度和保险密度达到全国平均水平。直接融资、间接融资均衡创新发展，直接融资比重保持在30%以上。

——形成结构合理、功能完善、规范透明、稳健高效、开放包容的多层次资本市场体系。充分发挥市场在资源配置中的基础性作用，完善市场体系，建立多层次、多行业、多品种的股票市场、债券市场、期货市场、私募市场以及各类要素市场。金融要素市场实现金融和商贸要素资源优化配置，促进要素市场资源、金融结算、高端人才集聚，建成更具集聚性、辐射性和城市功能支撑的要素市场体系。

——不断完善金融服务体系，大力发展新型金融和小微金融。创业投资与股权投资的规模和结构保持西部首位，银行业金融机构小微企业贷款年度增速不低于全部贷款平均增速、小微企业贷款年度增量不低于上年增量。农村金融体系进一步健全，为率先形成城乡经济社会一体化发展新格局提供有力支撑。地方政府金融管理体制更加完善，金融政策支持体系更加健全，金融行政服务体系更加有效，形成政策有力、服务高效、安全稳定的服务环境。

——金融在完善社会保障及创新社会治理中的作用进一步提升。养老保险服务不断完善，健康保险、责任保险等业务比重明显提升，城乡居民大病保险等实现应保尽保。保险成为提高全社会保障水平和保障质量的重要渠道，成为政府加强社会管理的有效工具。保险资金运用体系进一步完善。拓宽保险资金运用渠道，创新保险资金运用及其安全维护机制，保险资金对全市经济发展的支持作用明显增强。保险机构体系进一步完善。推动设立信用保证保险、人寿保险等法人机构，加快设立保险交易市场等创新型机构，探索打造保险集团、专业保险资产管理公司等，建成区域性保险中心。

——金融生态环境进一步优化，质量效益较好。不良贷款额和不良贷款率继续保持国内较低水平，风险防范机制进一步完善，金融机构资产质量和效益进一步提高，保持全国金融生态优良地区。高端金融人才持续聚集，形成高端金融人才汇集区。社会信用体系基本建立，专业中介服务水平进一步提升，金融发展环境的国际竞争力明显增强。金融法治环境进一步完善，金融安全稳定建设进一步加强，形成西部金融风险管理中心。

（二）具体目标

——银行业：到2020年末，全市银行业金融机构资产总额达到6.6万亿元，存款余额达到5.14万亿元以上，贷款余额达到4.2万亿元以上。盈利能力逐步增强，资产质量持续改善，不良贷款率低于全国平均水平。涉农贷款余额8130亿元，小微企业贷款余额6700亿元，跨境人民币结算量3500亿元，离岸金融结算量1300亿美元。开放力度进一步加大，积极引进优秀的国内外商业银行到渝设立分支机构，力争外资银行分行及代表处达50家以上。地方法人金融机构实力进一步壮大，资金集聚和业务辐射能力进一步增强。

——证券业：到2020年末，全市上市公司总市值在目前基础上翻一番，境内外上市公司总数达到80家以上，新三板挂牌企业达到150家以上。推进上市公司首发融资和再融资2000亿元以上（相当于较"十一五"翻番）。

——保险业：到2020年末，全市保险业年保费收入达到1300亿元，全市保险深度（保费收入/区域生产总值）达到5%，保险密度（保费收入/常住人口）达到3500元/人。转变发展方式、调整业务结构。全市农业保险在财产保险业务中占比达到全国平均水平，"三农"保险品种和服务对象持续增加。积极培育地方法人保险机构，提升在区域和全国的竞争力。支持国内外知名保险机构在渝建立区域管理机构、后援服务中心和业务研发中心。保险中介市场发育完善，服务能力明显增强。保险业务结构、渠道结构不断优化。风险防范体系基本健全，公司治理结构完善，市场运行规范有序。

——其他金融组织：到2020年末，通过扩大试点和规范发展，信托公司资本金总额292亿元，资产余额477亿元，业务规模3975亿元；金融租赁公司资本金总额90亿元，资产余额1260.04亿元，业务规模1250亿元；财务公司资本金总额55亿元，资产余额387.22亿元，业务规模245亿元；汽车金融公司资本金总额25亿元，资产余额350亿元，业务规模330亿元；消费金融公司资本金总额12亿元，资产余额47.49亿元，业务规模80亿元。内资融资租赁资本金总额100.4亿元，总资产250亿元，业务规模221亿元；商业保理资本金总额207亿元，总资产829亿元，业务规模691亿元。小额贷款公司、融资担保公司、互联网金融机构、金融中介服务机构等创新型机构数量大幅增加，实力不断增强。各类创新型金融机构超过1000家，并实现规范发展。

——要素市场：各要素市场紧紧围绕降低交易成本、价格发现、优化资源配置、规范市场秩序和实现金融结算五大核心功能开展建设和运营，到2020年末，实现年交易规模突破2万亿元。加大要素市场改革创新力度，进一步丰富交易品种、大力拓展市场，不断做大主营业务；重视"互联网＋交易所"的融合发展，将互联网的穿透性与要素市场的品牌影响力、权威性、结算优势有机结合起来，借鉴电子商务网站的互联网营销方式，积极探索B2B、B2C、C2C、O2O等交易模式；探索用"互联网＋"形成的新功能和技术保障，建立集交易、结算、仓储、物流配送为一体的现代化现货商品电子商务网站，大力开拓市场，实现加速发展；优化整合要素市场资源，对功能相近的要素市场或同质化的交易品种进行适度整合，实现独具特色的规模化的资产、权益和商品交易。

——金融监管：大力推进金融基础性制度建设，加大金融基础设施建设力度，加强金融监管机制建设，优化监管制度和程序，通过市场准入及监管考核评价等手段，引导和支持金融机构创新产品和服务方式，通过科学监管实现金融业又好又快发展。对创新型金融，要完善监管机制和市场退出机制。

——金融创新：充分适应新常态下金融改革和发展的要求，围绕推进利率市场化、放宽市场准入、互联网金融的发展，金融资产结构、盈利结构以及经营渠道实现深度调整，建设行业持续规范发展的框架，在市场准入、流动性以及风险处置机制上进行动态探索，构建鼓励创新的机制，系统推进金融产品和服务方式创新。

——金融生态环境：着力于整个行业的信息收集共享、数据库、征信评级等基础设施建设，实现高端金融人才持续聚集，金融人才培养体系、社会信用体系基本建立，专业中介机构服务水平进一步提升目标。地方政府金融管理体制持续完善，金融政策支持体系健全完善，金融服务体制机制进一步健全，形成政策有力、服务高效、安全稳定的金融生态环境。

第三章 空间布局

进一步深化区域金融发展定位，优化资源配置，构建"一核一区两岸三基地"的多层次功能化空间布局，发挥金融辐射效应，推进区域金融差异化、特色化协同发展，形成长江上游金融中心空间支撑体系。

一、优化空间布局，完善功能分区

加快推进金融功能区规划，高标准、高效率推进金融功能区的建设，加快拓展金融发展空间。进一步优化金融业空间布局，突出各金融功能区特色，实现协同发展；明确金融功能区的功能定位，完善金融功能区的综合服务能力，持续提升金融功能区品质，增强金融功能区的品牌影响力，强化金融功能区优势金融资源对周边地区的辐射带动。

全面推进金融核心区发展，进一步完善金融核心区配套服务，积极吸引国内外各类金融机构来渝聚集发展，形成重庆金融核心区。促进金融功能区协同发展，加强统筹协调，深化金融功能区发展定位，不断提升品牌效应和国际影响力，充分发挥引领带动作用，进一步聚集金融机构各类总部，加快金融后台配套服务发展，引导金融后台部门和金融服务外包机构集聚。

完善金融功能区综合配套服务。优化完善园区基础设施建设，优化交通路网设施，加快完善通信设施，加强金融产业信息化建设。完善金融功能区的软设施，注重各功能区服务提升和功能完善，改善功能区商业、会议、餐饮、文化、医疗、娱乐等配套服务。优化政府服务体制机制，建立健全政府服务绿色通道，进一步提升为金融业集群提供特色、专业化服务的能力和水平，为各类金融机构提供高效、便捷的服务。

二、重点强化"一核"，着力打造"一区"

强化江北嘴中央商务区重庆金融业核心地位。巩固江北嘴中央商务区在重庆金融产业布局的核心地位和龙头定位，形成与北京金融街、上海陆家嘴齐名的重庆金融中央商务区。加快江北嘴金融城基础设施建设，完善商业配套，出台金融专项支持政策和大型金融总部入驻补贴政策，吸引各类金融机构总部和区域性总部加快进驻，到2020年末金融机构总部集聚基本成型，形成在长江经济带上与上海陆家嘴遥相呼应的格局。

依托两江新区打造内陆金融综合改革试验区。依托两江新区国家级开发开放新区优势，积极争取国家政策支持，增强两江新区金融综合改革试验功能，着力把两江新区打造成具有全国影响力的内陆金融综合改革试验区。依托两路寸滩保税港区"境内关外"的政策优势，巩固和拓展发展空间，支持和引导外资银行设立分支机构，扩大离岸金融业务规模，发展跨国公司本外币结算、跨境人民币结算。借助高新技术产业基础，将北部新区打造成在西部具有影响力的新型金融高地，扶持创业创新性金融机构集聚，同时承接传统金融集聚带的扩散。

三、全面提升"两岸"，培育发展"三基地"

提升解放碑、弹子石中央商务区长江两岸金融要素市场。依托解放碑、弹子石长江两岸积累的金融要素市场基础，进一步规划并实施好金融要素市场布局，大力推动要素市场发展，提升集聚辐射能力，掌握相关要素交易定价权，到2020年末形成沿长江两岸布局金融要素市场的格局。加强与江北嘴中央商务区的结合，逐步实现金融核心区跨长江融合发展，打造长江经济带上重要金融要素市场集群。

培育发展茶园新区金融综合配套服务基地。依托人民银行重庆营管部在茶园新区设立的人民币三级发行库、钞票处理中心等管理机构，结合电子信息产业基地，在广阳湾建设金融综合配套服务基地，作为未来我市金融后台产业发展的承接载体。到2020年末，形成"1+3+50"金融服务产业集群，即以金融综合服务基地为核心，整合现金管理中心、金融交易结算中心和金融大数据中心，集聚50户以上金融服务企业和专业中介服务机构，全面提升重庆市金融综合配套服务能力。

培育发展西部物流园物联网贸易金融基地。依托西永综合保税区、铁路保税物流中心，发挥位于渝新欧国际铁路、渝深铁海联运、渝沪铁海联运的重庆始发站等区位优势，建设辐射至"一带一路"沿线国家的包括物联网金融、贸易金融基地。加速贸易通关项下产品创新，发展一体化通关通用保函、关税保函、税费支付担保等服务，探索渝新欧国际铁路运单项下结算和融资产品创新，全面提升物联网金融和贸易金融服务水平。到2020年末，物联网金融和贸易金融的服务范围扩展到供应链的各个环节，形成全方位的重庆市物联网贸易金融支持平台。

培育发展南泉金融信息服务外包产业基地。依托南泉信息服务外包产业园、云教育产业园雄厚的信息技术优势，开展金融信息技术、业务流程及知识处理外包业务，重点发展金融软件和信息技术服务外包。充分利用生态环境、基础设施、商务成本、信息产业方面的复合优势，进一步完善配套政策措施，吸引国内外金融外包企业入驻，全面提升重庆市金融服务外包的功能和水平。

第四章　主要任务

一、提升集聚辐射能力，建成长江上游金融中心

充分发挥长江上游区域性金融中心的集聚辐射能力，主动融入"一带一路"战略和长江上游经济带发展战略，进一步增强重庆金融业对长江上游地区和西部地区的经济和金融辐射影响力。

（一）深化区域中心定位，突出特色差异发展

长江上游金融中心是流域金融中心，是区域性的资金聚集中心，具有机构集中、资金融通、业务创新和信息集中的枢纽作用。以建立和完善多层次金融机构体系和市场体系为主线，以开辟新兴金融市场，鼓励发展资金结算中心、资产管理中心、信用卡中心等功能性机构，突出银证保之外的新型金融中心特色。以发展新型金融产品、培育多元化金融市场主体为突破口，以制度建设和人才建设为保障，探索为沿江经济、内陆开放经济服务的金融模式，把重庆建设成为辐射长江上游地区乃至中西部地区的区

域金融中心，实现金融产业跨越式、超常规发展。

（二）建立金融总部集群，提升集聚辐射能力

推动区域型金融机构体系建设，建立金融机构引进激励机制，重点引进和发展银行、证券、保险、信托等各类金融机构，保持各种金融机构数量在中西部领先。在两江新区建设金融总部商务区、新型金融机构集聚区，引导国内外金融资源集聚。建设金融后台服务业集聚区，建成金融后台服务机构最多、配套服务功能最完善的区域。大力发展会计、法律、资产评估、资信评级、证券咨询、保险代理、保险经纪等各类中介服务组织，构建专业化的服务体系，不断提高专业化水平和业务能力。

（三）优化区域金融结构，完善服务发展功能

充分发挥金融枢纽作用，鼓励和引导银行金融机构改善资金供给，积极争取信贷额度，引入外地资金，盘活存量资金，保证信贷投入的较快增长。积极创新和灵活运用各种贷款方式，确保重点建设项目、重点企业的资金供应，重点支持保障性安居工程、"小微"和"三农"、基本公共服务体系建设、节能减排和生态环境、区域协调发展、重大基础设施、自主创新和战略性新兴产业、能源资源深度转化、优势特色产业等领域发展，保持贷款投放的连续性和稳定性，进一步发挥金融服务实体经济的功能。

二、提升改革创新能力，建成内陆金融开放高地

把握"一带一路"和长江经济带发展战略，全面深化金融改革，扩大对外开放，使金融对外开放与经济发展水平、市场发育程度和金融监管能力相适应。

（一）加大金融改革力度，全面推进内陆金融先行先试

探索跨境投融资便利化改革创新。开展外债宏观审慎管理改革试点，实行基于比例自律的中外资企业、本外币外债统一管理。探索限额内资本项目可兑换改革，允许符合条件的企业在限额内实现资本项目跨境交易和

汇兑自由。支持企业和金融机构通过境外上市、发行债券及标准化金融证券等方式开展境外融资，探索开展跨境人民币贷款试点。探索区域资本市场对外开放，允许符合条件的境外企业、个人通过区域要素市场、互联网金融平台、基金等渠道开展投融资交易。

增强跨境金融服务功能。对"走出去"企业，加强在信贷、商业保险、进出口信用保险、融资租赁、融资担保、商业保理等跨境金融政策上的倾斜和支持力度。加快跨境人民币基金、保税融资租赁发展。支持重庆设立人民币海外投资基金，加强"走出去"项目储备，积极争取国家外汇储备、丝路基金的资金投入。完善跨境电子商务支付体系，扩大跨境电商结算，增加符合条件的银行试点开办离岸银行业务允许境外金融机构向重庆企业发放跨境人民币贷款。

（二）加大金融创新力度，着力建设内陆金融创新高地

推动金融机构深化改革。支持在渝金融机构开展市场化改革、开放性重组，推进在渝金融机构与境内外著名金融机构在资本、业务、技术等方面开展战略合作。支持在渝法人金融机构优化股权结构，完善公司治理机制和资本补充机制，建立长期激励约束机制，提高经营管理水平。完善金融国资管理体制，优化金融国资布局，支持地方金融机构增强发展活力和市场竞争力。支持符合条件的在渝金融机构在境内外上市。

规范发展新兴金融机构。积极发展专业养老保险公司、专业健康保险公司、金融租赁公司、独立基金销售机构等新型金融机构。鼓励和引导新型机构创新服务模式，加强与商业银行、保险公司、证券公司、基金公司、期货公司、信托公司等金融机构以及电子商务企业的合作。鼓励、引导和规范各类社会资本参与设立新型机构，支持各类新型机构依法合规拓宽融资渠道。探索健全符合新型机构发展需要的管理体制，增强行业自律。

增强金融机构创新能力。支持在渝金融机构创新服务模式，扩大业务范围，拓展服务区域，提高服务能力。推进符合条件的金融企业开展综合经营试点。促进金融业务创新融合，支持具备相应能力的金融机构依法开展并购贷款、股权投资、境外贷款、期货投资咨询等创新业务，有序开发跨市场、跨行业、跨境金融产品和业务。

打造金融综合研发平台。争取中央金融管理机构及银行间市场交易商协会、沪深等各交易所的支持，共建重庆金融发展研究机构，使其成为我市金融业顶层设计和决策支持的综合平台。进一步加大海外金融高层次人才引进力度，积极推荐金融人才入选国家"千人计划"，加大金融研究人才的引进力度。

（三）扩大金融对外开放，主动对接"一带一路"战略

建立健全开放包容的金融机构体系。积极引进境外投资者投资入股本地银行、证券、保险法人金融机构。探索推动境外投资者与本地法人金融机构开展股权合作。继续引进外资银行、外商合资证券、外资保险等机构来渝设立分支机构和地区总部。鼓励金融机构通过贷款、担保、保险等方式支持企业海外项目融资和贸易融资，推进重庆企业在境外发行外币、人民币债券。

支持重庆与"一带一路"沿线国家互设金融机构，优先支持"一带一路"沿线国家在渝设立各类外资或中外合资金融机构，探索降低金融机构准入和业务准入门槛，为在渝法人金融机构在"一带一路"沿线国家设立分支机构开设绿色通道，支持设立全国性保险交易所。支持组建区域性保险集团公司和专业保险资产管理公司。支持保险公司在渝设立服务"渝新欧"铁路大通道的专业物流保险中心。

开展跨境、跨区域同业合作和产融合作。推动人民币作为与"一带一路"国家跨境贸易和投资计价、结算的主要货币。推动重庆与"一带一路"国家开展双向人民币融资，研究探索金融机构与"一带一路"国家同业开展以人民币计价的信贷资产、票据资产、同业存单等金融资产转让业务，研究探索金融机构向境外销售人民币理财产品。依托"渝新欧"国际物流大通道，探索铁路单证项下结算和融资产品创新，绿色信贷模式创新，推进保税展示交易、跨境电子商务、离岸金融结算等服务贸易。

（四）加强金融区域合作，主动融入长江经济带发展战略

支持建设长江经济带，重点提升金融服务重大基础设施建设、战略性新兴产业集群建设、传统产业升级和跨区域合作的能力。鼓励金融机构加大信贷力度，支持构建沿江优势产业集群，着力打造电子信息、汽车、服务、节能环保、高端装备制造业等具有国际竞争力的优势产业集群，支持发展集成电路、液晶面板、物联网、页岩气、新材料等战略性新兴产业。

强化金融服务长江上游航运中心功能，支持打造长江上游航运交易中心、结算中心。加强区域信用体系建设，解决当前银企跨区域信息不对称的突出问题，加强与长江经济带沿线省市金融监管协调、信息互通、监管互助，形成跨区域金融监管机制，切实防范各类金融风险。

三、提升资源配置能力，建成区域金融市场高地

充分发挥市场在金融资源配置中的基础性作用，通过完善金融市场体系，增强金融服务能力，推动经济结构调整和经济发展方式转变。

（一）增强资金融通能力，发展扩大货币市场

大力发展货币市场，加快银行间同业拆借与债券市场的发展。改善和扩大个人信贷服务，支持城乡居民扩大消费和主动创业。发展金融衍生产品市场，促进金融机构金融衍生产品业务的发展。发展票据市场，建立和实行商业承兑汇票保证金制度和抵押担保制度，规范管理，积极引导，推进商业承兑汇票使用。建立信贷资产转让交易市场，有效解决信贷资产转让交易的信息不对称、合同标准化程度低等问题，实现信贷资产转让交易的集中化和标准化。筹建电子票据交易市场，建设票据市场交易平台和信息平台，形成统一的集票据交易、托管、清算、查询等功能于一体的电子化票据交易平台，增强交易的安全性和报价的时效性，实现票据交易的电子化、集中化和票据资产的标准化，有效维护票据市场交易信用秩序，吸引各金融机构将票据运营中心设在重庆，聚集票据电子化人才和交易人才，有效扩大重庆在全国票据交易市场影响力。

（二）拓宽企业融资渠道，稳步发展资本市场

大力推动企业改制挂牌上市，建立健全上市工作机制，优化上市财政

支持政策，加强拟上市资源培育，形成"储备一批、推动一批、上市一批"的梯次上市推进格局。支持符合国家产业政策、规模大、效益好的企业到境内外主板市场上市，支持自主创新能力强、成长性高的企业到中小企业板、创业板上市或新三板挂牌。推动重庆股份转让中心规范创新发展，推动与全国中小企业股份转让系统接轨，争取重庆股份转让中心纳入新三板市场体系并探索建立转板机制，进一步发挥市场功能，服务更多小微企业发展。支持上市公司并购重组，鼓励上市公司通过增发、配股、定向可转债等方式作为并购重组支付手段，运用资本市场提高并购重组效率，加强资源整合，实现做大做强。支持证券公司进一步增强资本实力，积极申请新业务牌照，探索创新金融服务和产品，为企业提供更加优质的资本市场服务。充分运用场内、场外，境内、境外资本市场各类股权、债券融资工具，提高直接融资比率。

（三）提升资产交易活力，培育金融要素市场

进一步完善要素市场体系，加快要素市场发展，不断丰富交易品种，大力拓展市场，充分发挥要素市场的集聚辐射功能，实现金融和商贸要素资源优化配置。推动建立业务创新合作平台和沟通交流机制，鼓励商业银行、证券公司、信托公司、保险公司、担保公司、小额贷款公司、信用评级机构等积极在要素市场寻找合作机会，扩展业务范围，完善要素流转和融资服务体系。推动发展期货和金融衍生品市场，稳步发展商品期货市场，推动市场条件具备的大宗商品期货品种上市，推动发展商品指数期货、商品期权、碳排放权期货等。稳步推进交易市场相关资产证券化，便利市场主体投融资和实施资产管理。加强机构投资者队伍建设，积极扩大金融衍生品市场参与主体。

四、提升周转融通能力，建成区域金融结算高地

支持各类金融机构积极发展面向国际市场的离岸结算业务。同时，在更高层次、更广领域、更好服务上开拓创新，建立和完善面向社会的多层次支付结算服务体系。

（一）便捷服务贸易交易，打造服务贸易结算中心

依托重庆现有加工贸易和电子商务贸易交易结算基础，发挥保税港区和综合保税区作用，以江北嘴 CBD 为平台，惠普亚太结算中心为样板，扩大跨境贸易人民币结算业务的办理范围，建立有助于促进贸易便利化、本外币统一规范的账户，进一步优化跨境贸易结算服务，支持适应内陆加工贸易、保税贸易、转口贸易等多种贸易业态的结算创新，进一步深化和扩大跨国公司本外币资金集中运营管理试点，支持更多跨国公司在渝设立全球资金运营和结算中心，力争 2020 年加工贸易离岸结算额超过 1300 亿美元。强化跨境人民币结算推动电子商务国际结算，完善电子商务真实性认证体系，力争 2020 年内跨境人民币结算额超过 3500 亿元。

（二）推进要素市场发展，打造要素市场结算中心

依托要素市场发挥金融结算服务功能，进一步增强要素市场结算能力，吸纳金融资源，实现资金聚集。探索与大宗商品、金融保理、商业保理交易和结算相适应的便利化措施，支持区域要素市场跨境交易和结算。建立要素市场交易保证金监控体系，加强对要素市场资金结算监管，防范资金结算风险，充分发挥金融结算集聚辐射效应，力争 2020 年要素市场结算金额突破 2 万亿元。

（三）畅通金融资产流动，打造金融资产结算中心

大力发展资产证券化将各种形式权益、有形资产和无形资产转变为可交换、可交易、可兑现的金融资产，实现资产向资本的转变和资本向资金的转变。加大金融资产产品创新和交易创新，推动包括应收账款、应收票据、其他应收款、股权投资、债权投资和衍生金融工具等形成的金融资产规范有序流动，为金融资产转让提供便利，加快金融资产融通，服务实体经济。加强金融资产结算创新，发展不同类型金融结算产品，创造金融资产结算产品的收益和附加值，为金融资产结算提供多元便利的服务，增强金融资产结算产品和功能的集聚辐射效应，形成金融资产交易市场和金融资产结

算中心。

五、加快构建服务体系，深化金融服务实体经济

不断扩展金融机构的规模和综合服务能力，拓宽融资渠道，提高金融服务战略性新兴产业、基础设施建设、创业企业和小微企业等实体经济的能力。

（一）壮大地方金融机构，扩大金融产业规模

支持地方法人金融机构做大做强，推动重庆银行引进战略投资者，加快跨区域经营的步伐，努力将其打造为全国一流的城市商业银行。充分发挥重庆三峡银行的区域优势，增强资本实力，加快上市步伐，实现跨区域经营。发挥重庆农村商业银行在香港上市的资本优势，鼓励重庆农商行择机回归 A 股，通过兼并重组或者增资扩股的形式增强资本实力，以重庆为中心，建立辐射全国的农村商业银行，提高农村金融服务水平。整合市属金融资源，推进战略并购和联合重组，打造金融控股集团。支持西南证券通过兼并收购等方式发展成为上千亿元级市值的全国一流券商。支持安诚产险、中新大东方人寿等保险机构完善公司治理结构，拓展市场空间。推动重庆信托、新华信托、昆仑金融租赁等机构扩大业务规模，以战略投资者身份参与其他省市的国企改革，提升市场竞争力。构建市、区县两级专业化和综合性的融资担保体系。积极引进和大力发展各类金融机构，保持机构数量和类型在中西部领先地位。

（二）大力推动金融创新，全面助推创业创新

大力发展专业化投资机构，以优势产业集群为依托，推动民间资本设立涵盖优势产业的创业投资基金和产业投资基金，支持创业创新企业发展壮大。鼓励和引导民间资本参与银行、证券期货、保险等金融机构的改制和增资扩股，引导民间资本进入金融服务外包、金融中介等相关行业，增加金融支持创业创新的资金投放，优化资金投放结构，引导支持创新型企业到银行间市场发行债券，到中小板、创业板、"新三板"和重庆股份转

让中心挂牌融资，到境外上市融资，引导天使投资引导基金、创业投资基金等投资初创期的创业创新型企业。引导金融支持创业创新的产品创新，引导银行机构针对企业经营特点和融资需求，开展知识产权、动产、不动产、股权、应收账款等抵质押融资。简化知识产权质押融资流程，探索股权和债权相结合的融资方式，与创业投资、股权投资机构实现投贷联动等。引进保险资金投资我市创业投资基金，加快发展科技保险、责任保险、信用保证保险、专利保险等创新险种，为创新创业型企业提供全面的保险服务。降低金融支持创业创新的融资成本，清理收费项目，规范收费行为，缩短创业创新型企业融资链条，减少搭桥融资行为，对符合产业政策、发展前景好、信用好的创业创新型企业，不压贷、不抽贷、不断贷，对优质创业创新项目贷款利率不上浮或者少上浮。

（三）不断拓宽融资渠道，助推基础设施建设

积极争取将国家市政债券发行试点，鼓励投融资主体通过发行企业债、短期融资券、中期票据和参与资本市场等方式，扩大直接融资比重。积极引导保险资金投向基础设施，鼓励建立城市发展基金、小城镇发展基金和产业化投资基金。提高股权性资本的比重，利用私募股权投资、风险投资等各种性质投资，支持债权转股权等债务重组模式。引导投融资主体建立现代企业制度。充分利用间接融资，引导金融机构加大对基础设施建设的信贷投入力度，通过委托贷款、银信合作、银保合作、理财产品等多种方式拓宽基础设施建设资金来源。鼓励各银行业金融机构加大对基础设施的支持力度，主动加强与基础设施建设项目的对接，扩大信贷份额，优先安排信贷计划。积极引入民间资本参与基础设施建设，降低市政公用事业准入门槛，吸引民间资本投资准公益性项目和经营性项目。积极开展国际合作，利用外国政府低息贷款，引进先进技术，支持基础设施建设。

（四）继续深化产融结合，支撑发展新兴产业

完善工业企业投融资体系，搭建银企常态化对接合作平台，积极通过银行授信、银团贷款、项目融资、专项贷款等产业链融资方式放大融资规模，支持12个千亿元级十大战略新兴产业集群、2个500亿元级和53个百亿元级产业集群快速发展。鼓励工业企业通过发行股票上市以及股权投资基金、产业投资基金、信托、债券等方式拓宽直接融资渠道。发挥资本市场功能，推动企业兼并重组。加大对工业产品专业化交易市场的金融服务力度。加快建立以科技天使投资、科技信贷、科技担保、科技保险等为重要支撑的科技金融服务体系。加快推进知识产权质押担保、股权质押担保、应收账款质押担保，探索建立知识产权质押融资担保风险分担和补偿机制，鼓励通过多层次资本市场实现融资。引导创投机构和风投机构加大对新兴企业的投资力度。推动开发供应链金融、航运金融、贸易融资、订单质押等创新金融产品和业务，支持发展消费金融和汽车金融，促进消费升级。推动九龙坡区构建产融结合试点区，加大对汽摩、铝加工、机电制造、生物制造、高端装备等产业发展的金融支持。推动南岸区打造产业金融示范区，加快建立手机出口基地金融服务平台。

（五）创新发展小微金融，缓解融资难融资贵

大力发展小微金融助推小微企业发展，支持民间资本参与设立新型农村金融机构和各类创新型机构。积极开展小微企业的动产、不动产等抵质押融资业务。稳步推进小额贷款保证保险。积极利用私募债、区域集优债等融资工具拓宽小微企业融资渠道。鼓励对产业链上的小微企业进行批量的、系统性的开发和授信。支持小微企业参与各类行业性资金结算平台，提高融资信用等级。鼓励金融机构简化小微企业的贷款审批流程，建立信贷计划、服务资源、信贷评审的"绿色通道"。力争到2020年，每年全市小微企业贷款余额占比超过全国平均水平。

六、加快调整金融结构，推动经济社会转型发展

金融发展是通过不断调整金融结构以更有效实现金融功能促进经济增长的过程。金融结构调整的目的在于满足实体经济的现实金融需求。

（一）稳健发展银行业，支撑经济社会发展

积极引导银行业配合好宏观经济的总体情况调整发展思路，坚持服务实体经济与防范风险并重的基本原则。在风险总体可控的前提下，稳信贷、拓直融、降表外，立足实体经济、推动产融结合，深入推进金融改革、开放和创新。引导和督促重庆银行、重庆农村商业银行等地方银行完善公司治理，提高内控与风险管理能力，扩大银行业总资产规模，探索发展新模式，提高核心竞争力。支持本地银行"走出去"，提升服务和辐射能力，加快在全国的网络布局，进一步拓展发展空间。支持银行机构拓展中间业务，扩大承兑汇票规模，规范发展委托贷款、信托贷款、理财、担保、金融衍生工具交易等表外业务。积极发展票据市场，鼓励银行业金融机构拓展同业拆借业务，完善银行间市场体系。树立改革创新意识，鼓励银行制度创新、业务创新，学习先进银行模式，转换发展思路。争取设立民营银行，增添银行业活力。

（二）加快发展证券业，拓宽直接融资渠道

紧紧围绕促进实体经济发展，激发市场创新活力，拓展市场广度深度，扩大市场双向开放，提高直接融资比重，防范和分散金融风险。以进一步扩大投融资，强化服务实体经济为重点，加快发展；以进一步推进监管转型，切实保护投资者合法权益为中心，加强监管。支持西南证券公司巩固证券经纪等传统业务，发展资产管理、投资银行、融资融券、股权直投等投融资业务，发挥其行业龙头作用。新设立一批证券公司，扩大重庆证券市场规模。推动非上市公司强化内部管理，加强行业自律，进一步建立健全法人治理结构，强化信息披露制度，自觉维护公司、债权人和中小投资者的合法权益。充分发挥资本市场功能，解决企业快速发展所需资金，引导资金流向符合国家产业政策的行业和项目，发展壮大高新技术产业。有效发挥资本市场资源配置功能，促进经济结构的调整优化。

（三）加快发展保险业，发挥社会保障功能

充分发挥保险业在完善现代金融体系、改善民生保障、创新社会管理、

促进经济提质增效升级和政府职能转变中的重要作用，立足全市统筹城乡综合配套改革要求，以打造保险业创新发展试验区为抓手，加快建设保障全面、功能完善、安全稳健、诚信规范，与我市经济社会发展需求相适应的现代保险服务业。健全市场组织体系，优化市场主体结构，推动保险公司实现差异化发展。规范发展保险中介机构，充分发挥中介机构的积极作用，完善保险营销体制。完善创新保护机制，推动产品创新，开发社会广泛需要的适销对路的保险产品。加强从业人员业务培训，提高保险从业人员整体素质。充分发挥保险业服务经济社会发展大局的功能作用，积极推动信用保证保险、责任保险、"三农"保险、商业养老及健康保险、巨灾保险等险种的发展。大力推进保险创新发展试验区建设，稳步开展商业车险改革。

（四）加快发展新型金融，发挥拾遗补缺作用

选择有实力、信用好的民间资本发起融资租赁机构、资产管理公司；支持符合条件的企业组建财务公司、金融租赁公司。支持重点发展科技、"三农"、民生的小额贷款公司，在风险可控的前提下设立分支机构。积极引导设立天使投资基金、创业投资基金等基金。发展PPP等新型投融资模式，引入社会资本参与重点领域的重大项目建设。在坚持分类监管、适度监管、协同监管和创新监管的原则下，鼓励发展互联网金融，支持互联网企业发起和参与设立各类持牌金融机构。

（五）加快拓展后台服务，助推行业转型升级

设立重庆灾备中心，在重庆实现重要业务数据的远程备份和管理。设立跨区域的钞票处理中心，促进钞票处理服务成本的降低。打造银行卡产业发展基地，集聚更多的银行卡相关机构，开展银行卡及相关机具、软件设计与技术研发，打造完整的银行卡产业链，支撑重庆建成全国领先的综合性立体支付体系。建设西部金融后服基地，加强与各类金融机构总部的沟通联系，引入更多金融机构的区域性资金营运中心、信用卡中心、客户服务中心、数据处理中心和灾备中心等，力争2020年建成功能齐全的西部金融后台服务基地。

七、完善薄弱环节建设，不断拓宽金融服务领域

提高金融业态的多样性和互补性，提升金融市场的发育程度，建立更加有效、全方位提供服务的金融体系。

（一）大力发展消费金融，推动居民消费升级

推动消费金融市场主体发展。支持消费金融公司、住房储蓄银行、汽车金融公司等金融机构发展，鼓励商业银行提高消费信贷专业化程度，引导消费金融公司与商业银行错位竞争、互补发展。鼓励消费金融产品、服务创新，向消费者提供新型消费信贷。支持金融机构为消费群体提供差异化的流程和服务，建立灵活的风险定价机制，满足居民消费金融需求。增强消费金融对产业经济的拉动作用，培育和壮大消费新增长点，积极发展以汽车、住房、家电等大宗商品为主的消费金融，支持文化、教育、旅游、养老等服务消费领域的合理消费信贷需求，拓宽产业链消费金融。做好新型城镇化过程中的消费金融服务。支持电子商务公司和互联网支付企业发展互联网消费金融。鼓励开展跨境电子支付，支持采用"互联网+外贸"方式扩大消费，推进跨境外汇支付业务。优化消费金融发展环境，完善社会信用管理体系，健全金融消费者权益保护机制，建设消费基础平台，改善消费环境，提高居民信贷消费意识和信用消费水平。

（二）大力发展农村金融，推动农村经济发展

完善农村金融组织体系。降低村镇银行等涉农金融机构准入门槛，推动村镇银行实现区县全覆盖。引导金融机构网点向农村下沉，扩大农村基础金融覆盖面。支持设立区域性、政策性的涉农融资担保机构，推动建立各类涉农融资担保基金。引导金融租赁公司、信托公司等非银行金融机构服务农村实体经济。规范发展新型农村合作金融，积极试点组建新型农村合作金融组织。深化农村产权金融改革，扩大农村产权抵押融资规模，积极通过地方立法方式、全国农村承包土地经营权和农民住房财产权抵押贷

款试点营造更好的发展环境。完善农村产权抵押融资机制，试点组建农村产权抵押融资服务机构，推动农村要素流动市场化，打造集产权交易、资产评估、抵押融资等为一体的综合服务平台。到2020年累计实现农村"三权"抵押融资1500亿元的任务目标。加强农村金融基础服务，改善农村金融基础设施，大力发展手机银行、网上银行等电子银行，协同建设线上线下渠道，加快构建县、乡、村三级服务网络体系。加大涉农重点领域信贷投放，完善银担合作、风险分担机制，加大对种养殖业产业化、乡村旅游业、农村基层设施建设等金融支持。

（三）大力发展绿色金融，推动生态文明建设

探索建立集绿色金融机构、绿色金融产品、绿色金融中介服务组织于一体的绿色金融服务体系。发挥银行、证券、保险等金融机构的作用，拓展绿色产业发展的投融资渠道，鼓励绿色企业通过上市融资、发行债券等方式融资。支持商业银行、绿色信贷专营机构开发绿色金融产品，创新绿色信贷融资模式，扩大绿色金融服务覆盖面及影响力，鼓励开展能效融资项目合作。探索推进碳交易试点，逐步探索建立国内碳交易市场体系。

（四）大力发展普惠金融，重点推动金融扶贫

大力发展普惠金融，完善普惠金融服务体系，扩大普惠金融服务覆盖面，提升普惠金融服务水平，推动实现脱贫致富。构建地方政府、金融监管部门、金融机构等多方联动、共同参与的金融扶贫工作机制。积极推进精准金融扶贫，以渝东北渝东南秦巴山、武陵山集中连片特困地区为重点，加大对贫困地区基础设施建设、生态保护、移民搬迁、乡村旅游的信贷投放和工作力度。充分发挥政策性金融、商业性金融和合作性金融的互补优势，促进扶贫产业开发。充分运用好再就业贷款政策，为农村特殊群体、贫困阶层提供针对性的金融服务。完善扶贫贴息贴费政策，加大扶贫重点区县和扶贫信贷资金投入力度。推广小额扶贫保险。

（五）大力发展文化金融，构建核心价值体系

以市场为依托、以金融机构为主体、以产品创新为工具，形成多方位、多渠道支持文化创意产业发展的文化金融服务体系。积极发挥文化产权交易中心的功能和作用，促进银行信贷、信托、产业投资基金、股权投资基金、多层次资本市场等融资渠道和工具的综合运用，建立文化金融发展协调联动机制，促进交流与合作。支持金融机构创新融资服务模式，丰富金融产品体系，形成支持不同发展阶段文化创意企业的融资服务机制。进一步加大对文化创意产业集聚区的金融支持力度，助推全社会建立起社会主义的核心价值观和核心价值体系。

（六）大力发展科技金融，提升科技创新能力

支持发展科技金融，加快建立以科技天使投资、科技信贷、科技担保、科技保险等为重要支撑的科技金融服务体系。加快推进知识产权质押担保、股权质押担保、应收账款质押担保，探索建立知识产权质押融资担保风险分担和补偿机制。鼓励科技企业通过多层次资本市场实现融资。引导创业投资和风险投资机构加大对创业企业和科技企业的投资力度。

八、完善体制机制建设，不断提高金融监管水平

不断强化金融业的协同监管，创建金融安全区，促进金融业的持续、健康、稳定发展。

（一）健全金融监管体制，规范金融行业发展

不断完善规范要素市场、小额贷款公司、融资性担保机构等专项监管制度体系。加快制定促进和规范要素市场发展、股权投资基金、小额贷款公司、融资担保机构、典当行、融资租赁公司等主体和市场的专项监管规则和办法，规范行业发展。建立科学有效的地方政府金融工作管理体制，整合行政管理事权，实施地方金融事权归口集中管理。完善金融强市建设激励表彰机制，制定金融强市激励资金管理使用办法。进一步加强各级政

府金融管理工作部门的机构建设和职责。继续深化农村商业银行管理制度改革，强化市农村商业银行行业服务职能，弱化行政管理职能。建立健全各级政府对辖区内的农村商业银行、村镇银行、小额贷款公司、融资担保机构等地方中小金融机构的风险处置和日常监管责任制度。建立全市金融应急指挥制度，完善信息沟通和衔接机制，加快转变政府金融管理职能，提高服务效率。

（二）完善金融监管制度，防范区域金融风险

完善地方政府金融管理机制，加强对小额贷款公司、融资担保机构、创业投资机构、股权投资机构等的监督管理，建立金融工作部门与金融监管机构之间的风险防范联动机制，加强对金融机构的风险管理。密切关注金融案件及其次生、衍生灾害，建立重大金融案件处置机制和金融不良资产处置机制，建立金融风险监督控制和预警体系，加强金融风险的前瞻性分析研究，及时发现重大金融风险隐患，建立健全金融突发公共事件应急处置机制，形成及时、高效的金融风险处置机制。依法打击非法集资、非法证券和骗保骗赔等非法金融活动和洗钱、制贩假币等金融违法违规行为，加大对金融领域违法犯罪活动尤其是重大金融案件的预防和查处力度，维护辖区金融安全稳定，确保金融业健康有序发展。支持金融监管机构完善监管手段，加强金融监管，建立政府部门和金融监管机构协调机制，形成良性互动、贴近市场、促进创新、信息共享、风险可控的综合监管体系，增强金融监管的系统性、连续性，保障金融业持续、健康、安全发展。

（三）强化行业自律机制，营造良好发展氛围

充分发挥银行业、保险业、证券期货业、小额贷款公司协会、融资担保业协会、股权投资基金协会、重庆金融要素市场发展协会、上市公司、担保公司等行业协会组织的自律、维权、协调、服务作用。加强行业自律和相互监督，积极引导和督促金融机构加强内部治理，完善自我约束机制，依法维权，提高风险管理能力，促进辖区金融业健康发展。健全各金融行业的自律性组织，探索成立重庆金融行业同业公会，制定和完善符合行业特点的自律公约，督促会员认真贯彻国家金融法律与金融改革，协调行业内部矛盾，形成有效的同业监督和自律机制。通过同业公会，加强金融机构间经营管理经验的交流，传递市场信息，加强同业间的合作，保障同业利益，增强金融系统整体防范风险的能力，为金融业的发展营造出良好的氛围。

九、完善配套体系建设，不断优化金融生态环境

不断完善金融生态环境，完善金融业相关支持政策，确保金融生态环境持续优化。

（一）加强行政立法体系，优化政策法规环境

逐步开展重庆金融业发展的体系化立法，制定地方性法规。明确金融市场体系建设、金融产业聚集区空间建设布局、城市基础设施建设、金融人才环境建设、信用环境建设、金融创新环境建设、金融风险防范与法治环境建设等方面目标任务。研究制定推进建设长江上游金融中心的地方性法规、政府规章以及其他规范性文件，以地方立法的形式，明确建设重庆建设长江上游金融中心的任务和目标，确定重庆金融产业发展的方式和路径。完善现有金融发展政策，评估实施效果，对政策效果不明显的进行修订，对政策尚未覆盖到的及时出台相应政策，发挥其在支持股权投资业发展、促进企业上市、吸引金融机构总部及后台进驻、鼓励各类金融创新、引进金融专业人才等方面的激励引导效应。积极营造金融创新的政策环境，向国家争取创新型金融组织、金融市场和金融创新业务的先试先行。同时，不断完善培育金融市场，引进金融机构，鼓励金融创新和引进金融人才等其他配套优惠政策措施，为我市金融业发展和长江上游金融中心建设营造良好的政策法规环境。

（二）整合社会征信体系，优化社会信用环境

着力完善企业信用体系，加强部门信息共享、信用披露和信用分类评价等工作，建立健全失信主体惩戒机制。扶持信用评级市场规范发展，支

持壮大企业信用评级机构，探索建立重庆企业信用评价标准，积极开展诚信宣传教育活动，引导企业提升诚信意识。加快农村信用体系建设，结合支农惠农政策，研究出台支持农村信用体系建设的政策措施。推动农村信用体系建设与农村社会管理、基层党建工作密切结合，完善农户信用档案及信用评价方法，大力推广信用村、信用镇试点。扩大企业和个人信用信息基础数据库在县域、农村的信息采集和使用。完善个人信用体系，加强个人信用信息基础数据库建设，扩大信用信息采集覆盖面，健全个人信用信息查询、应用和推广制度，探索建立个人信用信息评价体系。优化信用环境建设，提高社会信用意识，完善信用体系建设，采取多种方式，推动中小企业信用采集工作的顺利开展，开展农户信用评价体系建设试点工作，建立农村联保，鼓励支持建设信用村、信用乡镇；加强政府、企业、各类社会组织以及个人信用建设，完善全方位信用体系建设。

（三）建立服务机构体系，优化配套服务环境

支持金融机构采取差异化发展战略，创新金融产品和服务，促进金融业务和金融服务有序竞争。加强金融基础设施建设，进一步健全金融市场的登记、托管、交易和支付清算体系。在充分发挥大型金融机构综合性服务功能的同时，积极发展中小金融机构，建立健全服务机构体系。创新金融产品和服务模式，更好地发挥金融的资产配置和融资服务功能。加快中小企业融资服务网络平台建设，为中小企业提供融资政策咨询、融资申请受理等综合服务。在继续充分发挥农行、农发行、农商行和邮政储蓄银行等金融机构支持农村经济发展作用的同时，积极发展村镇银行，推动村镇银行向下延伸网点和业务，加强涉农服务。支持各类银行、保险、证券、股权投资、融资担保公司等在涉农地区设立分支机构或服务网点。大力发展会计、法律、资产评估等为金融业提供配套服务的中介服务机构，规范发展证券、期货等投资咨询服务机构，鼓励发展各类投资、理财机构，探索推进金融资讯服务平台建设，提高中介服务水平，形成机构集聚、配套完善的金融中介服务体系。

第五章 保障措施

一、加强组织领导保障

坚持贯彻市金融工作领导小组的统一决策,充分发挥市金融工作协调联席会议的统筹协调作用,明确领导职责,提升统率效力,通过搭建信息共享平台,建立健全扁平、高效的市、区县两级联动的金融管理体制和监管体系,优化协作机制,集中监管力量,着力研究解决影响金融业发展的重大问题。

强化区县金融工作部门的分管职责,提升区县政府的金融工作业务能力,完善区县(自治县)金融办的机构配置,充实工作力量,理顺区县金融管理体制,形成市、区县两级上下联动的金融行政服务体系。市级部门为区县金融工作部门提供指导支持,为区县强化金融服务工作提供保障;强化保证区县金融工作部门实施层面上整合效应,为规划的实施和项目落地提供组织保障。

二、加强体制机制保障

(一)健全工作协调机制

健全市级层面的规划实施指导协调机制,建立健全市金融工作联席会议制度的工作机制。充实市级金融工作部门力量,建立市级各部门之间、市级与区县部门之间、区县各部门之间和区县与区县之间的规划实施协同机制;制定金融业发展的步骤和措施,统筹协调、扎实推进重庆市金融发展各项工作。

(二)强化规划实施机制

建立健全"规划"的落实机制。按照分工落实、分阶段推进、系统化实施的原则,将规划目标任务按年度分解落实到各相关部门,并纳入部门年度工作计划。通过实施系统联动、分解落实，形成层次分明、定位清晰、功能互补、统一衔接的规划体系。将规划确定的主要任务纳入各单位经济发展综合评价和绩效考核体系，建立严格的工作责任制，切实加强监督管理。在规划实施的中期，要对实施情况进行评估与完善。

（三）强化规划评估机制

建立重庆市金融发展规划的反馈机制与考核评估机制，对全市金融业发展的预期性目标进行定期评估，研究解决规划实施过程中出现的新情况和新问题，切实推进规划落实。推动市有关部门与国家金融管理部门之间、市属机构之间、市属机构与金融行业组织之间建立定期会商机制，不断完善规划实施评估机制。

（四）强化规划宣传机制

充分利用广播电视、平面媒体、网络媒介等多种宣传渠道，加强针对社会大众的普及性宣传力度。继续编好重庆金融发展年度报告，全面系统地对重庆金融业发展进行总结宣传。加强与国家级媒体和世界知名财经信息平台的战略合作，加快发展重庆金融传媒业，探索创建代表重庆的财经频道，培育1~2家在国内有影响力的财经传媒，将其打造成为重庆金融宣传的窗口。

三、加强基础设施保障

加强金融基础设施建设是保障重庆市作为长江上游金融中心稳定运行和创新发展的客观需要。"十三五"期间，要进一步加快我市在金融监管标准、信息披露、征信体系、会计审计制度、支付清算体系等金融基础设施方面逐步与国际接轨，逐步形成框架结构更合理、功能形式更完善，更具国际化、智能化的金融基础设施体系。

（一）加快开放型金融基础设施建设

重点建设人民币跨境结算、银行卡跨境交易结算、电子商务跨境集中结算和金融信息跨境交换等基础设施平台。建设面向境外的人民币支付结算网络，健全登记、托管、交易和结算制度。支持在渝金融市场逐步将交易系统的报价、成交、清算、结算以及交易信息发布等功能延伸到境外；支持具备条件的在渝商业银行拓展境外结算网络，发展支持多币种产品交易和清算能力；支持在渝银行卡组织加快建设跨境交易结算网络，完善银行卡支付结算系统。

（二）加快金融基础设施信息化建设

建立完善智能化金融配套设施，逐步实现以云计算为基础的金融服务信息化。加快推进信用体系建设，以云计算数据中心体系为基础，升级改造企业、个人信用信息基础数据库建设，大力发展经营性征信机构。大力推进移动支付终端建设，加强支付系统的国内资源共享以及与国际清算系统的连接。到2020年，力争通过构建"金融云"整合各个业务专项系统，实现标准统一、管理科学、数据共享的金融信息化大平台。

四、加强金融人才保障

（一）建立完善金融人才资源配置市场化

激励实现区域内金融人才资源的高效流动，营造促进金融人才聚集发展的良好环境，建设重庆成为长江上游金融人才中心。建立和完善促进金融人才聚集的体制机制以及政策和配套措施，设立重庆市金融人才协会，加强金融人才相互交流与综合服务。加强政府有关部门的协同配合，在户籍、医疗保障、子女入学、住房、出入签证等方面为金融人才聚集创造便利条件；注重对重庆市金融就业环境、金融创新和创新环境等软环境的打造，吸引金融人才聚集金融领域就业、创新、创业。

（二）跨越实现金融人才管理培训现代化

加快发展重庆金融学院，建立政府、企业、高校三位一体的人才培养合作机制，构建理论与实践并重、结构合理的现代金融人才储备体系。强化与高校合作，共同建立金融人才培养平台、金融研究机构，引进国际权威的金融能力考试认证机构在渝开展相关认证服务。争取更多的金融资格认证考点落户重庆，开发现有金融人才潜力，共同培养复合型、创新型、国际型、实战型等高级金融人才，跨越实现现有金融人才向高端金融人才演进。

（三）培养造就金融人才保障结构科学化

加快金融人才培养步伐，建立和完善"高端靠引进、中端靠培训、低端靠教育"的金融人才队伍梯度培养机制。培养和造就规模适当、结构优化、布局合理、素质优良的金融人才队伍，为建设长江上游金融中心奠定人才基础。计划2015—2020年累计培训10000人次，其中2000人次的高层次金融人才培训和交流，3000人次的中层次金融人才专业素质提升培训，5000人次的基础金融人才的培训和交流。大力实施"百名金融高端人才培养计划"，培育100名金融高端人才。

第二部分
路径论证——建设功能性金融中心

经过"十二五"时期的经济和金融发展，重庆建设长江上游地区金融中心取得了跨越式发展，金融组织体系更加完善，金融服务功能明显增加，金融对外开放不断扩大，金融生态环境持续改善，为重庆市金融业转型发展打下了坚实基础。"十三五"时期，重庆将进入一个崭新的发展阶段，重庆市委市政府紧抓"一带一路""长江经济带"、西部大开发等重大机遇，并根据《中共重庆市委关于制定重庆市国民经济和社会发展第十三个五年规划的建议》提出重庆市建设国内重要功能性金融中心的战略构想。

建设国内重要功能性金融中心的构想一经提出，市金融办立即着手对重庆建设国内重要功能性金融中心进行了深入调研，会同有关政府部门、在渝金融监管机构等进行了反复讨论，委托中国社会科学院对有关课题进行平行研究，并向金融机构、专家学者们等社会各界广泛征求意见。《重庆市金融中心建设"十三五"规划平行研究——建设国内重要功能性金融中心》对国内重要功能性金融中心的概念与内涵、意义与定位、战略目标、实现路径和政策措施等方面进行分析，充分论证了重庆建设国内重要功能性金融中心的必要性与可行性。《金融业指标体系构建与论证》运用描述统计方法对重庆市金融发展水平进行了深入分析，并运用多种计量学方法对重庆市金融业"十三五"发展的主要指标进行了广泛论证。《关于加快建设国内重要功能性金融中心的研究报告》从建设国内重要功能性金融中心对重庆市金融业发展的针对性和可操作性等方面进行了深入探讨。《重庆市建设国内重要功能性金融中心"十三五"规划》（征求意见稿）是在前期广泛调研与论证的基础上，编制的以建设国内重要功能性金融中心为定位的重庆市金融业"十三五"规划的征求意见稿。

重庆建设国内重要功能性金融中心从构想提出到确立这一过程，经过了反复调研、征求意见、论证和修改，本部分真实地呈现了重庆建设国内功能性金融中心发展路径的论证和发展思路的升华。

重庆市金融中心建设"十三五"规划平行研究
——建设国内重要功能性金融中心

"十二五"时期,重庆市经济和社会发展取得了显著成就,特别是金融中心建设,取得了跨越式发展。"十三五"时期,重庆市发展将面临诸多机遇和有利条件,同时也面临一些困难和挑战。《中共重庆市委关于制定重庆市国民经济和社会发展第十三个五年规划的建议》提出,未来五年,重庆市发展的总目标是建设城乡统筹发展的国家中心城市;重庆市经济建设的规划目标是基本建成长江上游地区经济中心,包括建设国家重要现代制造业基地、建设国内重要功能性金融中心、建设西部创新中心和建设内陆开放高地四个具体支撑目标。基于以上总体定位和战略要求,本文将对国内重要功能性金融中心[①]的概念与内涵、重庆建设国内重要功能性金融中心的意义、重庆建设国内重要功能性金融中心的基本条件、重庆建设国内重要功能性金融中心的战略目标、重庆建设国内重要功能性金融中心的实现路径和重庆建设国内重要功能性金融中心政策措施等方面进行分析,为重庆市"十三五"金融中心建设规划的编制提供决策支持。

一、国内重要功能性金融中心的概念与内涵

关于"金融中心"和"功能性金融中心",并不存在严格的学术定义,更多出现在金融政策制定和金融发展实践等应用领域。本部分首先对金融中心的内涵与类别进行简要的理论回顾,然后对国内重要功能性金融中心

---

① 课题组初步考虑,"十三五"期间,重庆市的发展和经济建设,将继续在城乡统筹发展、中西部转型发展、高水平和全方位对外开放等方面积极发挥引领示范作用;因此,重庆市的金融中心建设具有国家金融改革与发展的探索意义。

进行分析,最后提出重庆建设国内重要功能性金融中心的功能定位。

(一)金融中心的内涵与类型

1. 金融中心的含义

什么是"金融中心"和"国际金融中心"?这两个名词并没有严格的学术定义。一般认为,金融中心是拥有众多具有国际重要影响力的银行、企业和证券交易所的全球城市;国际金融中心是全球金融市场交易中一个重要的主体的城市,通常拥有至少一个大型证券市场。[①]

从以上解释性概念来看,成为金融中心的必要条件包括:全球城市、重要金融机构和实体企业聚集、具有重要的金融市场(资本市场),而成为国际金融中心,还应拥有一个与全球金融市场相联系的大型金融市场。

2. 金融中心的类型

由于观察和分析问题角度不同,按照不同标准,金融中心可以分为不同类型,如表1所示。

表1　　　　　　　　金融中心类型

标准	类型	城市	备注
金融产品币种多样性	综合型	伦敦、东京	
	功能型	纽约、香港、新加坡	
功能差异	实力功能型	纽约、东京	外来资金服务国内
	代收集资型	伦敦、香港、新加坡	来源广泛服务国外
	簿记服务型	巴哈马、开曼、维京等	
推动力量	政府驱动型	新加坡、东京	
	市场主导型	纽约、伦敦、香港	
本币计价与结算	经济型	纽约、东京	以本币为主
	服务型	伦敦、新加坡	
建设方式	成熟型	伦敦、纽约	也叫自然型
	赶超型	新加坡、东京	

---

① A financial centre is a global city that is home to a large number of internationally significant banks, businesses, and stock exchanges. An international financial centre, sometimes abbreviated to IFC, is a non-specific term usually used to describe an important participant in international financial market trading, usually having at least one major stock market.

续表

标准	类型	城市	备注
国际影响力	全球	法兰克福、香港、伦敦、纽约	
	跨国	波士顿、釜山、芝加哥、蒙特利尔	
	本土	约翰内斯堡、墨尔本、慕尼黑、大阪	
特色产品与服务	综合性	纽约	
	特色性	芝加哥、旧金山、波士顿	
服务对象	离岸	伦敦、香港、新加坡	非居民、外币
	在岸	纽约、东京	居民、本币

资料来源：课题组整理。

在实际应用中，由于往往采取交叉分类办法，金融中心的类型划分会显得更加复杂。例如，作为国家战略，上海国际金融中心2020年的建设目标可以理解为在岸、综合型、经济型、功能型国际金融中心，当然其建设方式和方法属于赶超型。

3. 金融中心的经济功能

罗斯（1992）曾指出，（现代）金融的核心内容是资本市场的运营、资本资产的供给和定价，它包括四个方面：有效市场、收益与风险、无套利定价和公司金融。我们知道，现代金融主要是通过市场实现资金和资本的跨时间、跨空间的有效配置，以服务于贸易和投资[①]，归根结底，服务实体经济应该是金融的最重要或最根本的功能目标。当然，金融服务经济的功能实现，既可以主要通过金融机构也可以主要通过金融市场来完成，这涉及不同的金融体系。莫顿（1993）提出了"金融的功能观"（the Functional Perspective）来替代"金融的机构观"，并随后界定了金融体系的6个核心功能[②]。

[①] 当然，金融交易自身也需要相应的金融服务体系和金融基础设施。
[②] 它们是：第一，清算和支付功能；第二，融通资金和股权细分功能；第三，为在时空上实现经济资源转移提供渠道；第四，风险管理功能；第五，信息提供功能；第六，解决信息不对称的激励问题。

具体就金融中心的功能来说,按照表1中的前两个主要划分标准进行分析。如果以"金融产品币种多样性"标准,伦敦和东京可以归为综合性金融中心,因为这里的金融交易和金融服务以多种国际货币进行;而纽约、香港和新加坡则主要以本币产品为主,因而可以归为功能性服务的金融中心。当然,所有的金融中心都具有金融服务功能,如果按照第二个标准"功能差异"来进一步细分,纽约和东京可以归为"实力功能性"金融中心,即把资金用于(本地)实体经济;伦敦、香港、新加坡可以归为"代收集资性"金融中心,即外来资金匹配;而巴哈马、开曼、维京等则属于"簿记服务性"金融中心,因为主要用于注册登记和合理避税等目的。

简而言之,我们认为,作为金融中心的一种,功能性金融中心指的是为特定区域内的实体经济运行提供金融支持的金融业务集聚区。这一概念中的"功能"具有双重含义:一方面,它强调金融服务实体经济的功能;另一方面,它针对特定类型的实体经济产业和发展目标提供相应的金融功能。因此,功能性金融中心的定位较综合性金融中心要更为具体和深入,更加强调相应金融功能、金融服务、金融产品的供给。

4. 金融中心的形成与发展

从历史上看,佛罗伦萨是14世纪国际金融中心的萌芽,阿姆斯特丹是17世纪历史上第一个真正意义上的国际金融中心,随后崛起的伦敦是19世纪的现代金融中心;20世纪则上演了纽约与伦敦的"双城记";20世纪70年代以来呈现了国际金融中心的多元化格局。从长期来看,驱动国际金融中心发展演化的因素主要包括经济因素、市场因素、创新因素、制度因素和科技因素。

从实践上看,如表1所示,按"推动力量"来考察,既有"政府驱动型"的新加坡和东京,又有"市场主导型"的纽约、伦敦、香港;按"建设方式"来分析,既有"成熟型"的伦敦和纽约,也有"赶超型"的新加坡和东京。

从理论研究上看,关于金融中心的形成与发展主要包括规模经济学、区位经济学、金融产品流动性理论以及金融地理学四个代表性观点。规模经济学认为,当某地跨国银行数量增多、规模扩大时,国际银行中心便可能形成,而国际银行中心是国际金融中心的重要组成部分;区位经济学认为，国际金融中心具有地理位置上的优势，包括时区优势、地点优势、交通优势和政策优势，并构建了形成国际金融中心的地理条件，包括机构集聚、辅助服务业完备、交通通信先进、客户活跃、政治稳定、运营成本较低等；金融产品流动性理论认为，不管是可自由兑换货币或重要国家政府债券等，作为金融产品，在各个地方都可以同等交换，这种金融交易总是倾向于在流动性好的大金融中心进行，因此，一国或地方的政策要促进和鼓励金融产品的流动和创新。金融地理学是近十多年来快速发展起来的交叉学科，主要是运用经济地理学有关方法进行金融问题研究。[①]

简而言之，金融中心的形成与发展可以体现在三个维度的实践上：城市发展、产业升级和要素集中。城市发展包括城市范围扩大、基础设施不断升级和服务功能现代化；产业升级体现为主导产业沿第一产业、第二产

[①] 在金融地理学中，信息流理论在该领域有着重要影响：Porteous（1995、1999）、Martin（1994、1999）、Thrift（1994）、Gehrig（1998）、Bossone（2003）等反对以 Brien（1992）为代表的"地理已死"的观点，他们认为可从"信息外部性""信息腹地""国际依附性""路径依赖"和"不对称信息"来解释金融中心的发展，其中信息流是金融中心发展和兴衰的决定因素，而金融业也可被理解为"高增值"的信息服务业。Zhao、Smith 和 Sit（2003）将信息腹地理论应用到金融地理学领域中，并探讨中国金融中心的演化。新经济地理学代表人物 Krugman（1991、1994、1995）则应用不完全竞争经济学、递增收益、路径依赖和累积因果关系等对产业空间集聚进行了解释。Panditetal（2001）借助于 Swann（1998）提出的成长模型和新进入模型对英国金融服务产业的集群动态加以分析。Bush（2002）发现 FDI 和贸易是与银行进入最密切的两大因素，客户追随也是金融产业集聚地变迁转移的核心因素。迈克尔·波特（1990）提出了产业集群理论，并在"钻石模型"中用四个基本因素、两个附加要素系统阐述了政府、市场等不同力量在推动产业集群形成过程中的作用。之后，一些学者从产业集群的角度对金融中心演化机制进行了探讨，如 Catherine 和 Swann（1999）对产业集群的强度影响产业集群内企业绩效的途径进行了研究，他们用雇员数量作为衡量产业集群强度的指标，对英国几十个产业进行了实证分析，结果显示服务业具有明显的集群现象，如金融业在某个城市的聚集。国内的相关研究也比较多。区域金融和金融地理学方面，张军洲（1995）、殷兴山（2003）探讨了区域金融发展的动力、空间结构与环境等问题，张杰（1998）、周立（2004）探讨了国有银行"空间均齐分布"假说。在金融中心形成机制方面，干杏娣（2002）、李扬（2003）等分析了金融中心的集聚效应、形成条件和决定因素等。在金融产业集群理论方面，钟伟（2003）、周振华（2005）、黄解宇等（2006）、梁颖（2006）、闫彦明（2006、2009、2011）、郑长德（2007）、王朝阳（2008）、郝文泽（2008）、王曼怡（2010）、张世晓（2011）等探讨了金融业集群的内在动因、集聚效应、集群模式及风险等问题。

业、服务业顺序的自然升级以及第二产业尤其第三产业的产业内升级；要素集中则包括了劳动力、商品与服务、资本与资金、信息等要素的集聚和流动。在不同金融中心的培育和发展上，政府和市场发挥了不同的历史作用，这与国际国内环境和发展阶段机遇有着密切关系。

（二）国内重要功能性金融中心

1. 区域性金融中心与功能性金融中心的内涵和特征

根据金融中心在地理位置和距离上对经济金融影响力大小不同，可以分为两个系列：国际金融中心、跨国金融中心（Transnational Financial Center）和地区金融中心（Regional Financial Center）；国际金融中心、国家金融中心（或全国金融中心）和区域性金融中心。前者主要用于国际金融中心研究和评价，后者则着眼于一国之内金融中心的建设和管理。通常，区域金融中心是指，在国内一定区域发挥金融辐射作用的金融中心，这个区域可以是一国之内跨省或省内跨地区。这里有必要就区域性金融中心与功能性金融中心的内涵特征进行分析。

区域金融中心的区域性并不是一种区域"限定"，它不仅与所在区域的经济密切联系，而且与区域外地区乃至整个全国经济也有不可分割的联系。当区域金融中心发展到一定程度时，由于经济上的关联和投融资的需要，其对区域定位以外的地区或城市也能产生较强的金融吸引力和辐射力，其影响力得到增强，成为更大区域的金融中心，甚至发展成为更高层次的金融中心。功能性金融中心是基于"金融功能观"而提出的金融中心建设理念。"金融功能观"有两个理论观点：一是金融功能比金融机构更稳定；二是金融机构的功能比金融机构的组织结构更重要。所以，金融功能是一个比金融机构更基本的因素，只有机构不断创新和竞争才能最终导致金融体系具有更强的功能和更高的效率。

2. 区域性金融中心与功能性金融中心的联系和区别

区域性金融中心虽然是基于地理影响范围而提出的一种金融中心建设理念，但在本质上承担的是金融中介功能，是金融机构和金融中介集中交易的场所，是"中介的中介"，是合理、高效配置金融资源的场所。具体来讲，区域性金融中心的功能主要有以下六个方面：资源聚集功能、辐射功能、监管功能、金融创新功能、结构调整功能、信息处理功能。这与"金融功能观"所倡导的六大核心功能相互联系又有区别。

一是区域性金融中心和功能性金融中心均强调优化资源配置功能。传统区域性金融中心更多关注了资源的集聚，即如何将周围资源吸引集中起来；而功能性金融中心强调资源的转移功能，即金融中心的金融体系首先可以在不同的时间、地区和产业之间转移经济资源，才能集聚资源。

二是区域性金融中心和功能性金融中心均强调风险控制。传统区域金融中心的风险控制强调各金融监管机构和金融同业的自发相互监管；而功能性金融中心强调保障金融系统的风险管理功能，除了健全监管体系和监管法律以外，还强调保障有序、适度的金融流动性和正向、合理的激励约束机制。

三是区域性金融中心和功能性金融中心均强调金融创新。传统区域性金融中心重在强调广泛的、不特定的业务和产品创新；而功能性金融中心则强调创新应符合金融中心特定的功能定位。这意味着，前者更多强调市场自发的创新，后者更偏向政策主导的创新。

四是区域性金融中心和功能性金融中心均强调信息功能。传统区域性金融中心重在强调与所有金融相关信息的传导渠道畅通，而功能性金融中心特别强调价格相关信息的传导。

此外，功能性金融中心特别强调金融支付和清算功能，主要目的是消除交易成本。通过提供完成商品、服务和资产交易的清算和支付结算的方法，完成金融系统为市场参与者提供的重要服务功能。

3. 功能性金融中心的国家重要性

首先，功能性金融中心代表了中国金融体系未来发展的趋势。目前，中国金融体系仍以银行机构和间接融资为主，而多层次金融市场和直接融资是中国金融体制改革发展的目标要求。金融中心的建设和培育，需要超越机构引进和聚集至上的观念和阶段，而突出强调金融体系功能的实现和更好发挥，创造和发展使金融市场、金融体系有效运转的机制和环境。

其次，功能性金融中心符合中国金融改革协调发展要求，有利于发挥各种金融力量的组合优势。我们知道，金融功能的效率和实现，既取决于金融机构、金融要素的种类和数量，更取决于它们的组合、结构和机制。为了更好服务新常态下中国经济的发展转型和结构调整，需要健全商业性金融、开发性金融、政策性金融、合作性金融分工合理、相互补充的金融机构体系，发挥金融体系的整体协同功能。

最后，功能性金融中心有利于国家实施跨市场、跨区域的金融风险防范和管理。倚重机构的区域性金融中心，区域内的微观金融产品创新具有自发性、不确定性和跨行业性，往往通过机构内部的复制或传递而扩散到其他区域，区域性金融风险容易演化为系统性金融风险。与金融功能观相对应的功能监管理念，弥补了机构监管、行业监管的缺陷，对金融产品创新跨市场风险从地方层面上就给予了强调，可以避免区域风险的扩散、演化和升级。

（三）重庆建设国内重要功能性金融中心的功能定位

"十三五"期间，重庆建设功能性金融中心，其重要功能定位包括五个方面。

第一，服务于"一带一路"等国家重要发展战略。"一带一路"和长江经济带等是中国新常态下转型发展的重大战略，而重庆是这两大战略的重要支点城市，从区域性金融中心向更高层次的功能性金融中心建设迈进，要以服务国家战略为首要功能定位。

第二，服务于引领中西部发展的增长极作用。作为国家中西部唯一的直辖市，重庆在西部大开发战略中取得了重要成就，在经济建设和社会发展等诸多方面积累了不少经验，为实现中西部地方跨越发展发挥了先进示范作用，未来功能性金融中心建设将继续发挥经济增长极的功能。

第三，服务于开创中国新型城镇化道路作用。作为全国统筹城乡综合配套改革试验区，重庆在城乡一体化发展方面开创了一条具有特色的道路，城乡发展的均衡性协调性显著增强。与此同时，作为直辖市和特大型城市，重庆国家中心城市的建设、发展和治理，实现了更高水平和更高质量的城镇化。

第四，服务于国家更高层次开放战略。重庆功能性金融中心建设，全面融入国家对外开放和区域发展新格局，完善对外开放布局，健全对外开放体制机制，抓住中新战略性互联互通示范项目，发展更高层次的开放型经济，为贸易和投资的便利化提供全面、深入的金融服务，并开拓国际金融合作的新渠道。

第五，积极探索普惠金融发展的机制和路径。重庆未来的功能性金融中心，要积极为中国普惠金融的发展和管理提供实践和实验基地；同时，全面服务重庆城乡社会大众，使他们享受金融服务普遍化、均等化机遇，实现重庆经济和社会的包容性发展。

二、重庆建设国内重要功能性金融中心的意义

经过"十二五"时期的经济和金融发展，重庆建设长江上游地区金融中心取得了跨越式成就；在"十三五"时期，重庆建设国内重要功能性金融中心，对国家、重庆和区域具有重要的现实意义。

（一）国家意义

从国家层面来看，重庆建设功能性金融中心，是对国家新阶段、新时期经济与金融发展等战略安排的有力支持和重要承载。

1. 构建和发展开放大国经济的中国金融需要多种类型金融中心

"十二五"时期，中国金融的改革与发展就意识到了需要构建和发展开放大国的金融体系和金融政策框架。改革开放以来，中国逐渐意识到了金融对于经济和社会发展的重要意义，并采取渐进方式推进了金融改革。一方面，从中央层面和国家整体上改革金融体制、建立现代金融体系；另一方面，从地方层面和局部地区进行金融改革与金融创新，以试点和放开的方式进行实验。对于中国这样的经济大国，东部地区与中部、西部和东北地区发展存在显著的不均衡，相关地方金融改革或实验主要集中在东部地区，当然，局部先行和以点带面的金融改革与发展取得了显著成效。"十三五"时期，中国作为高水平开放大国经济，其内部的均衡发展将更加重要，尤其需要针对区域特点，在地方前期经济和金融发展的基础上，分类确立不同现代功能属性的金融中心，发挥金融在现代经济中的核心作用，与当地和区域其他资源形成合力，建设多种类型、不同层次、分工合

理的中国金融中心体系。

2. 功能性金融中心在特定国家战略发展上具有独特优势

区别于综合性金融中心,功能性金融中心更强调金融机构、金融体系的组合效应和功能发挥,因而对中国的大国经济发展的特定战略支持具有专业性优势。例如,上海作为国际金融中心,在中国的大国金融中发挥国际金融市场并支持长三角地区发展的作用;北京作为国家金融管理中心,发挥金融改革协调、运行监控的作用;天津作为金融创新运营中心,发挥租赁、航运金融的创新示范作用。2015年中央经济工作会议和中央城市工作会议提出了中国经济调结构、增供给和建设中心城市的要求,这是适应和引领经济新常态、认识和发挥城市化增长动力对经济发展的长期和战略意义的重要安排。就重庆而言,从长江上游地区金融中心迈向更高层面的功能性金融中心建设,就是对国家相关重要战略的金融支持。

(二)地方意义

从重庆自身来看,重庆建设国内重要功能性金融中心,将更好地服务和有力地带动重庆经济与金融的新发展。

1. 功能性金融中心将更好地为本地产业发展提供融资便利

功能性金融中心在重视金融机构和机构聚集的同时,更加强调金融体系和金融市场的功能发挥。重庆通过功能性金融中心的建设,一方面引进适合的金融机构、发展新型的金融业态,可以补足金融体系的短缺,另一方面,通过金融结构的调整升级、金融生态的培育优化,为本地企业以及支柱产业、战略产业等实体经济提供更精准、更适时的融资便利和支持。

2. 功能性金融中心将全面带动各类要素市场的发展

功能性金融中心强调金融市场功能的健全和发挥,突破了传统以机构来划分和限定金融业务的视角和框架,将为各类要素的有效有序流动、各类金融产品的创新使用提供一个统一的广泛的"金融市场"。我们知道,现代金融市场以资本资金的交易流动为主导,而各类金融属性的要素,正发挥着日益重要的资源配置、资金周转和财富管理的金融功能。通过功能性金融中心的建设,可以建立全面覆盖、有效监管的统一金融市场。

3. 功能性金融中心将增强本地经济体系的弹性

"十三五"期间乃至更远的未来,重庆将继续实施创新驱动发展战略,发挥科技进步和信息化的带动作用,构建产业新体系,培育发展新动力,建设创新型城市。在坚持走新型工业化道路、加快建设国家重要现代制造业基地的同时,需要大力发展金融、物流、科技服务等现代服务业为代表的生产性服务业向专业化和价值链的高端延伸。建设功能性金融中心将为重庆的产业内与产业间升级、产业体系价值链提升和经济结构现代化提供重要支持,从而增加经济体系的深度、拓宽经济体系的广度和增强经济体系的弹性。

4. 功能性金融中心将促进金融人才与金融中介服务机构集聚

任何金融中心的发展与建设,归根到底还是金融人才的集聚。重庆功能性金融中心的建设,将在市场化、多元化、专业化和国际化等维度上吸引海内外更多优秀金融人才的聚集;同时,也对本地金融工作者以及金融相关专业和职业人才提供发展和激励空间,从而共同建设一批现代化的金融从业者大军。需要强调的是,现代功能性金融中心的发展和运行,更加需要推动分工完整、配套服务的金融中介机构,包括会计、审计、律师、资产评估以及信用评级机构,这将在吸引国内外著名的评估公司、咨询公司、会计律师事务所等中介机构来渝的同时,推动本地中介机构的市场化与国际化。人才和中介机构的集聚,将为更高层次金融市场建设奠定坚实基础。

(三)区域意义

从长江上游和中西部地区来看,重庆建设国内重要功能性金融中心,将全面辐射和影响区域内其他省区的经济与金融发展。

1. 重庆功能性金融中心将为周边区域提供相应金融服务

功能性金融中心区别于以机构为主的区域性金融中心,其服务由于贸易、投资等实体经济联系以及金融功能性服务的特点,可以有效对周边地区提供跨界延伸服务,这与传统金融机构主要为区内客户服务存在不同。因此,重庆实现从区域金融中心向功能性金融中心的转变,将有助于实现对周边区域的金融服务辐射,从而使毗邻的中西部省区享受到更加包容的金融服务。

2. 重庆功能性金融中心将发挥资金与金融信息的扩散作用

传统金融中心是金融产品交易、结算的枢纽，是资金流动的中心，而功能性金融中心同时还是金融信息流动和传递发散的中心。"十二五"期间，重庆已经成为长江上游和中西部地区的资金流动中心，也是各种金融产品的交易结算中心。未来功能性金融中心的建设与发展，将更好地在区域内发挥金融信息、金融资讯中心的作用，从实现资金流与信息流的区域网络节点发散功能。

3. 重庆功能性金融中心将承接和传递综合性金融中心的辐射作用

从目前国内金融中心建设情况来看，上海和北京分别代表了国际金融市场和国家金融管理中心的功能，属于第一梯队；天津和深圳将借助自由贸易试验区金融改革与创新，获得更大的发展机会，也包括大连等城市，属于第二梯队。就重庆情况来看，结合改革机遇、政策优势和前期建设等方面的优势，可以进入第二梯队。因此，充分抓住中国经济深化改革、扩大开放以及金融改革创新等赋予重庆的战略机遇和任务，建设功能性金融中心，可以有效承接并传递中国综合性金融中心的辐射作用，促进中国区域间金融服务均等化的实现。

三、重庆建设国内重要功能性金融中心的基本条件

重庆要建设成为国内重要功能性金融中心，在功能定位方面顺应国家"一带一路"和长江经济带等主要重大战略发展要求，同时对于国家、地方以及区域经济与金融发展也有其重要意义，那么重庆本身是否具备建设国内重要功能性金融中心的基本条件，我们需要从以下多个方面自上而下进行分析评估。

（一）重庆的经济与金融发展现状

1. 总体经济发展现状

重庆作为中国内陆的直辖市，是一个大城市和大山区、大库区、少数民族地区并存的地区，在"十二五"期间市委、市政府统筹稳增长、促改革、

调结构、惠民生、防风险，重点在经济增长、结构质量、生态文明、社会民生四大板块各项目标总体完成较好，重庆的经济运行保持平稳向好发展态势。

经济增长方面，主要经济指标保持了位居全国前列的好势头，在国内经济下行压力加大的背景下，表现较为优异。全市 GDP 增速在"十二五"期间都保持在 10% 以上，2014 年国内生产总值增长 10.9%。主要驱动因素在于投资保持平稳增长、消费加快以及内陆开放有新突破等。

结构质量方面，新兴工业化进程加快，同时第三产业增加值占比已经超过第二产业，产业结构进一步优化。主要表现在：农业生产形势稳定、工业结构继续优化、服务业稳步发展、经济效益明显改善。

生态文明方面，单位地区生产总值能耗有所下降，城市生活污水、生活垃圾处理率分别达到 90% 和 99.5%，都市空气质量明显改善，此外循环经济得到蓬勃发展。

社会民生方面，民生工作中针对性、实效性和可持续性得到不断增强，在既考虑当期可承受、又考虑长期可持续的前提下，在解决民生实际问题、持续提升民生水平等重要方面实现长效机制的建立，民生实事的相关目标任务全面完成；此外，社会事业中城镇就业情况、城乡常住居民可支配收入、城乡养老和医疗保险参保情况、城市农村最低保障以及灾害应对等各方面都得到稳步发展。

2. 金融发展水平

"十二五"期间，重庆在现代金融机构市场体系的建立、内陆金融结算中心的打造、金融生态环境的改善、金融服务水平和辐射力的提升以及金融运行的安全稳定等方面进展良好，全市金融行业发展成效显著。

金融产业壮大，产业地位巩固。截至 2014 年末，金融业增加值占 GDP 比重 8.6%，预计 2015 年将达到 9% 左右，同时，金融业增加值是 2010 年的 2.5 倍。金融产业的快速壮大使其作为支柱产业的地位更加巩固，对经济发展的作用日益突出。

机构数量增加，市场体系健全。金融机构数量实现快速增加，与此同时金融服务体系得到不断完善，不论是机构种类还是机构数目、业务规模等各方面都实现快速扩张。

金融总量增长，服务能力加强。2014年，全市新增地方社会融资5667.5亿元，其中信贷保持快速增长，过去4年全市存贷款年均增速分别为16.6%和17%，分别高于全国3.2个百分点、2.1个百分点，全国信贷资源向重庆集聚的态势日趋明显，金融总量的快速增长也有利于其服务实体经济能力的不断加强。

要素市场完善，集聚辐射增强。全市的要素市场加快发展，在总数目和交易量等方面均提速显著，与此同时，金融开放程度也加速扩大，对外开放程度不断提高。可见，重庆市要素市场体系日臻完善，其集聚辐射功能正得到不断认可和强化。

金融运行稳定，质量效益良好。全市银行和小贷公司的各项风险检测指标保持全国低位，得益于全市对于小贷、担保、交易场所监管制度建设和现场检查的加强和退出机制的健全，保证守住不发生系统性、区域性金融风险底线的基础上，促进金融运行服务的质量和效益都保持良好运转。

3. 相关产业发展水平

整体来看，全市多元、多层、多样的机构体系正在加快构建，重要突破在于新兴金融体系的极大发展、银证保金融机构的积极引进、地方法人金融机构的跨越式发展，总之，相关产业发展正进入快车道，实现速度与效益的协调发展。

全市整个金融行业在2014年对GDP的贡献率9.8%，在"十二五"期间的前4年中提高了3.2个百分点。截至2015年6月末，各类金融机构1234家，是2010年末的2.5倍，是西部机构门类最齐全的地区；银行、证券期货、保险机构330家，新增123家，是规划目标的1.7倍；小额贷款公司、融资担保公司、股权投资类企业、财务公司、汽车金融公司、消费金融公司、第三方支付公司等十三类创新型机构904家，新增621家，资本金2221.5亿元，新增1849.6亿元，机构数量、资本规模分别是规划目标的2.3倍、3.7倍。

截至2015年6月末，境内外上市公司总数61家，新增14家，上市公司市值9025.3亿元，是2010年末的2.2倍，新三板挂牌企业总数30家，2014年末证券化率为43%。保险业较快发展，2014年保费收入407亿元，保险深度 2.9%，保险密度 1361 元，为社会提供风险保障 11 万亿元，是 2010 年的 2.16 倍。2014 年末，全行业利润 677 亿元，其中银行资产利润率 1.8%，是全国的 1.5 倍。截至 2015 年 6 月末，银行和小贷公司不良率分别为 0.62%、1.5%，担保累计代偿率 1.1%。

（二）重庆的经济地理分析

1. 重庆所在地理位置的重要性

重庆东邻湖北、湖南，南靠贵州，西接四川，北连陕西，拥有丰富的林木、土地、矿产和水资源，工业产业门类齐全，具备良好的经济发展基础，是长江上游最大的经济中心、西南工商业重镇和水陆交通枢纽。从地域位置上看，重庆是我国西部唯一的直辖市，拥有长江黄金水道和江海联运的西部城市，具有中西结合、承东启西、左右传递的区位优势。基于良好的区位和交通优势，重庆市已明确提出了要建成长江上游的科教文化信息中心、长江上游综合交通枢纽以及长江上游通信枢纽的战略规划，未来重庆将成为区域信息服务业的重要生产中心、信息交流中心，通信网络聚集中心和西部综合交通密度最大的区域，为发展金融产业、建设金融中心创造优越的条件。

重庆地处丝绸之路经济带与长江经济带的连接点上，具有承东启西、连接南北的独特区位优势。国家"一带一路"战略和建设长江经济带是重庆改革、开发和发展面临的重大战略机遇，有利于充分发挥重庆作为西部地区重要增长极、长江上游地区经济中心和国家中心城市作用，有利于重庆加快内陆开放高地建设，提升向东向西对内对外开放水平，充分发挥西部开发开放战略支撑作用。

2. 重庆与周边主要城市的经济、金融实力比较

重庆，作为西部唯一的直辖市和中国四大直辖市之一，其在资源和经济区位方面具有相对优势。近年来，中央政府及地方政府对重庆的政策扶持力度相当大，相继出台的众多扶持金融业发展的政策加快了重庆的金融集聚进程，提高了重庆的对外开放度，对重庆建设长江中上游地区金融中心起了重要推动作用。同时，重庆进行的统筹城乡改革优化了经济结构，

江北嘴、解放碑等 CBD 项目的建设为金融机构集聚创造了条件，这都将有利于金融中心的建成。而就发展的劣势来看，重庆地区相对缺乏新型的金融机构，如风投、信托、融资租赁等金融机构，金融市场体系尚不完善。与成都、西安相比，重庆的上市企业较少，而前两者拥有大量的信息化产业与高科技产业，因而不能为重庆的金融中心建设提供很好的产业支撑。再有一点，相较而言，重庆缺乏高层次金融人才，不能有效地为金融业发展输送新鲜血液。

成都是中国十大城市之一，其区位优势明显，综合经济实力相对雄厚，并在证券公司及上市公司的数量上具有绝对的优势。成都锦江区的金融业已经相当发达，并初具金融中心模型。另外，西南财经大学、四川大学等著名高校不断为成都的金融业发展注入新鲜血液，加上大量的高级金融人才从沿海地区流入成都，为成都的金融业发展提供了人力保障。从金融体系全局看，成都的金融监管机制完善、金融发展水平较高，为建设成都成为西部金融中心打下了基础。劣势方面，与全国其他大城市相比，成都还存在金融机构国际化水平低，金融业开放度不够高，对外资的吸引力较弱；金融机构的聚集度低，没有形成有效的规模经济；金融机构的竞争力不强，融资能力较低下等问题。

西安，作为"欧亚经济论坛"的永久性会址与"现代丝绸之路"的起点，其区位优势明显。同时，"西咸新区"以及"浐灞金融商务区"的建立，为西安金融中心的建立提供了支撑。西安是中国教育、科研、国防科技以及高新技术产业的重要基地，其人才资源充分、科技优势相对明显。西安设有中国人民银行西安分行，并建立了银监局、证监局以及保监局，拥有相对完善的金融监管体系。与其他地区相比而言，西安的劣势方面主要有：经济总量较小，金融业规模不及重庆、成都；金融创新能力不强，金融资源不足，市场的辐射能力较弱；金融产业结构单一，比较缺乏为中小企业的融资提供服务的机构；金融产业链尚不够完整，尤其是金融法制、信用担保体系与产权交易体系的建设比较滞后。

昆明是滇中城市群的核心，是中国面向中南半岛开放的窗口与桥梁，其得天独厚的区位优势使昆明具备成长为未来环印度洋贸易中心的潜质。

2010年7月27日，国内首个人民币金融服务中心——昆明区域性跨境人民币金融服务中心在昆明挂牌成立，人民币国际化的大趋势为昆明构建区域性金融中心创造了契机。另外，昆明独特的区位造就了天然丰富的人文资源要素，聚集了一批华人创办的金融机构，发展起了华人金融。对昆明而言，有所掣肘的地方主要在基础设施建设这一块还相对滞后。另外，昆明的金融体系国际化水平和金融市场发育程度较低，其高层次金融人才储备不能满足快速发展的金融业需求，以及它的资本市场发育程度远低于重庆、成都、西安三市，融资渠道窄，金融机构间接融资的压力大、成本高、风险高。由于存在金融结构尚不完善、金融工具创新不足、金融环境有待进一步提高等问题，昆明建设区域金融中心面临着重大挑战。

总体比较来看，重庆的综合经济实力较强，自成为直辖市并伴随经济的迅猛发展以来，其在经济地位上已然位于西部各省市前列。重庆是长江上游的工业基地，我国著名的工业城市，拥有众多的工业企业和传统制造业作为基础，"两江新区"又有高新信息化产业，这些都为金融融资活动提供了广阔的发展前景。另外，重庆进入"十二五"时期以来，综合经济实力进一步显著增强。

（三）国家宏观经济形势评估

1. 经济"新常态"

我国经济发展进入到"新常态"，是党的"十八"大以来以习近平同志为总书记的党中央在科学分析国内外经济发展形势、准确把握我国基本国情的基础上，针对我国经济发展的阶段性特征所作出的重大战略判断，即进入到"经济增长速度换挡期、结构调整阵痛期、前期刺激政策消化期"三期叠加的经济"新常态"。在中国经济"新常态"背景下，重庆作为中西部地区唯一的直辖市，应该同时发挥西部开发开放的战略支撑作用。

保持较快增速，担当引领角色。在"新常态"背景下，受发展资源、发展模式及发展水平基数效应等影响，东部沿海地区的经济增长速度很可能会压力更大，而中西部地区现有发展水平较低，基础设施投资的空间和资源配置效率提升的空间都比较大，从这一方面来看，重庆在新常态下应该也能够保持较快的增长速度，释放其独特、巨大的潜力。

扩大区域影响，形成战略支撑。重庆要充分发挥其长江中上游经济金融中心战略定位的优势，持续扩大区域影响，在西部开发开放中发挥战略支撑作用，积极构建具有开放性、前瞻性和包容性的开放型经济产业集群基地；通过创造条件大力发展外向型新型服务产业，有机会充分利用和挖掘国内、国际市场的现实需求和潜在需求；积极发展要素市场交易结算和总部结算，大力发展外向金融服务体系。如此，重庆可以抓住机遇真正实现把枢纽做好，构建成为区域性金融经济中心，进一步扩大区域辐射。

推动改革创新，探索发展新路。新常态是一个由要素驱动向创新驱动转变的过程，改革与创新必然是主旋律。重庆具有改革的内在动力和创新的现实土壤，依靠直辖以来发展积累，在区域发展战略、工业升级转型、城乡统筹发展等方面都有较强的改革创新动力。另外，在新常态下，重庆需要进一步发挥自身优势，从而有利于区域协调发展创新。

总之，在经济新常态的大背景下，准确把握重庆优势及特征，将是全市经济发展以及金融中心构建的重要机会。

2. 产业向中西部转移

产业转移是优化生产力空间布局、形成合理产业分工体系的有效途径，是推进产业结构调整、加快经济发展方式转变的必然要求。当前，国际国内产业分工深刻调整，我国东部沿海地区产业向中西部地区转移步伐加快。中西部地区发挥资源丰富、要素成本低、市场潜力大的优势，积极承接国内外产业转移，不仅有利于加快中西部地区新型工业化和城镇化进程，促进区域协调发展，而且有利于推动东部沿海地区经济转型升级，在全国范围内优化产业分工格局。

"十二五"以来，位于"长江经济带""丝绸之路经济带"和"21世纪海上丝绸之路"交汇点的重庆势必迎来承接产业转移的新机遇和新挑战。在中西部各地区中，重庆今年的承接产业成绩较突出，并且依靠重庆要素成本低、配套产业齐、物流便捷和市场广阔等优势，吸引了大批东部沿海产业的大举西进，并且趋势仍在持续。

（四）国家金融发展与改革趋势评估

1. 利率市场化

在我国经济"新常态"与金融改革深化进程中，利率市场化成为极其重要的制度选择之一，因为利率市场化的推进，加快建设适应市场需求的利率形成和调控机制，将有利于提高金融服务实体经济效能，着力解决融资难、融资贵的问题。随着存款利率浮动上限的放开，利率市场化形式上已经完成，成为金融改革一个里程碑式的进展，从此开启了一个新的阶段，一方面利率市场化的实质化推进仍然要求金融市场和制度层面有诸多问题需要解决和变革，另一方面对于以银行为主的金融机构将面临挑战与机遇并存的发展环境。利率市场化影响较大，且较为直接的就是银行未来的竞争将会日趋严峻，对于诸多中小银行而言存贷利差收窄、自主定价能力要求提高的挑战将会更加严峻。重庆当地的中小银行近来发展较快，在利率市场化背景下也难免经历银行景气阵痛时期，但结合重庆建设国内重要功能性金融中心角度来看，也是重要发展机会。以银行为代表的金融机构不再享有过往的政策红利，取而代之的是在未来市场竞争中将会更加强调差异化发展，把握机会将有利于进一步实现金融机构的全面发展。此外，会对重庆在新型金融和小微金融等方面提供机会，促进金融市场有效竞争。

2. 金融市场的对内进一步开放

随着金融改革的进一步深化，金融市场对内进一步开放正有序推进，主要在放款市场准入方面取得进展，构建更具竞争性和包容性的金融服务业。在对消费金融公司和民营银行方面门槛都有所放开，主要表现在对发起人的种种放开；在发展普惠金融方面，也简化了对中小商业银行设立社区支行、小微支行相关行政审批流程、单次申请数量限制方面的监管；在金融支持农业方面，简化了农村中小金融机构的审批程序，鼓励在设立中小微金融机构的时候，更加向农村提供金融服务的方向倾斜；地方金融办目前的准入资质主要是针对小贷、担保等机构，未来对于这类机构及相关业务的创新和准入也将会进一步放开。金融市场种种的对内放开政策都有利于营造更加自由、市场化的环境，有利于金融中心的构建。

通过市场准入及监管考核评价等手段,将会促进引导和支持金融机构创新产品和服务方式,实现科学监管,实现金融业又好又快发展。

3. 资本项目开放

在人民币国际化的背景下,资本项目开放是大势所趋。资本项目开放主要有两重含义,一是人民币在资本项目下可自由兑换,二是对外开放我国的金融市场。适逢国际货币基金组织宣布人民币加入SDR,这将进一步有助于促进实现资本项下自由可兑换,从而促进以人民币计价的贸易投资便利化,增强海外投资者配置人民币资产的积极性,加速人民币从贸易货币、投资货币向储备货币深化。人民币实现国际化,将有助于包括我国在内的大多数国家摆脱对美元的过度依赖,提高金融安全。在此背景下,对于重庆扩大金融对外开放,主动对接"一带一路"战略而言将有重要意义,有利于进一步开展跨境、跨区域同业合作和产融合作。

4. 监管架构改革

金融是现代经济的核心,在很大程度上影响甚至决定着经济的健康发展。现代金融发展呈现机构种类多、综合经营规模大、产品结构复杂、交易频率高、跨境流动快、风险传递快、影响范围广等特点。国际金融危机爆发后,主要国家均加大了金融监管体系的改革力度,核心是提高监管标准、形成互为补充的监管合力和风险处置能力。近年来,我国金融业发展明显加快,形成了多样化的金融机构体系、复杂的产品结构体系、信息化的交易体系、更加开放的金融市场,特别是综合经营趋势明显。这对现行的分业监管体制带来重大挑战。近来频繁显露的局部风险特别是近期资本市场的剧烈波动说明,现行监管框架存在着不适应我国金融业发展的体制性矛盾,这要求坚持市场化改革方向,加快建立符合现代金融特点、统筹协调监管、有力有效的现代金融监管框架,坚守住不发生系统性风险的底线。借鉴国际经验,在统筹监管重要金融机构、统筹监管重要金融基础设施、统筹负责金融业综合统计等方面都将得到更深入的研究和吸取。

这也符合重庆在未来金融中心构建过程中,关于支持金融监管机构完善监管手段,加强金融监管,建立政府部门和金融监管机构协调机制,形成良性互动、贴近市场、促进创新、信息共享、风险可控的综合监管体系,增强金融监管的系统性、连续性，保障金融业持续、健康、安全发展的战略安排。

5. 互联网金融等新兴金融业态的发展

近年来，在银行、证券、保险等主流金融业态借助网络科技持续快速发展的同时，以互联网企业为代表的新兴金融业态不断涌现，金融业信息化、综合化经营渐成趋势。互联网金融等新兴金融业态的发展，是丰富金融服务渠道、创新金融产品和服务模式、发展普惠金融的有效途径和方法。重庆在贯彻落实国家"互联网＋"战略部署的过程中，能够紧紧抓住新一轮科技革命和产业革命的机遇，加快发展互联网经济，将会利于激发互联网大众创业万众创新的活力，加速提升产业发展水平，增强各行业创新能力，促进互联网由消费领域向生产领域的延伸，推动互联网与经济社会各领域的广泛和深度融合，使互联网经济成为我市经济社会转型升级的重要引擎，最终推动全市经济社会转型升级。

（五）综合条件评估

1. 重庆已经具备建设国内重要功能性金融中心的基本条件

综合来看，重庆的经济运行保持平稳向好的发展态势，总体发展现状较好；重庆地处丝绸之路经济带与长江经济带的连接点上，具有承东启西、连接南北的独特区位优势；在国家宏观经济"新常态"背景以及金融改革发展趋势下，机遇与挑战并存。自上而下从多个因素评估来看，重庆金融体系较为完善，金融机构聚集，金融产品交易规模大，金融生态环境良好。重庆金融辐射范围能达到长江上游大部分地区且辐射强度强，总体而言重庆的金融优势十分明显，定位为打造国内重要功能性金融中心具备基本条件。

2. 存在的短板和不足

就建设国内重要功能性金融中心而言，重庆已经具备基本条件，但仍然存在短板和不足。首先，政策层面未明确，国家对于重庆建设长江中上游地区金融中心的战略地位已经有了明确的部署，但就建设国内重要功能性金融中心的战略目标而言，倘若能得到政策支持将能够极大地推进中心构建；其次，重庆地区相对缺乏新型的金融机构，金融市场体系尚不完善，金融人才有待进一步储备；最后，作为内陆唯一的直辖市，有着天然的区位优势，但同时与沿海重要城市相比在对外开放度方面仍有所欠缺。

四、重庆建设国内重要功能性金融中心的战略目标

根据国家"十三五"期间经济和社会发展的新理念和战略目标，为科学完成实现重庆"十三五"经济和社会发展目标，我们提出了重庆建设国内重要功能性金融中心的战略目标和具体目标。

（一）国家"十三五"经济与社会发展的战略目标和基本理念

根据《中共中央关于制定国民经济和社会发展第十三个五年规划的建议》（以下简称《建议》），要在已经确定的全面建成小康社会目标要求的基础上，努力实现以下新的目标要求：经济保持中高速增长；人民生活水平和质量普遍提高；国民素质和社会文明程度显著提高；生态环境质量总体改善；各方面制度更加成熟更加定型。

针对上述目标，《建议》提出要牢固树立创新、协调、绿色、开放、共享的发展理念。在空间布局上，推动区域协调发展，促进中部崛起，以"一带一路"建设、京津冀协同发展、长江经济带建设为引领，形成沿海沿江沿线经济带为主的纵向横向经济轴带，发挥城市群辐射带动作用，形成东北地区、中原地区、长江中游、成渝地区、关中平原等城市群。在产业发展上，要构建产业新体系，引导制造业朝着分工细化、协作紧密方向发展，促进信息技术向市场、设计、生产等环节渗透，推动生产方式向柔性、智能、精细转变。在金融体制改革上，提高金融服务实体经济的效率，健全商业性金融、开发性金融、政策性金融、合作性金融分工合理、相互补充的金融机构体系。在对外开放方面，完善对外开放区域布局，加强内陆沿边地区口岸和基础设施建设，开辟跨境多式联运交通走廊，发展外向型产业集群，形成各有侧重的对外开放基地。

（二）重庆市"十三五"的经济与社会发展目标

1. 经济发展目标

根据《中共重庆市委关于制定重庆市国民经济和社会发展第十三个五年规划的建议》，"十三五"时期重庆市经济与社会发展目标为：保持经济社会平稳较快发展；提高发展质量和效益；建设城乡统筹发展的国家中心城市；确保如期全面建成小康社会、开启社会主义现代化建设新征程。

在经济发展目标上，重庆要实现经济发展实现新跨越。经济保持中高速增长，发展的平衡性、包容性、可持续性不断增强。到2017年，全市地区生产总值和城乡居民人均收入比2010年翻一番；到2020年，全市地区生产总值迈上新台阶，城乡居民人均收入同步提升并力争达到全国平均水平。转变经济发展方式和经济结构战略性调整取得重要进展，加快建设国家重要现代制造业基地、国内重要功能性金融中心、西部创新中心和内陆开放高地，充分发挥西部开发开放战略支撑功能和长江经济带西部中心枢纽功能，基本建成长江上游地区经济中心。

2. 产业发展目标

重庆市"十三五"期间要瞄准世界科技革命和产业革命方向，坚持走新型工业化道路，发展壮大战略性新兴产业，改造提升传统制造业，建设国家重要现代制造业基地，力争"十三五"期末工业增加值达到一万亿元；大力发展现代服务业，建设国内重要功能性金融中心，服务业比重进一步提高。

（三）重庆建设国内重要功能性金融中心的战略目标

1. 重点突出，功能完备的金融生态体系

进一步提升重庆市的金融发展环境，建设重点突出、功能完备的金融生态体系。拥有良好的信用体系、类型多样的专业化金融中介机构、多层次的金融自律组织、高水平的金融信息平台、高效的政府服务机制、独特的城市品牌，为金融资源集聚与金融活动开展提供有效支持。

2. 金融体系与实体经济的有机结合

金融体系能够为重庆产业发展与转型、城乡一体化建设提供有效的资金与金融服务支持，在科技创新与新兴产业发展中有效发挥项目选择与监督功能，为居民生活提供高质量的金融服务。实体经济能够为金融中心发展提供充足的资金来源和业务需求，形成相互促进的良性循环。

3. 金融业成为重庆的主导产业

力争到2020年，金融业增加值占全市国内生产总值的比重达到10%，金融业成为重庆市的主导产业，与其他相关产业具有密切的前后向关联，对于重庆的经济社会发展和产业转型发挥导向作用，成为推动重庆经济增长的重要动力。

4. 金融功能实现对周边区域的有效辐射

基于重庆金融发展的规模效应和集聚效应，为周边地区的经济与社会发展提供金融功能、金融产品和金融服务支持，形成对周边区域的有效金融辐射，为区域经济协调发展作出贡献。

（四）重庆建设国内重要功能性金融中心的具体目标

1. 强化金融结算功能，建设特色金融结算中心

加强结算基础设施建设，加快发展离岸金融结算业务，大力发展代理商结算、承销商结算等业务，强化金融要素市场结算功能，提高结算效率和资金融通能力，将重庆建设成为以离岸金融为特色的金融结算中心。同时积极引进各类国内外总部机构和大型企业集团在渝开展结算业务、设立结算中心，支持各类电子商务企业开展跨境支付结算业务，开发跨国企业集团全球销售结算和财务结算。

2. 强化金融交易功能，建设全国保险资产登记交易平台

与保险业监管机构和行业协会密切合作，在重庆建设全国保险资产登记交易平台，秉承安全、高效的基本原则，根据保险市场发展的需要，建立集中统一的保险资产登记结算体系，提供从信息披露、登记、交易到结算的系统功能，为平台参与者提供规范、灵活、多样的登记结算基础设施服务。

3. 强化直接融资功能，推进多层次融资体系建设

建设多渠道、多层次的投融资体系，强化直接融资功能。通过信息服务与相关政策，提高企业上市的积极性与便利性，鼓励上市公司开展并购重组和再融资。通过市场基础设施建设支持企业的债券融资，鼓励股权投资基金、小额贷款公司、融资性担保公司、信托公司、金融（融资）租赁公司的发展，创造条件引导社保资金、保险资金投资基础设施和重大项目建设，使重庆成为企业融资的区域性中心。

4. 强化社会保障和管理功能，建设全国保险创新发展试验区

在新产品、新服务、新模式、新机制、新政策等方面先行先试，将重庆建成在全国有着良好示范效应的保险创新发展试验区。充分发挥保险在完善金融体系、改善民生保障、创新社会管理、促进经济提质增效升级和政府职能转变中的重要作用，使保险成为支持重庆统筹城乡改革发展的重要力量，成为服务区域治理体系和治理能力现代化的重要机制，实现保险业与经济社会融合发展。

5. 强化普惠金融功能，建设国家普惠金融创新示范基地

以广泛包容性和商业可持续性为原则，积极发展新兴金融机构、金融业务与形式，尤其是互联网金融，建设国家普惠金融创新示范基地。提高金融体系满足小微企业与低收入人群融资需求的能力，为居民生活提供多样化的便利金融服务，使金融成为提高人民生活水平和调节收入差距的重要手段，为社会经济的和谐发展作出贡献。

五、重庆建设国内重要功能性金融中心的实现路径

根据前文对重庆"十三五"经济与社会发展的战略目标，特别是建设功能性金融中心的战略目标和具体目标，本部分对相关建设的基本思路、主导金融功能、金融与实体经济结合、国际合作以及区域合作进行分析。

（一）基本思路

1. 通过主要金融功能（部门）建设带动总体金融体系发展

重庆金融体系建设要在继承已有发展成果的基础上，立足自身实际，

寻求差异化发展，进一步打造核心竞争力。重庆市是西部经济龙头、贸易中心、航运中心，服务"三农"、服务民生的典型示范城市。金融发展要巩固已有经济社会发展成果，围绕强化金融功能，增强金融资源集聚辐射能力，充分利用国际、国内两个市场，构建牌照齐、机构多、服务全的金融体系。为此，要主动适应金融发展新常态，切实转变发展方式，实现金融体系转型升级。实现"结算系统、互联网金融、要素市场、普惠金融"四位一体的主体功能布局，构建新型金融生态环境。

着力发展金融机构总部。积极引进和大力发展各类金融机构，保持机构数量和类型在中西部领先地位。大力发展创新型机构。打造内陆股权投资基金高地。积极发展各类金融中介服务机构。大力发展信用评级、投资咨询、会计、审计、律师、资产评估、保险代理、公估、经纪等中介服务机构，支持有条件的中介机构通过并购等途径做大做强，发展成为行业领先的控股集团。加快发展民营金融机构。鼓励和引导民间资本参与银行、证券期货、保险等金融机构的改制和增资扩股。支持民间资本参与设立新型农村金融机构和各类创新型机构。鼓励有条件的小额贷款公司改制为村镇银行。引导民间资本进入金融服务外包、金融中介等相关行业。

2. 通过金融与实体经济的良性循环推动金融发展

百业兴则金融兴，要把服务实体经济作为金融发展的立身之本，坚决防止金融行业脱实向虚、体内空转。与此同时，要发挥实体经济对金融业的带动作用，将经济转型升级、淘汰落后产能作为检验金融行业健康、稳健性的试金石，推动金融结构优化与服务水平提升，及时防范、化解风险。加强金融支持新型工业化力度。完善工业企业投融资体系，搭建银企常态化对接合作平台，积极通过银行授信、银团贷款、项目融资、专项贷款等产业链融资方式放大融资规模。充分发挥政府产业引导基金和股权投资基金的撬动作用，打造内陆股权投资基金高地，积极引导设立私募股权投资基金、风险投资基金和产业投资基金，组建股权投资政府引导基金；通过参股、合作等政策引导，吸引股权投资基金落户重庆，形成股权投资基金产业集群。发挥资本市场功能，推动企业兼并重组。鼓励工业企业通过发行股票上市等方式拓宽直接融资渠道。加大对工业产品专业化交易市场的金融服务力度。

3. 通过政府规划职能的有效实施来提高有限资源的使用效率

政府履职过程中，要严守政府与市场的边界，当好市场运行的"守夜人"，充分发挥市场"无形之手"的作用，既不越位、也不缺位。在此基础上，对政府已制定的发展规划进行梳理，明确工作目标、细化工作步骤、配套保障措施，建立推进实施日程表与考核激励机制。将发展规划的执行效率、质量作为领导干部考核升迁的主要依据，调动政府工作积极性。

（二）主导金融功能

1. 结算系统

要强化金融结算功能，建设面向全球的特色金融结算中心。一是大力发展加工贸易离岸结算。支持各类金融机构依托重庆出口加工、贸易产业链，大力开发国际化金融服务产品和工具，积极发展面向国际市场的离岸结算业务。二是推进跨境贸易结算及跨境人民币结算加快发展，拓宽参与企业范围，做大交易规模，拓展交易对手，支持惠普结算高效顺畅运行，巩固金融结算的中西部龙头地位。三是开展跨国公司本外币资金集中运营试点。鼓励跨国企业总部和大型企业集团依托"云计算基地"在渝设立资金结算中心或财务中心。四是加快跨境电子商务结算发展，完善电子商务真实性认证体系等基础设施，鼓励国内外金融机构、卡组织、互联网支付公司入驻本地，提供跨境电商结算服务。五是发展金融要素市场结算，探索在邮政、农贸、药品、旅游等领域建设集中收付结算平台，为要素市场交易、流通提供便利。

2. 互联网金融

适应全球互联网发展潮流，践行"互联网＋金融"的新型发展思路。一是要大力促进传统金融服务的互联网化，进一步降低金融服务门槛、延长服务半径、降低服务成本。二是创新基于大数据的金融服务。构建开放性、可扩展性的数据仓库，打造基于"数据云服务""应用云服务"及"基础云服务"的 IT 服务架构，打牢互联网金融的数据基础。

3. 要素市场

首先，要做大做强现有市级要素市场。推动重庆土交所、重庆航交所、涪陵林交所、重庆文交中心等完善交易及管理制度，扩大业务规模；鼓励重庆联交所、重庆药交所、重庆股份转让中心、重庆金交所等，积极对外扩张业务范围；支持重庆农交所、外滩摩配交易所等调整商业模式，实现转型发展。其次，要发展完善新型要素市场体系。强化金融交易功能，高水平建设全国保险资产登记交易平台。强化社会保障和管理功能，落实与保监会"部市合作协议"，建成全国保险创新发展试验区，完善商业保险市场机制，推动保险产品、服务、模式、政策创新。积极争取在渝设立全国性电子票据交易中心。加快出版发行、生猪交易、再生资源交易等全国性要素市场建设。争取全国性金融登记托管机构在渝设立区域性分支机构。探索组建金融资产的登记确权机构，促进要素流动。

4. 普惠金融（小贷公司）

强化普惠金融功能，进一步提升金融服务的覆盖率、可得性、满意度，满足人民群众日益增长的金融需求。逐步破解"小微""三农"和"融资难、融资贵"，建立高效能、全方位服务社会所有阶层和群体的普惠金融服务体系。

要健全多元化广覆盖的机构体系，加快非银行金融机构的发展，实现私募股权基金、风险投资基金、担保公司、租赁公司、小额贷款公司、企业集团财务公司、汽车金融公司等全面普及。以银行小企业金融服务专营机构建设为突破口，鼓励发展多样化的小企业金融服务专营模式，发展供应链金融等各类信贷业务，加大对中小企业的资源投入和信贷支持。集合小额贷款公司、村镇银行、融资性担保公司和金融（融资）租赁公司，为中小企业提供多样化的融资渠道。鼓励重庆股份转让中心、重庆金融资产交易所利用定向增资、股权质押、应收账款转让等手段为中小企业融资服务。积极鼓励中小企业、民营企业利用多层次资本市场融资，引导企业到主板、创业板及新三板上市，到重庆股份转让中心挂牌，加大发行中小企业集合债等债券力度。鼓励组建融资超市等中小企业融资服务机构，创新银企对接平台，建设中小企业融资综合性辅助体系。同时，创新金融产品和服务手段，加快推进金融基础设施建设，完善相关法律法规体系，发挥政策引导激励作用，加强普惠金融教育和金融消费者权益保护。坚持监管和创新并行，加快建立适应普惠金融发展的法制规范和监管体系。

（三）推进金融业与实体经济结合

1. 通过结算系统发展促进资金有效运用

加强结算系统的IT支持力度，提高结算系统的吞吐能力与运行效率，精简结算流程，减少在途资金数量。与此同时，开展反洗钱配套系统建设，保证结算业务健康有序发展。

2. 通过结算系统发展促进国际贸易与航运发展

继续推动国家外汇管理体制创新，大力引进跨国公司的离岸结算业务，积极布局并形成规模效益，实现业务上量的发展。与PayPal（贝宝）等电子商务结算公司深化合作，加快建设中国电子商务国际结算中心。积极探索"渝新欧"铁路运单项下结算产品创新，推动改变以往对欧贸易以海运为主的结算模式。积极提供覆盖境内外全链条的离岸、在岸一体化服务，提高离岸金融跨境结算便利度。大力支持打造欧洲商品集散中心，支持企业发展境外项目，支持发展平行贸易。

依托重庆航运交易所的服务平台，提供优质的航运金融结算服务，进一步吸引国内外大型航运企业注册重庆，并聚集航运同业组织，形成航运总部经济，强化长江上游航运中心功能，支持黄金水道航运基础设施建设、航运枢纽及以港口为中心的"铁、公、水、空"多式联运体系，大力发展长江上游航运交易中心。

3. 通过要素市场提高资源配置效率

要推动各个交易所进一步丰富交易品种、大力开拓市场，不断做大业务。各交易所要围绕自身定位、宗旨，不断延伸业务链，高度重视"互联网+交易所"的融合发展，将互联网的穿透性与交易所的品牌影响力、权威性有机结合起来，借鉴线上电子商务公司发展模式，促进交易所大力开拓市场，实现加速发展，提高资源配置能力。

积极争取国家有关部委支持，吸引市外各类资产、商品、权益等要素来渝交易结算，保证交易过程的公平、公开、公正，积极创新交易机制，提高市场效率和功能，增强地方要素市场集聚辐射效应，逐步实现价格发现、资源配置、降低成本、维护市场秩序和金融结算等核心功能。同时，要高度重视并切实抓好风险防控，特别是要管控好交易所投资的资金来源，做好尽职调查，确保要素市场健康发展。

4. 通过互联网金融等新兴金融业态促进特定产业发展

发挥好互联网金融服务长尾客户的功能，进一步延伸金融服务触角。一是要做好大数据技术的金融应用，深入挖掘企业融资需求，建立基于大数据的企业信用评级、风险控制模型，降低信息不对称造成的交易成本，使资金供需两端精准对接。二是通过政策支持，引导互联网金融渠道的资金流向，支持构建沿江优势产业集群，着力打造电子信息、汽车、服务、节能环保、高端装备制造业等具有国际竞争力的优势产业集群，支持发展集成电路、液晶面板、物联网、页岩气、新材料等战略性新兴产业。三是运用互联网金融的信息透明优势，帮助产业部门优化生产流程，进一步缩短企业生产环节与顾客的距离，使双方通过互联网随时沟通。四是运用互联网加快市场布局。企业在产品设计定型后可通过互联网开展客户预订后下单生产；实现在产品设计柔性允许范围内的定制，满足客户的个性化需求，实现个性化产品的规模生产，解决传统生产方式中大规模集中生产与个性化的矛盾。

5. 通过普惠金融促进小微企业发展，改善民生

把改善小微企业融资难、融资贵作为普惠金融发展的首要目标。鼓励金融机构创新面向小微企业的产品、服务，通过市场化的风险定价，引导小微企业通过正规化渠道融资。同时，引导社会资本进入民生服务领域，提高服务"三农"水平。

加强金融服务中小微企业力度。积极开展中小微企业的动产、不动产等抵（质）押融资业务。稳步推进小额贷款保证保险。积极利用私募债、区域集优债等融资工具拓宽中小微企业融资渠道。鼓励对产业链上的中小微企业进行批量的、系统性的开发和授信。支持中小微企业参与各类行业性资金结算平台，提高融资信用等级。鼓励金融机构简化中小微企业的贷款审批流程,建立信贷计划、服务资源、信贷评审的"绿色通道"。

加快发展农村金融。加强对农业产业化龙头企业的金融支持,加强涉农贷款融资担保平台建设,发展村镇银行、担保公司等涉农金融服务机构,探索在乡镇一级建立乡镇金融综合服务站。深入开展农村"三权"抵押融资,扩大"三权"抵押融资风险补偿资金规模,探索建立"三权"抵押资产回购机制。积极推进"三农"保险,扩大政策性农业保险覆盖面。稳妥推进"地票"交易,加快建设农村综合产权交易市场。

(四)国际合作

1. "引进来"——吸收境外金融发展经验,引入急需的金融机构和功能

要提高金融对外开放水平,大力发展各类金融机构,着力吸引和培育具有国际竞争力和行业影响力的金融机构,不断增强金融机构的发展活力和市场竞争力。积极引进国际金融机构入驻重庆市场,打造国内外金融机构共同发展、相互促进的生态环境。加大金融招商引资力度。积极引进境外投资者投资入股本地银行、证券、保险法人金融机构。鼓励境外金融资本在渝设立各类创新型机构。探索推动境外投资者与本地法人金融机构开展股权合作。吸引国际投资者参与本地金融要素市场交易。加快引进外资金融机构。引进外资银行、外商合资证券、外资保险等机构设立分支机构和地区总部。吸引台资金融机构加快落户重庆。鼓励具有较大国际知名度和影响力的外资股权投资基金、外资投资银行、国际金融中介组织在渝发展。

在此基础上,查找本地金融行业发展短板,加强行业交流与信息共享,在公司治理、组织架构、发展战略、产品创新、规章制度、风险控制等方面借鉴国外成熟同业的经验,做好在国内金融机构的复制、推广。积极培育和发展与金融市场相关的资金与资产管理机构等功能性金融机构,努力把重庆建设成为我国重要的功能性金融机构集聚地。

2. "走出去"——配合企业境外投资,发挥金融中心的国际辐射作用

重庆是"中新(重庆)战略性互联互通示范项目"的运营中心,是西欧、中东欧和东盟、东南亚地区经贸中心节点，也是丝绸之路经济带的战略枢纽，未来将在中新项目合作、"一带一路"倡议、西部大开发战略和长江经济带发展战略的引领下，建设一批示范性项目。兵马未动、粮草先行，要积极推动辖内金融企业走出重庆、走出国门，在境内外广泛开展业务布局，对接重大项目工程，为企业走出去战略提供服务，将自身发展和渝新欧大通道、欧亚大陆桥的建设联系在一起，实现金融资源的优势互补、互联互通，将重庆金融中心打造成为一张靓丽的名片。

探索在纽约、香港等国际金融中心设立重庆的金融窗口公司，强化金融招商。鼓励金融机构通过贷款、担保、保险等方式支持企业海外项目融资和贸易融资。积极推动重庆企业赴海外上市，推进重庆企业在境外发行外币、人民币债券。支持在渝金融机构充分利用国际网络，切实配合外汇服务创新试点，促进企业贸易投资便利化，利用远期、掉期等工具帮助企业规避汇率风险。

（五）区域合作

1. 金融产业发展的区域协调

一是加强各区域金融系统的内部协调，包括：金融产业各子系统的内外协调以及金融总量结构、组织结构和市场结构等内部要素的协调。二是加强各区域金融发展的城乡协调，缩小城乡差距，提高金融发展的均衡性。三是加强金融与经济、社会系统的整体协调，实现相互协同、相互配合、相互适应、共同发展。四是进一步提高区域金融市场化的程度，加强区域间的金融联系，同时因地制宜，实行差异化的区域金融政策，更好地支持市场发展。

2. 区域金融市场的"互联互通"

实行"引进来"与"走出去"相结合。进一步开放本地金融市场，降低市场准入门槛，丰富市场参与者的层次。建立金融市场的跨地区对接机制，逐步统一跨市场规则，实现产品和项目信息的集中展示。提高区域金融市场的活跃度，做大业务规模，实现精细化发展。支持建设长江经济带，重点提升金融服务重大基础设施建设、战略性新兴产业集群建设、传统产业升级和跨区域合作的能力。支持在渝金融市场将交易系统的报价、成交、清算、结算以及交易信息发布等功能延伸到境外，推动企业境外上市、跨区重组、资产证券化，支持重庆OTC对接全国"新三板"，培育壮大融资租赁，开展跨境投融资便利改革试点，大力发展海外直接融资在内的跨境投融资。

3. 金融风险防范合作

要把防范风险作为金融中心建设的前置工程。一是要加强政府与监管部门合作。市政府要建立与"一行三会"的常态沟通机制，做好业务报批、报备，配合监管部门做好日常风险监管。二是要做好与市场相关方的合作，做好风险信息共享，建立风险联防机制，制订风险应急预案，做好定期排查、堵住风险源头；共建风险赔付基金，做好风险事件的善后处置。

六、重庆建设国内重要功能性金融中心的政策措施

在前文对重庆建设功能性金融中心的基本条件、实现路径、战略目标等分析的基础上，本部分从总部机构引进、要素市场建设、金融生态环境建设、风险控制以及制度与保障措施等方面提出相关对策建议，并对重庆市金融中心建设"十三五"相关指标进行初步预测。

（一）总部机构引进

1. 大型企业总部与金融机构总部

一是继续积极支持全国性银行、证券、期货、保险、信托、租赁等传统金融机构来渝设立区域性总部、业务管理总部等总部性机构，保持各种金融机构数量在中西部领先。鼓励大型金融机构将资金结算中心、呼叫中心、票据中心、资产管理中心、信用卡中心、数据库中心和灾备中心等功能性机构落户重庆，形成规模效应和集群效应。

二是积极支持市属法人金融机构的设立。如支持市内具备一定实力和条件的大型民营企业申请发起设立民营银行，支持设立全国性信用保证保险及人寿保险等法人机构，支持组建区域性保险集团公司和专业保险资产管理公司等。

三是积极支持引进外资金融机构。引进外资银行、外商合资证券、外资保险、外资股权投资基金等机构来渝设立分支机构和地区总部。支持在渝外资金融机构升级成为亚太地区管理总部或营运总部。充分利用"中新（重庆）战略性互联互通示范项目"选择重庆作为项目运营中心的契机，支持新加坡银行、证券、保险类金融机构在重庆设立功能性总部、业务管理总部、区域性总部或后台服务机构，开展覆盖中西部地区的金融业务。支持新加坡金融机构投资参股重庆地方法人金融机构。鼓励新加坡投资者来渝发起设立创新型金融机构。

四是积极支持国际性、区域性金融组织入驻重庆。

2. 对于区域金融体系建设具有关键性作用的金融机构

加强对于区域金融体系建设具有关键性作用的金融机构的建设和发展，全面发挥结算、交易、投融资、社会保障和管理、普惠金融五大金融功能。

一是强化金融结算功能，充分利用"中新（重庆）战略性互联互通示范项目"选择重庆作为项目运营中心的契机，建设特色金融结算中心，大力发展离岸金融结算、跨境人民币结算、跨国公司总部结算、跨境电子商务支付结算、金融要素市场结算五大金融结算功能。

二是强化金融交易功能，高水平建设全国保险资产登记交易平台，立足西部、辐射长江流域及全国范围，吸引各类资产、商品、权益等要素在渝交易，探索符合市场需求的保险资产交易市场发展的有效组织形式，把重庆建成全国性的保险资产交易中心。研究和推进8家交易场所（保交所、土特、资源与环境、白酒、西南金融及矿产品、大数据、旅交所、石化）的筹建工作；推动3家交易场所（摩配、再生、药交）的战略重组工作。

三是强化投融资功能，优化社会融资结构，推进直接融资体系建设。组建多支具备一定规模的股权投资政府引导基金，通过参股、合作等政策引导，吸引上千亿元的股权投资基金落户重庆，形成股权投资基金产业集群；推动重庆股份转让中心规范创新发展，推动与全国中小企业股份转让系统接轨，争取重庆股份转让中心纳入新三板市场体系并探索建立转板机制，进一步发挥市场功能，服务更多小微企业发展；支持在重庆设立服务于西部地区企业股权交易及融资的"西部板"的可行性研究。支持小额贷款公司创新融资功能，争取小额贷款公司在改制成为村镇银行和社区银行、挂牌、上市等方面取得突破，探索设立专门为小额贷款公司融资服务的机构。

四是强化社会保障和管理功能，落实与保监会"部市合作协议"，建成全国保险创新发展试验区；推动设立全国性信用保证保险、人寿保险等法人机构；支持境内外保险集团来渝设立中国总部和区域总部、各类分支机构以及后台机构等；推动设立服务"渝新欧"铁路大通道的专业物流保险中心和服务长江黄金水道的内河航运保险中心。

五是强化普惠金融功能，积极稳妥发展互联网金融，发展移动金融、科技金融、绿色金融、消费金融、供应链金融、再担保，支持创新型金融机构的设立和发展。鼓励和引导创新型金融机构发展创新性服务模式，加强与传统金融机构的合作。鼓励、引导和规范各类社会资本参与设立创新型金融机构。

（二）要素市场建设

1. 通过制度建设减少市场交易成本

通过建立透明、规范、信息充分的交易制度支持要素市场发展。进一步完善金融要素市场制度建设，积极创新交易机制，提高市场效率和功能，减少市场交易成本。推动建立业务创新合作平台和沟通交流机制，鼓励各类金融机构积极在要素市场寻找合作机会，扩展业务范围，完善要素流转和融资服务体系。推动发展期货和金融衍生品市场，稳步发展商品期货市场，推动市场条件具备的大宗商品期货品种上市，推动发展商品指数期货、商品期权、碳排放权期货等。稳步推进交易市场相关资产证券化，便利市场主体投融资和实施资产管理。加强机构投资者队伍建设，积极扩大金融衍生品市场参与主体。支持具备一定发展基础的交易所逐步成为服务西部地区并在全国范围内具有影响力的要素市场交易中心。

2. 降低市场进入壁垒

对接国内外高标准金融经贸规则，不断扩大金融服务业对内对外开放，降低市场进入门槛。

对内开放方面，支持民营资本进入金融业；支持各类符合条件的银行业金融机构通过新设法人机构、分支机构、专营机构、专业子公司等方式来渝经营；支持具有离岸业务资格的境内商业银行探索在辖区内开展相关离岸业务；支持在辖区内按照国家规定设立面向机构投资者的非标资产交易平台；支持证券期货经营机构在自贸试验区率先开展跨境经纪和跨境资产管理业务，开展证券期货经营机构参与境外证券期货和衍生品交易试点；允许基金管理公司子公司开展跨境资产管理、境外投资顾问等业务；支持在辖区设立保险资产管理公司及子公司、保险资金运用中心；支持保险资产管理机构设立夹层基金、并购基金、不动产基金、养老产业基金、健康产业基金等私募基金；支持保险资产管理公司发起、保险公司投资资产证券化产品；拓宽保险资金运用渠道，探索保险资金运用于基础设施项目，投资与保险产业密切相关的市场及机构，服务于现代服务业、先进制造业及战略性新兴产业；支持科技金融发展，探索投贷联动试点，促进创业创新；在防范风险前提下，研究探索开展金融业综合经营，探索设立金融控股公司。

对外开放方面，推进面向国际的金融市场平台建设，拓宽境外投资者参与境内金融市场的渠道，提升金融市场配置境内外资源的功能。大力发展离岸金融结算、跨境人民币结算、跨国公司总部结算、跨境电子商务支付结算。探索跨境投融资便利化改革创新。探索限额内资本项目可兑换改革，允许符合条件的企业在限额内实现资本项目跨境交易和汇兑自由。增强跨境金融服务功能。对"走出去"企业，加强多种跨境金融政策上的倾斜和支持力度。加快跨境人民币基金、保税融资租赁发展。支持重庆设立人民币海外投资基金，加强"走出去"项目储备，积极争取国家外汇储备、丝路基金的资金投入。增加符合条件的银行试点开办离岸银行业务，允许境外金融机构向重庆企业发放跨境人民币贷款。积极支持引进外资金融机构来渝设立分支机构和地区总部。积极支持引进外资股权投资基金来渝进行股权投资。积极支持外资金融机构投资参股重庆地方法人金融机构。支持企业和金融机构通过境外上市、发行债券及标准化金融证券等方式开展境外融资，探索开展跨境人民币贷款试点。探索区域资本市场对外开放，允许符合条件的境外企业、个人通过区域要素市场、互联网金融平台、基金等渠道开展投融资交易。

3. 注重有形市场与无形市场的结合

支持7家交易场所（联交所、OTC、金交所、药交所、纱线、再生、渝涪）依托"互联网+"及"云计算"等新模式新技术开展业务创新，注重有形市场与无形市场的结合。同时加强无形市场发展的相关制度建设，对创新进行有效指导及监管。

（三）金融生态环境建设

1. 信用体系建设

加强社会信用环境建设。完善企业信用体系，加强信息共享、信用披露和信用分类评价等工作，建立健全失信主体惩戒机制。完善个人信用体系，扩大信用信息采集覆盖面，健全个人信用信息查询、应用和推广制度。加快农村信用体系建设，结合支农惠农政策，研究出台支持农村信用体系建设的政策措施。加快推进企业及个人信用信息基础数据库及金融业统一征信平台建设，支持壮大企业信用评级机构，打造与经济社会发展相适应的信用服务市场和现代信用服务体系。

协同金融监管部门，加强对社会公众的金融法治宣传教育，坚决打击非法金融活动。

2. 金融中介体系的完善

进一步完善与金融市场发展相适应的金融中介体系。增强行业自律，积极发展与金融相关的信用评级、投资咨询、会计、审计、律师、资产评估、保险代理、公估、经纪等专业中介服务机构。鼓励金融专业中介服务机构创新经营模式，开展多元化经营，支持有条件的中介机构通过并购等途径做大做强，发展成为行业领先的控股集团。加快发展重庆金融传媒业及金融资讯机构。

3. 金融自治组织（企业协会）的建设

充分发挥各行业协会组织的自律、维权、协调、服务作用。探索成立重庆金融行业同业公会，制定符合金融行业特点的自律公约，督促会员认真遵守相关金融法规，协调解决行业内部矛盾，形成有效的同业监督和自律机制。通过同业公会，促进金融机构间的交流、信息共享、同业合作，增强金融系统抗风险能力，营造良好的发展氛围。

4. 金融信息平台建设

加快以大数据中心和信息交换枢纽为主要功能的金融信息共享和服务平台建设，扩大政府部门与监管部门间信息交换和应用领域，逐步统一信息标准，加强信息安全保障，推进跨部门协同管理，为加强事中事后监管提供支撑；向政府部门外的投资者、融资者及消费者及时、高效提供充分的、可靠的关于产品、服务、交易、机构的相关信息以及政府相关政策动态。

5. 城市品牌建设

借助打造两江新区、建设全国统筹城乡改革发展示范区以及长江经济带的历史机遇，加快推进重庆金融经济发展，在全国乃至全球树立重庆作为中国西部发展的桥头堡及支柱的城市品牌形象。

一是加强作为重庆城市品牌的金融集聚区建设。进一步完善重庆金融集聚区规划建设，优化功能布局，形成以江北嘴、解放碑为核心，构建定位明确、分工合理、功能完善的金融集聚区空间体系，引导国内外金融资源集聚。建设金融后台服务业集聚区，建成金融后台服务机构最多、配套服务功能最完善的区域。

二是积极打造江北嘴金融论坛和解放碑财富中心论坛等金融文化品牌，建设重庆金融经济发展的软实力。

（四）风险控制

1. 针对地区金融机构的微观审慎监管

协同金融监管部门，高度关注区域内银行流动性风险、信用风险、市场风险和操作风险，避免出现带有区域性和系统性特征的金融风险。以净资本为核心，加强对证券期货经营机构的监管，督促证券公司加强内部控制。加强对保险公司偿付能力和资金运用管理能力的监管，提升保险公司内控水平。不断完善规范要素市场、小额贷款公司、融资性担保机构等专项监管制度体系。加快制定促进和规范要素市场发展、股权投资基金、小额贷款公司、融资担保机构、典当行、融资租赁公司等主体和市场的专项监管规则和办法，规范行业发展。

2. 区域系统性金融风险的防范

加强区域系统性金融风险的识别、监测和预警，完善应急预案，加快监管制度体系完善，加强对跨行业、跨市场、跨境风险和系统性风险的防范；强化事前、事中、事后全流程持续监管，实施重点防控，及时消除风险隐患。坚持法人为本的风险监管理念，强调并表风险管理要求。加强非现场监管统计监测的分析和风险识别。进一步加强外部风险传入的防控。严厉打击非法集资、金融传销等违法金融活动。建立健全打击违法金融活动的法律法规体系，有效遏制违法金融活动的蔓延。

3. 金融消费者与投资者保护

完善金融业消费者权益保护法律法规体系。加强外部监管，将金融消费者保护纳入监管框架。健全金融业消费者保护的行业自律机制。逐步构建便捷有效的金融业纠纷解决机制，如探索建立非诉讼纠纷调解机制。建立公众金融教育服务体系。加大金融消费者教育工作力度，构建完备的金融教育体系，向金融消费者提供有针对性的、独立的金融服务信息。

（五）制度与保障措施

1. 金融工作的组织与制度建设

充分发挥市金融工作领导小组的统筹协调作用，建立健全市金融工作联席会议制度的工作机制，进一步强化对全市金融中心建设的统一领导。完善市金融办等市政府有关部门与中央在渝金融监管部门协同合作的工作机制，创新金融监管理念，改进监管方式，加强跨行业、跨市场监管协作，实现监管信息共享。探索完善对新型金融服务机构的监管模式，推动建立贴近区域发展现状、促进创新、风险可控的金融监管组织和制度，共同服务重庆金融中心建设。

2. 面向金融机构与企业的综合性服务平台

加强金融生态环境建设，打造面向金融机构与企业的综合性服务平台。进一步完善金融机构落户奖励政策，提高金融招商的竞争力；制定股权投资基金等创新型金融机构发展的优惠政策;完善金融高端人才政策服务体系,培养和引进一批具有全球视野和创新意识的高端金融人才。加强高端金融人才服务平台建设,完善金融人才服务政策,营造有利于金融人才集聚的良好工作、生活和文化环境。在高管税收、贡献奖励、住房、子女教育等方面给予优惠和支持;依托大学城,积极打造区域性金融培训中心,为金融中心提供智力支持。

3. 与金融机构和企业的信息交流机制

加强建设各区县(自治县)人民政府、市政府有关部门和有关单位与金融机构和企业的信息交流机制,大力开展宣传推介工作,及时传递市场最新产品及服务信息和发展动态;完善工作联络机制,明确相关部门负责领导和工作联络人员,及时将金融机构和企业反馈的相关信息报送至市金融办;建立信息统计机制,定期收集本辖区企业生产经营及投融资情况和金融机构运营情况报送市金融办,由市金融办汇总报送市政府。

4. 政策效果的评估反馈机制

建立相应的政策落实跟踪督导及政策效果评估反馈机制,强化动态管理,持续对政策落实情况及政策效果等进行定期评估评价。开展政策实施情况中期评估,探索开展年度评估,引入社会机构参与评估,增强政策评估的准确性和广泛性。完善政策规划指标统计制度,为科学评估提供支撑。

推进政策实施的信息公开,健全各级政府、监管部门、相关企业及金融机构的信息沟通和交流机制,及时反馈相关情况,提高政策实施的民主化程度和透明度。发挥社会舆论的桥梁和监督作用,促进政策的有效实施。对于未达预期效果的政策及时进行总结并纠偏,形成持续的政策效果评估、反馈、调整机制,不断优化政策效果。

附件：

重庆市金融中心建设"十三五"相关指标预测

序号	指标名称	目标值	属性
1	金融业增加值	20%	预期性
2	金融业占GDP比重	10%	预期性
3	信贷融资余额	4.5万亿元	约束性
4	跨境人民币和离岸金融结算量	3500亿元、1300亿美元	约束性
5	上市公司和新三板挂牌	70家、120家	约束性
6	保险深度和保险密度	5%、3500元/人	约束性
7	新增国内系统性或重要性金融机构	3个	约束性
8	新增外资地区总部或国际性组织	1个	约束性
9	万亿级金融市场	1个	约束性
10	引进或合作建设国内一流、国际知名金融智库	2个	约束性
11	新增新兴金融机构	10个	约束性
12	新增中介服务机构	20个	约束性
13	新增特色功能性产业基金	5~10个	约束性
14	涉农企业和小微企业贷款余额	8130亿元、6700亿元	约束性
15	建立和发布品牌报告	1个	约束性

金融业指标体系构建与论证

一、引言

金融业在国民经济中占据着非常重要的地位，股票、保险、汇率、利率等与人们的生活息息相关，金融业的正常运行也使社会资金的有效配置得到保障。学者们普遍认为，金融发展对经济增长具有重要影响，现有研究表明，由于门槛效应的存在，在一个国家或地区的经济与金融发展到一定水平时，金融发展能够显著地促进经济增长（杨龙、胡晓珍，2011）。因此，把握重庆市经济金融发展现状，识别经济运行中的金融发展规律，对重庆市金融业"十三五"发展的主要指标进行科学论证是十分有必要的。

关于金融发展这一概念的解读有很多，例如，Goldsmith（1969）认为，金融发展是一个国家或地区金融结构的变化；谈儒勇（2004）认为，金融发展通常指的是金融体系朝好的方面变化，即金融体系的规模或效率得到提高。本研究借鉴了张金清等（2010）的定义，他们结合了之前学者的研究，将金融发展定义为："以金融资产和金融机构规模等代表的金融规模总量的不断增长，以金融市场、金融工具和金融机构形式、性质及其相对规模的调整所代表的金融结构的不断优化，以及以金融体系功能提升、配置资源效率提高等代表的金融效率的持续提高。"

金融发展的水平可以从多个方面进行评价，例如金融深度、金融广度、金融结构等，根据本研究所依据的金融发展的定义，我们采取了反映一国或地区金融发展水平的三大类指标，分别是金融规模指标、金融结构指标和金融效率指标，以对重庆地区的金融发展水平进行指标的评价与预测。

1997—2014年，我国国内生产总值处于稳步上升趋势，2014年我国国内生产总值已达到63.16万亿元，总量上呈现良好的经济态势。但受全球经济形势的影响，"十二五"时期我国宏观经济增速开始从2008年以前的两位数增速持续下降至7%左右的中速增长。虽然在国内资源环境约束加强、国际经济复苏不稳定的双重压力下，我国仍然进入经济增速趋向潜在水平、物价涨幅趋于适度、新增结构趋于优化的"新常态"。2015年上半年，中国宏观经济运行全面进入中国经济新常态的攻坚期，结构性减速具有一定的必然性、复杂性和合理性。

随着国内外经济形势发生改变，拉动中国经济发展的"三驾马车"已显疲软，经济迈入新常态，为了跨过中等收入陷阱，积极进行产业结构调整和供给侧改革成为了关键。近年来，重庆市抓住战略调整的机遇，积极推进产业结构调整。2014年三次产业结构由原来的"二三一"优化为"三二一"，三次产业增加值在经济总量中的比例关系优化为7.4∶45.8∶46.8，第三产业占比首次超过工业，成为重庆经济的第一大产业。对于供给侧改革，则是指供给侧结构性改革，在于提高供给体系的质量和效率，具体对金融业的发展而言，则在于优化金融供给结构，提高金融效率。因此，在金融规模扩大到一定程度后，金融结构指标和金融效率指标应当成为我们关注的重点。

本项目研究的主要内容包括：运用描述统计的方法对重庆市金融发展的整体状况进行描述分析，并分银行业、证券业、保险业对重庆市金融发展的现状与运行情况进行统计描述，同时将其与全国平均水平、东部、中部、西部代表性省份进行地区间横向比较；基于时间序列模型、向量变量误差修正模型和单变量误差修正模型的对金融发展主要指标预测分析以及组合预测分析；基于预测模型对金融发展主要指标进行动态影响分析以及政策模拟与评价。

二、重庆市金融发展现状分析

（一）金融业整体发展状况

1. 金融业增加值
（1）重庆市金融业增加值总量
2006—2014年重庆市金融业增加值逐年增长，由2006年的213.70亿元增长至 2014 年的 1225.27 亿元，增加了近 5 倍。2006—2011 年，金融业增加值总量呈加速上涨趋势，然而 2011 年以后，增速逐年放缓。

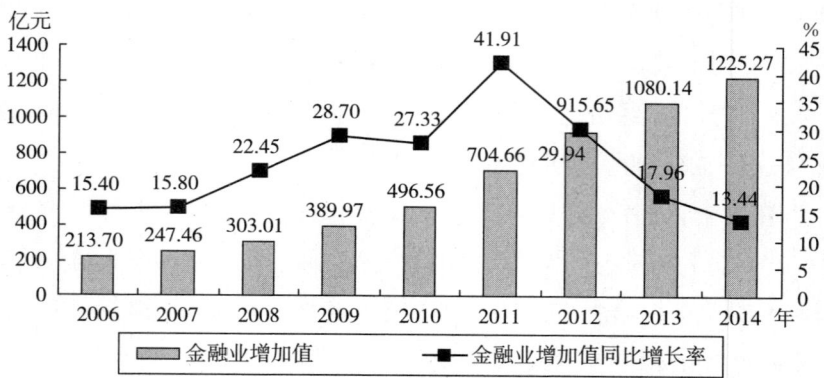

数据来源：Wind 数据库。

图 1　重庆市金融业增加值（2006—2014）

（2）重庆市金融业增加值与全国其他部分省份的比较

2006—2014 年从金融业增加值的绝对数额来看（见图 2），重庆的金融业增加值与北京、上海、广东的金融业增加值存在较大的差距，重庆与天津、四川的金融业增加值数额差距相对较小，但是总体来说金融业增加值的绝对额都低于北京、上海、广州、天津、四川等。其主要原因是由于重庆市发展基数相对于这些省份来说较低，因此目前在增加值的绝对数额上仍低于这些省份。

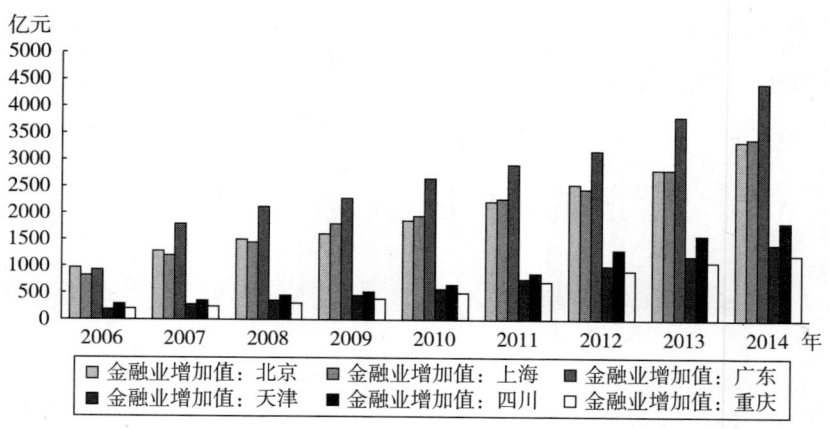

数据来源：Wind 数据库。

图 2　全国主要省份金融业增加值（2006—2014）

（3）重庆市金融业增加值占地区生产总值（GDP）的比重

由图3可知，重庆市金融业增加值占GDP的比重基本呈稳定增长的态势，2006年该比重为5.47%，至2014年，该比重达到了8.59%。

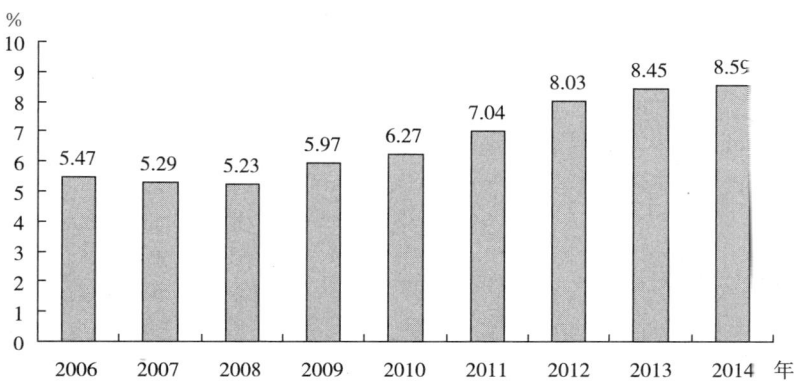

数据来源：Wind数据库。

图3　重庆市金融业增加值占地区生产总值（GDP）的比重（2006—2014）

（4）重庆市金融业增加值占GDP的比重与全国其他部分省份的比较

总体来说，2006—2014年重庆金融业增加值占GDP的比重一直低于北京和上海。自2007年起，重庆的金融业增加值占GDP比重快速增长，重庆的金融业增加值占比与天津差距始终不大，与四川相比始终保持着较稳定的差距，与广东的差距却呈逐年增加的趋势。

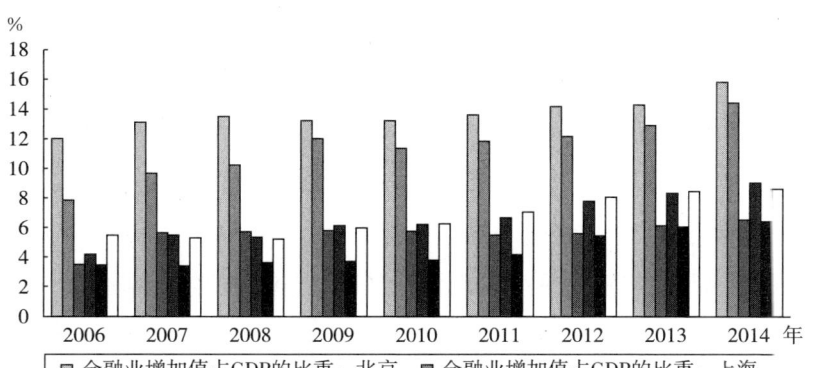

数据来源：Wind数据库。

图4　全国主要省份金融业增加值占GDP比重（2006—2014）

2. 社会融资规模

（1）重庆市社会融资规模

从图 5 中可知，2014 年第一季度开始到 2015 年第一季度重庆市的社会融资规模呈逐渐减少的趋势，从 2014 年第一季度的 1805 亿元减少到 2015 年第一季度的 896 亿元，期间减少了将近 50%。但是在这之后出现反弹，2015 年的第二季度社会融资规模较上一季度有较大的增加，增幅达到 52%。

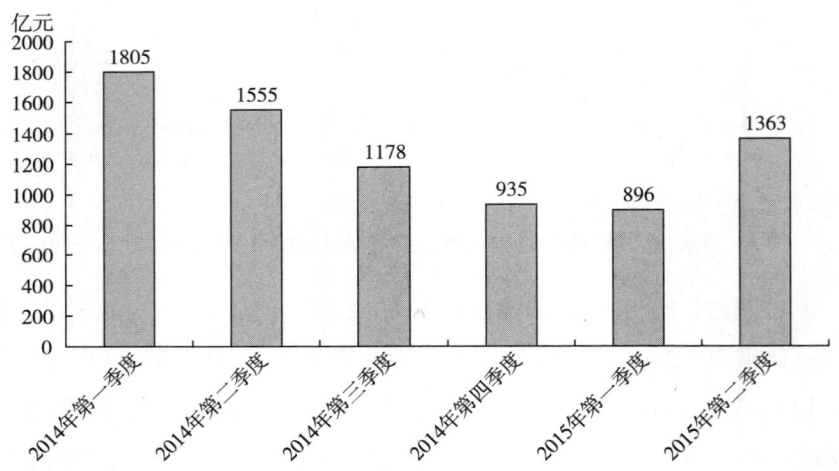

数据来源：Wind 数据库。

图 5　重庆市社会融资规模

（2）重庆市社会融资规模与全国其他部分省份的比较

从图 6 可知，2014 年第一季度开始到 2015 年第二季度重庆市的社会融资规模都明显少于北京、广东的社会融资规模。除 2014 年第三季度重庆市的社会融资规模大于上海、四川外，其他季度均少于上海、四川的社会融资规模。在 2014 年的前三个季度，重庆市的社会融资规模大于天津市的社会融资规模，2014 年第四季度到 2015 年的第二季度都小于天津市的社会融资规模。总体来说，重庆市的社会融资规模小于全国其他省份。

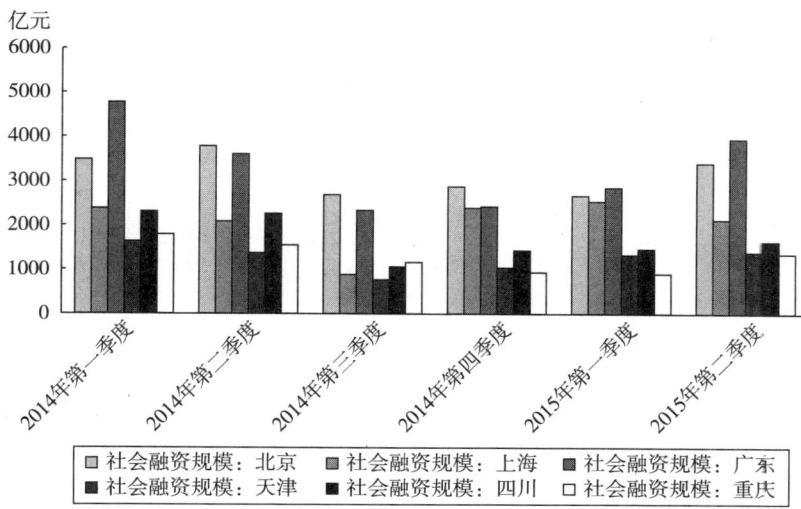

数据来源：Wind 数据库。

图 6 全国主要省份社会融资规模

（二）银行业发展状况

1. 存款与贷款规模

（1）重庆市存款与贷款规模

2006—2014 年，重庆市的存款与贷款规模均逐年快速增长（见图 7），本外币各项存款余额由 2006 年的 5535.70 亿元增长至 2014 年的 25160.11 亿元，本外币各项贷款余额由 2006 年的 4199.20 亿元增长至 2014 年的 20630.69 亿元。存贷款规模的增长趋势基本吻合，在 2009 年以前，存贷款规模呈加速上涨趋势，2009 年增速达到最大，至 2010 年，存款规模的增速波动性放缓，贷款规模的增速逐年放缓。

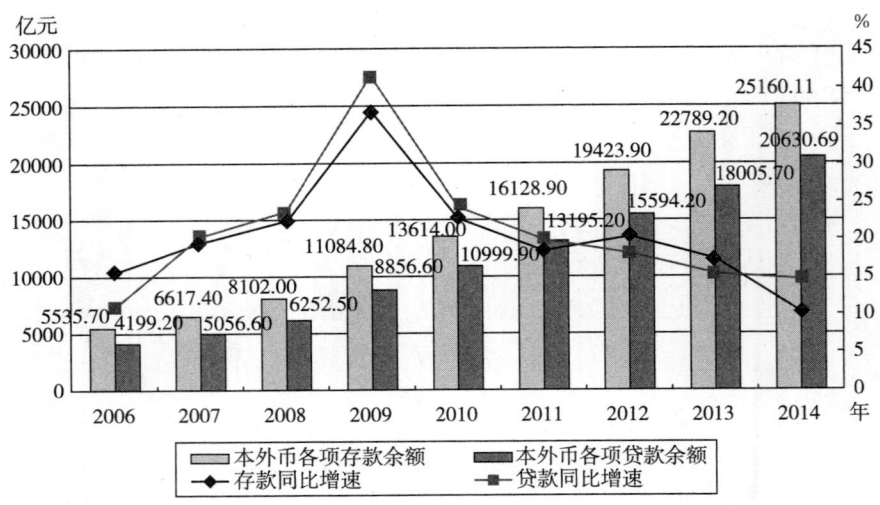

数据来源：Wind 数据库。

图 7　重庆市存款与贷款规模（2006—2014）

（2）重庆市存款与贷款规模与全国其他部分省份的比较

① 存款规模

从图 8 可知，重庆的存款规模明显小于北京、上海、天津的存款规模，并且差距巨大。随着时间的变化，2006—2014 年重庆的存款规模与天津的存款规模逐渐接近，差距不断缩小。但是与四川的存款规模差距仍逐年拉大。

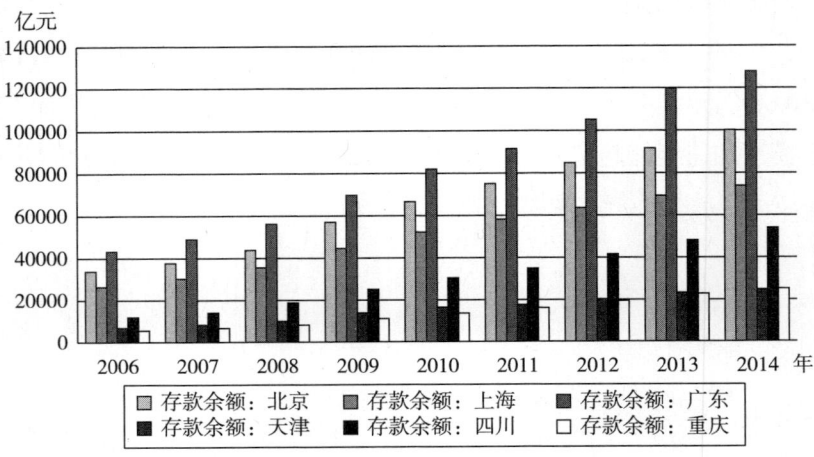

数据来源：Wind 数据库。

图 8　全国主要省份存款规模（2006—2014）

②贷款规模

2006—2014 年,重庆市的贷款规模一直远远低于北京、上海、广东、四川、天津等省份。且重庆的贷款规模与北京、上海和广州的差距悬殊,与四川的贷款规模差距在逐年拉大,与天津的贷款规模差距较小。总体来说,重庆市的贷款规模较全国来说较低。

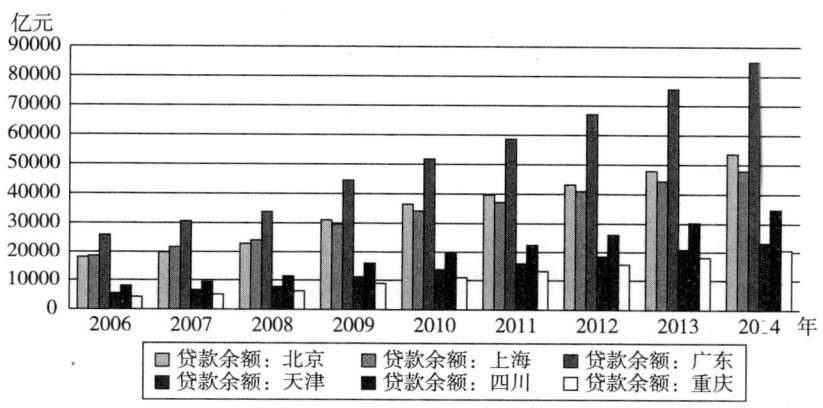

数据来源:Wind 数据库。

图 9　全国主要省份贷款规模(2006—2014)

2. 存贷比

(1)重庆市存贷比

重庆市的存贷比由 2006 年的 75.86% 增长至 2014 年的 82.00%。其中,2011 年出现了一个转折点,在 2011 年之前,重庆市的存贷比在逐年上升,2011—2013 年呈下降的趋势,直到 2014 年开始出现反弹。

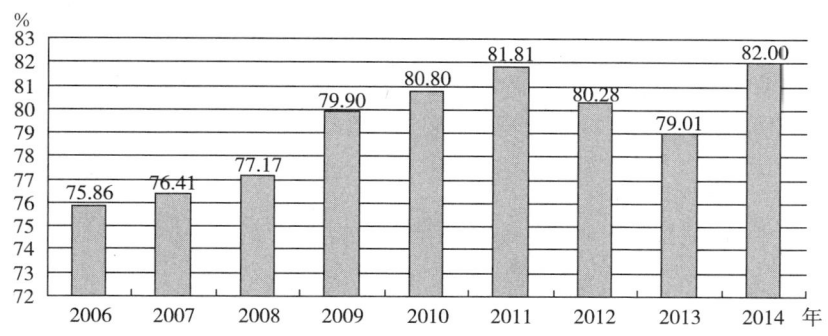

数据来源:Wind 数据库。

图 10　重庆市的存贷比(2006—2014)

（2）重庆市存贷比与全国以及其他部分省份的比较

2006—2014年，重庆市的存贷比均高于全国平均水平，但是差距不是很大。重庆市的存贷比一直只低于天津市的存贷比水平，差距逐年增大。2006—2014年，重庆市的存贷比高于北京、上海、广东、四川等省份的存贷比，重庆与北京存贷比的差距较大，与其他的上海、广东、四川的存贷比差距相对较小。

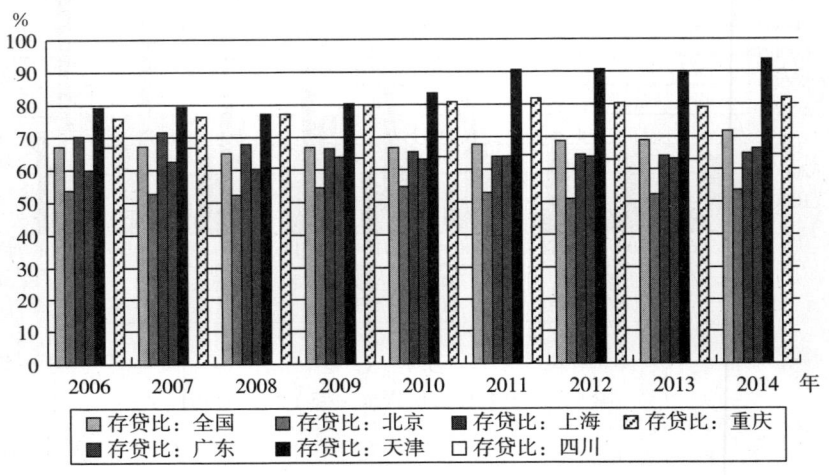

数据来源：Wind数据库。

图11 全国主要省份存贷比（2006—2014）

3.存贷款结构

（1）城乡居民储蓄存款、企业存款与其他存款

图11显示，2006—2014年，重庆市的存款结构存在较大变化。其中，企业存款在逐年增加，从2006年的1584.1亿元增加到2014年的13408亿元，所占比例从30%左右不断上升至53%左右；城乡居民储蓄存款以及其他存款逐年减少，并且所占比例也在不断下降。特别是其他存款在2010—2011年出现大幅度下降，占比从21%左右下降到2%左右。主要原因是当时市政府提出对金融业进行有效整顿。

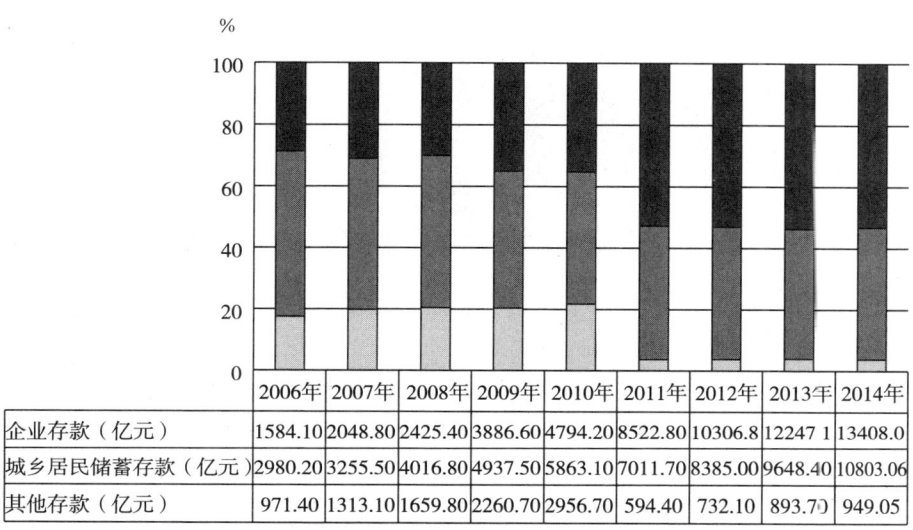

数据来源：Wind 数据库。

图 12　重庆市城乡居民储蓄存款、企业存款与其他存款（2006—2014）

（2）中长期贷款、短期贷款、票据融资与其他融资

从图 13 可知，重庆市绝大多数以中长期存款、短期存款为主，2006—2014 年中长期存款逐年增加，从 2006 年的 2319.7 亿元增加至 2014 年的 13723.1 亿元，增长了接近 5 倍左右，所占比例也在逐年小幅上升。重庆市的短期存款所占比例仅次于中长期存款所占比例，并且在 2006—2014 年，短期存款比例在波动中整体上升，短期存款规模逐年升高，从 2006 年的 1517.3 亿元上升到 2014 年的 5905.9 亿元。重庆市的票据融资与其他融资所占比例甚微，加起来占比不到 10%，票据融资规模在不断波动中增加，其他融资比例在逐年小幅增加，但规模总体上在逐年上升。

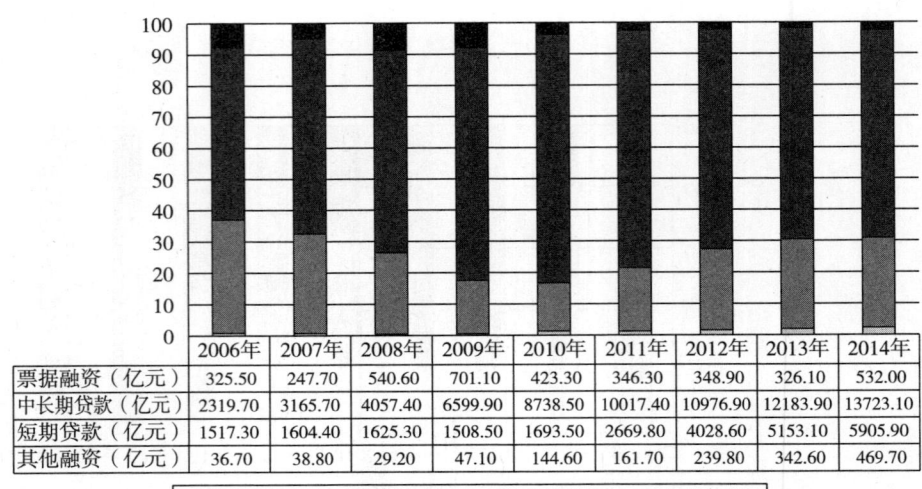

数据来源：Wind 数据库。

图 13　重庆市中长期贷款、短期贷款、票据融资与其他融资（2006—2014）

4. 不良贷款率

（1）重庆市不良贷款率

重庆市的不良贷款率逐年下降，从 2006 年的 6% 下降到 2014 年的 0.46%，降幅达到 92%。其中降幅最大的是 2007—2008 年，从 2007 年的 4.65% 下降到 2008 年的 1.57%，降幅达到 66%。

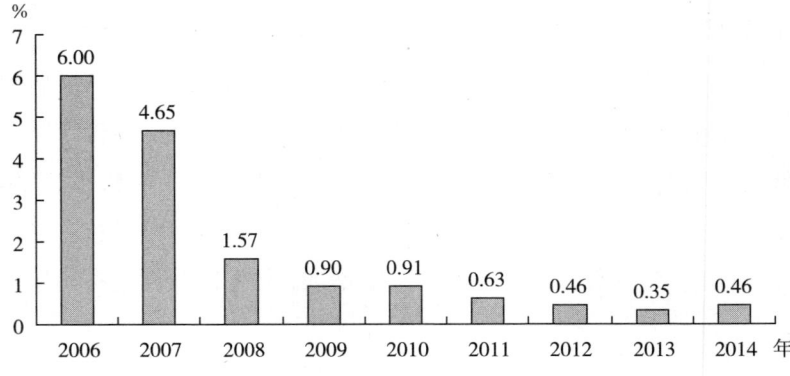

数据来源：Wind 数据库。

图 14　重庆市不良贷款率（2006—2014）

(2)重庆市不良贷款率与全国以及其他部分省份的比较

从图 15 可以看出，2006—2014 年，重庆市不良贷款率一直低于全国平均水平。重庆的不良贷款率一直低于广东、四川的不良贷款率，在 2011 年之前这之间的差距甚是悬殊，2011 年之后差距逐渐缩小。从 2011 年开始，重庆市的不良贷款率均低于其他北京、上海、广东、四川、天津等省份的不良贷款率。

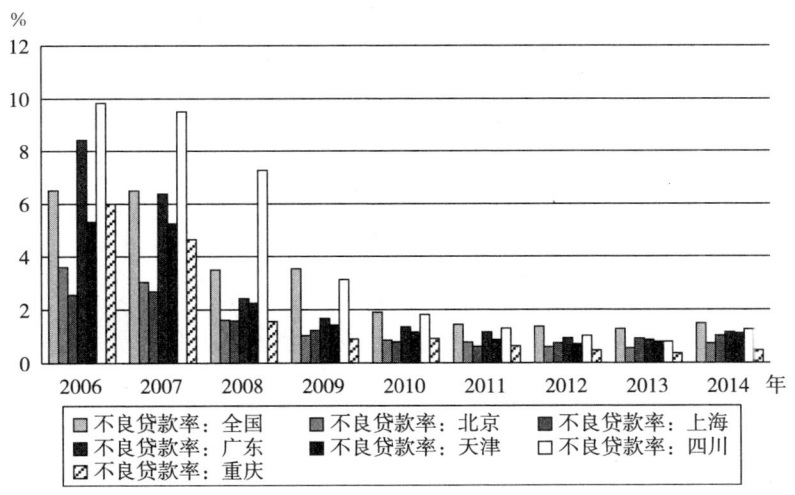

数据来源：Wind 数据库。

图 15　全国主要省份不良贷款率（2006—2014）

（三）证券业发展状况

1. 上市公司数量

（1）重庆市上市公司数量

重庆市的上市公司数量逐年增加，从 2006 年的 29 家增加到 2014 年的 40 家，增幅为 38%。

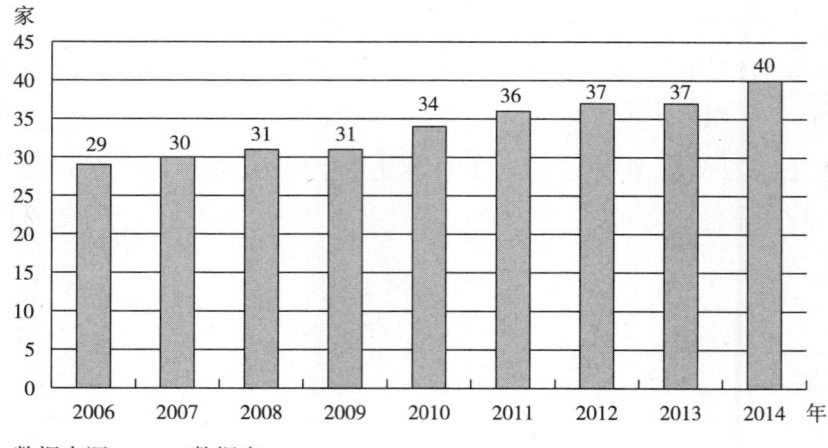

数据来源：Wind 数据库。

图16　重庆市上市公司数量（2006—2014）

（2）重庆市上市公司数量与全国其他部分省份的比较

从图17中可以看出，重庆市的上市公司数量远远少于北京、上海、广东等省份的上市公司数，差距悬殊，并且这种差距在逐年拉大。重庆与四川的上市公司数量之间的差距仅次于重庆与北京、上海、广州的差距，并且差距较为稳定。但是也可以看到重庆与天津的上市公司数量持平，几乎相等。比较而言，天津与重庆同作为直辖市，具有相似的上市公司数量发展趋势与发展基数。

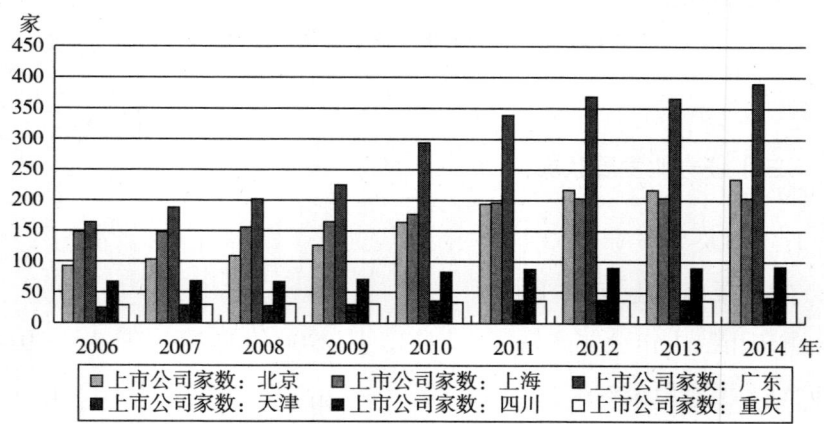

数据来源：Wind 数据库。

图17　全国主要省份上市公司数量（2006—2014）

2. 直接融资结构

重庆市直接融资中主要以债券融资为主，债券融资的比例远远高于股票融资比例，并且这种趋势在逐年明显，债券的融资比例在逐年上升，从2013年的82.89%上升到2014年的91.89%，而股票融资比例在不断下降，从2013年的17.11%下降到2014年的不到10%。

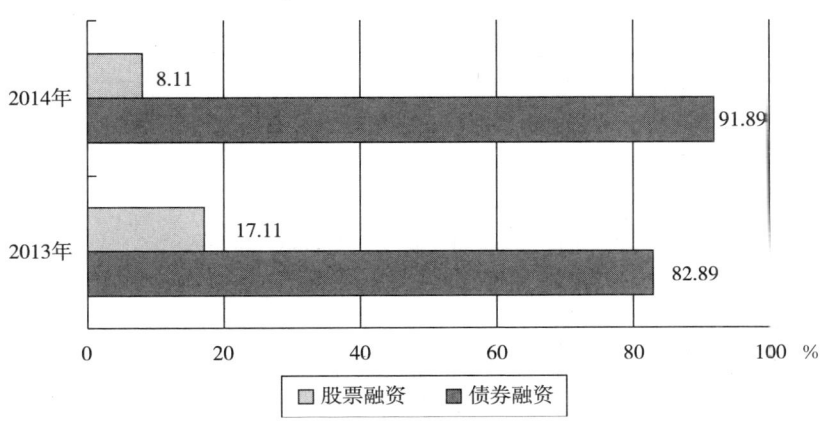

数据来源：Wind数据库。

图18 重庆市直接融资结构

（四）保险业发展状况

1. 保费收入

（1）重庆市保费收入

由图19可知重庆市的保费收入呈逐年增加趋势，从2006年的93.24亿元上升到2014年的407.26亿元，增长接近4倍左右。同比增速在2008年达到最高，2008—2010年增速放缓，在2011年出现负增长现象，2012年开始逐年缓慢增长。

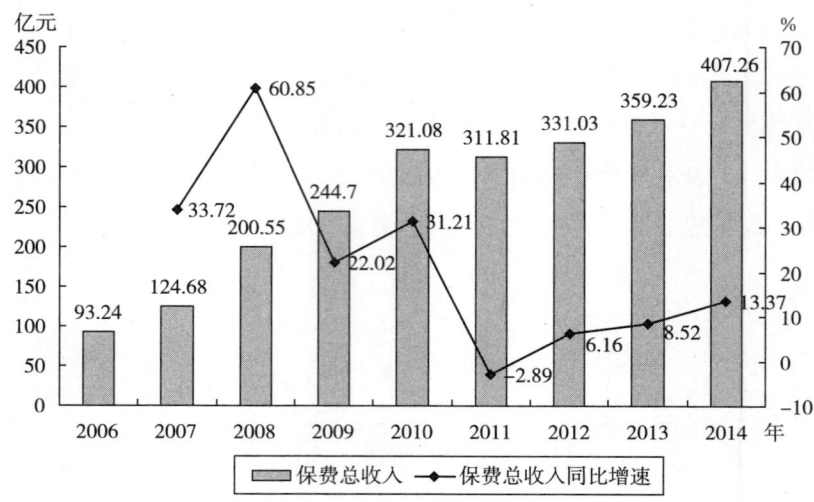

数据来源：Wind 数据库。

图 19　重庆市保费收入（2006—2014）

（2）重庆市保费收入与全国其他部分省份的比较

从图 20 可以看出，重庆市的保费收入逐年高于天津市的保费收入。但是在 2006—2014 年重庆市的保费收入都远远少于北京、上海、广州以及四川省份的保费收入，并且保费收入差距悬殊，到 2014 年为止，最大的差距是重庆市与广东的保费收入差距，达到 4.5 倍左右，最小的差距是重庆与上海的保费收入差距，达到 2.5 倍左右。

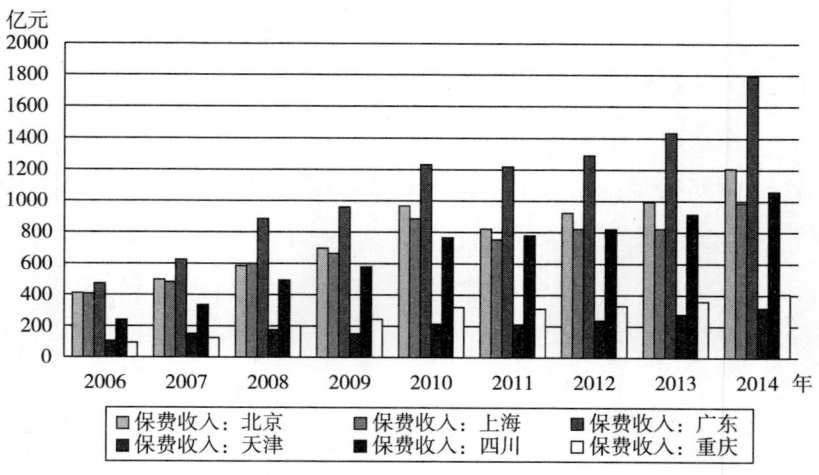

数据来源：Wind 数据库。

图 20　全国主要省份保费收入（2006—2014）

2. 保险密度

（1）重庆市保险密度

从图 21 中可以看出，重庆市的保险密度在逐年上升。从 2006 年的 332.06 元/人上升到 2014 年的 1361.61 元/人，人均保险投入价值增加 3 倍左右。

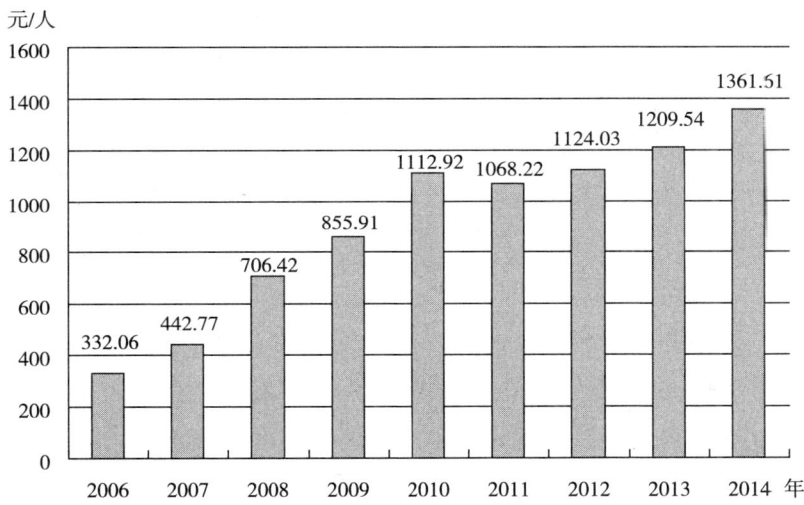

数据来源：Wind 数据库。

图 21　重庆市保险密度（2006—2014）

（2）重庆市保险密度与全国以及其他部分省份的比较

从图 22 中可以看出，重庆市的保险密度呈逐年与全国平均水平靠近的趋势。重庆与四川、广东以及天津等省份的保险密度差距不是很大，但是仍低于这几个省份的保险密度水平。除此之外，重庆的保险密度水平远远低于北京和上海的保险密度。

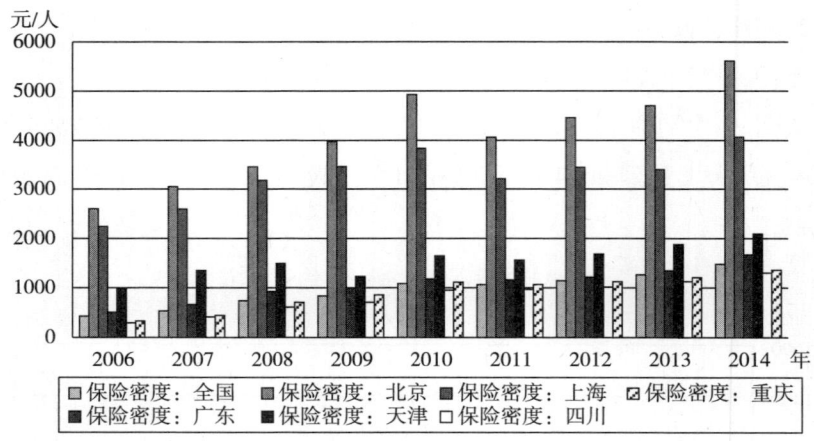

数据来源：Wind 数据库。

图 22　全国主要省份保险密度（2006—2014）

3. 保险深度

（1）重庆市保险深度

从图 23 中可以看出，重庆市的保险深度大致呈现倒"U"型。也就是说，2006—2010 年重庆市的保险深度在逐年上升，但是到 2010—2011 年就开始呈下降的趋势，直到 2014 年才开始有少许的回升。但是总的来说是在波动中上升，从 2006 年的保费收入占 GDP 比例的 2.39% 上升到 2014 年的 2.85%。

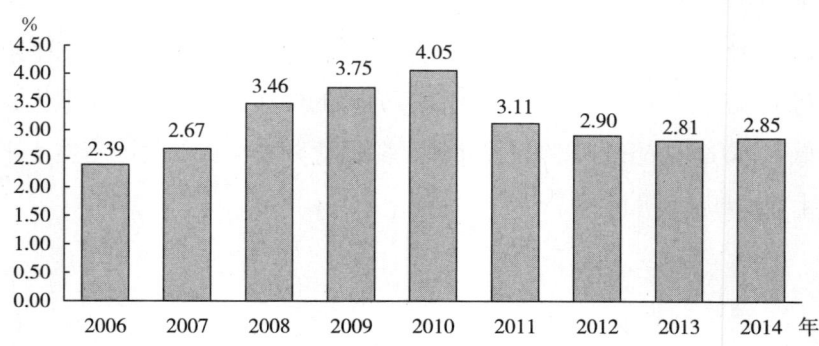

数据来源：Wind 数据库。

图 23　重庆市保险深度（2006—2014）

（2）重庆市保险深度与全国以及其他部分省份的比较

从图24中可以看出，重庆市在2007—2012年的保险深度大于全国平均水平，在2006年以及2012年之后的保险深度是与全国平均水平持平或者稍微低于全国平均水平。2006—2014年重庆的保险深度一直都高于广东与天津的保险深度。除此之外，2006—2014年，重庆的保险深度与四川的保险深度差距较小，但远远低于北京、上海的保险深度。

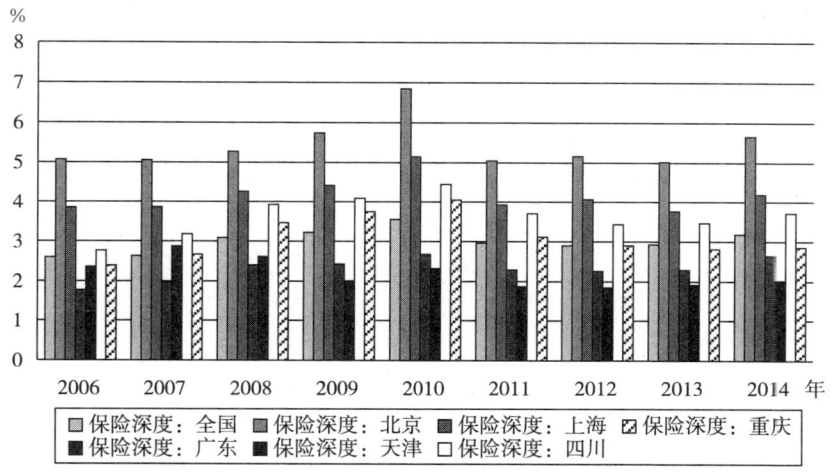

数据来源：Wind数据库。

图24 全国主要省份保险深度（2006—2014）

三、重庆市金融业"十三五"发展主要指标论证

本章将首先使用SAS软件对原始数据进行基于单变量时间序列模型的预测，该方法是通过自动识别和原始时间序列数据最为吻合的时间序列模型，并据此进行样本外的预测。接着，对每个目标变量构造误差修正模型，基于单方程误差修正模型，对每个指标的变动进行脉冲响应分析、方差分解分析和动态预测。其中，通过脉冲响应和方差分解分析，可以得到不同因素对指标变动的影响，而动态预测可以预测指标在未来能够达到的水平。

（一）金融发展水平相关研究

20世纪60年代，随着金融机构与金融工具日益复杂以及"二战"后众多发展中国家面临从一个简单的金融体系向一个相对成熟完备的金融体系过渡的路径选择，金融业作为国民经济的一个独立部门的重要性日益突出，因此，经济学界开始深入研究金融发展的规律，以 Gurley 和 Shaw(1955，1956)和 Goldsmith(1969)等学者为代表的研究逐渐形成了金融发展理论。

戈德史密斯（1969）提出金融发展就是一个国家或地区金融结构的变化。Shaw 和 Gurley（1979）认为金融发展主要是指各类金融资产和各种金融机构的增多。Merton（1995）和 Levine（1997）认为金融发展实质上就是金融体系功能的提升。张金清（2010）结合此前学者的研究，提出了金融发展的完整定义：以金融资产和金融机构规模等代表的金融规模总量的不断增长，以金融市场、金融工具和金融机构形式、性质及其相对规模的调整所代表的金融结构的不断优化，以及以金融体系功能提升、配置资源效率提高等代表的金融效率的持续提高。该定义指出金融发展有三方面的表现：第一，金融总量的增长；第二，金融结构的优化；第三，金融效率的提升。因此，本文从以上三个方面选取相关指标对重庆市的金融发展状况进行度量。

需要指出的是，现有研究大多是以整个国家为研究对象，而对一个国家内部的地区金融发展进行实证研究并不多见。其主要原因一方面在于地区层面的数据资料获取难度变大，另一方面在于地区金融水平的衡量体系的理论框架还在构建，目前缺乏统一的统计指标对地区金融发展的总量水平、扩张程度和与其他地区差异程度进行准确合理的度量。

为了科学设定重庆市金融业发展指标，在明确金融发展概念和三个方面表现的基础上，接下来我们要深入分析现有关于金融规模、金融效率和金融结构的研究，构建重庆市金融业发展水平的指标体系。

1. 金融规模的衡量指标

衡量一个国家整体的金融规模，一般使用两种指标：一是 Mckinnon 提出的金融货币化比率，即广义货币总额与 GDP 的比率，简称麦氏指标，衡量的是货币供应量的规模，即一个经济体的货币化程度；二是 Goldsmith（1969）提出的金融相关比率（Financial Interrelation Ratio，FIR），测算的是金融资产占国民财富的比例。该测度方法在跨国金融发展比较研究中被广泛应用，实证分析中通常将其简化为金融资产总量与国内生产总值之比。

在进行一国内部各地区的金融发展实证研究时，麦氏指标并不适合。一方面，从统计意义上看，广义货币 M_2 是一个国家整体宏观层面的指标，在一个国家内部的不同地区，不存在或无法统计 M_2 这个指标。另一方面，货币在一个国家内部具有高度流动性，因此本文不使用该指标衡量重庆市的经济货币化水平。

地区金融规模指标可以借鉴 Goldsmith 的金融相关比率指标，使用"地区金融相关比率"（Regional Financial Interrelation Ratio，RFIR）的概念，来衡量一个国家内部各地区之间的金融发展水平差异。采用这个思路的研究不在少数，周立（2004）把各地区银行存贷款数据作为金融资产的衡量指标，使用地区银行存贷款合计占地区生产总值（GDP）的比例，计算出中国各地 1978—1998 年的"金融相关比率"。苏基溶（2010）为了研究金融发展对经济增长的影响，采用金融部门就业占总就业的比重和金融业增加值占 GDP 总增加值的比重作为度量金融发展的指标，得出金融发展对经济增长的影响不是线性的，而是倒"U"型，最优金融规模由经济发展水平和人力资本存量决定。

王广谦（2002）提出，金融资产大致可以划分为三大类：第一类是货币性金融资产，主要包括现实中的货币和各类存款；第二类是证券类金融资产，主要包括各类有价证券（政府债券、金融债券、企业债券、股票、企业及银行票据以及各类投资基金凭证）；第三类是保险类金融资产，是指具有专门指定用途、以保障为中心的各类专项基金，包括商业保险基金、失业保险基金、养老保险基金、医疗基金、住房基金以及各类公积金等。通过对金融资产的划分，我们可以使用货币性金融资产、证券类金融资产和保险类金融资产占国民财富的比重作为衡量金融业内部，即银行业、证券业和保险业的规模的指标。

2. 金融效率的衡量指标

金融作为一种资源，在一定时期内就有数量的约束问题。当金融资源的数量已经膨胀到极限的时候，我们需要提高金融资源的使用效率，也就是使金融资源的配置达到最优状态。关于金融效率的定义，国内外研究尚无统一的结论，但确定的是，金融效率是一个综合性很强的概念。

国内对金融效率的研究，主要有以下几种不同的观点。王广谦（1997）认为，金融效率是指金融运作的能力，金融效率可以分解为金融机构效率、金融市场效率和金融宏观效率三个方面。其中，金融机构效率包括金融机构的经营效率和发展效率两个方面。金融市场效率是指金融市场的运作能力和金融市场对经济发展的作用能力。金融宏观效率是金融机构和金融市场对整个国民经济的作用效率，体现在货币量与经济总量的关系上。杨德勇（1999）认为，金融效率是指一国金融整体在国民经济运行中所发挥的效率，即把金融要素，如人力、物力、各类金融资产的存量和流量的投入与国民经济运行的结果进行比较。王振山（2000）认为，金融效率就是资金融通的效率，就是在金融市场上由金融机构作为金融中介完成的或者由融资双方或多方在市场服务体系下实现的资金融通活动的效率。周国富（2007）认为，金融效率就是一国金融资源的配置状态，具体来说就是金融资源投入对金融产业的产出效果以及对整个国民经济运行结果的影响。

从以上研究可以看到，金融体系作为一个产业，除了有自己的投入产出之外，它还具有一国资金融通的职能，即金融体系可以通过资金的配置对宏观经济的运行发挥作用。因此，在考虑金融效率的时候，可以考虑这两个方面，具体说来，金融效率包括：第一，金融产业本身的投入产出率，即微观金融效率；第二，金融资源的配置效率，主要体现在金融资源能否通过金融中介机构和金融市场投放到能极大促进实体经济增长的部门中去，即宏观金融效率。

本文所考察的金融效率主要是指宏观层面的金融效率。周国富（2007）从金融体系的储蓄动员能力、储蓄投资转化效率和投资投向效率三个方面考察宏观金融效率。其中，储蓄动员能力可以用储蓄率来综合反映，因为居民储蓄主要是通过金融中介机构聚集起来，因此可以用金融机构存款总额占 GDP 的比重来反映金融中介机构对居民储蓄的动员能力。储蓄投资转化效率指的是居民储蓄是否能够顺利地转化为投资，来促进经济的发展。因此可以使用存贷比这一指标，来衡量金融体系将储蓄转化为投资的效率。

投资投向效率则说明了投资总额带动的经济增量，可以使用经济总量的增量与投资总额的比值来衡量。

3. 金融结构的衡量指标

关于金融结构的定义，Goldsmith（1969）在他的著作《金融结构与金融发展》中最早提出"金融机构"的概念，并指出金融机构与金融工具的性质、形式和相对规模构成了金融结构，并构建了八项指标，包括全部金融资产价值与全部实物资产价值之比（金融相关比率，FIR）；金融资产（或工具）总额在各组成部分中占比；金融机构间往来资产总额占金融机构汇总资产总额中的比重；金融机构与非金融单位的金融工具发行额之比；金融中介机构及其中的各类主要金融机构在非金融单位发行的各种主要金融工具的未清偿总额中所占比重；各类主要金融中介机构的相对规模之比；主要非金融部门内部、外部融资相对规模之比；外部融资中各主要金融工具占比。

之后，麦金农和肖（1973）对发展中国家广泛存在的金融抑制现象进行了研究，从而推动了金融结构理论的发展。他们的研究虽然没有直接提出金融结构的问题，但是他们提出的改善货币供应条件、提高社会货币化程度和改变内源融资占主导地位的建议中，隐含着金融结构调整的要求。

20世纪90年代起，将金融结构划分为银行主导型和市场主导型"两分法"的金融结构理论开始兴起。当时，学者对于两大金融结构类型的划分基本达成共识，但对这两种金融结构的优劣判断则存在较大分歧，其观点主张可分为三类。

（1）银行主导型金融结构有效论

银行主导型金融结构是以银行间接融资方式配置金融资源为基础的金融体系。在银行主导的金融体系中，银行体系发达，企业外部资金来源主要通过间接融资，银行在动员储蓄、配置资金、监督公司管理者的投资决策以及在提供风险管理手段上发挥主要作用。银行主导型的金融体系在金融体系当中，银行在将储蓄转化为投资、分配资源、控制企业经营、提供风险管理工具方面起着领导作用；银行运用自身在资金、人才、信息等方面的优势，全面而广泛地参与经济生活，促进经济的发展。

代尔蒙德（1984）、博伊德和普雷斯科特（1986）认为，银行可以帮助投资者有效降低企业及其管理者的信息成本，有利于提高资源配置效率。代尔蒙德和代布维格（1983）、本西文加和史密斯（1991）、艾伦和盖尔（1999）指出，银行等金融中介可以显著降低跨期风险和流动性风险。西里和塔法诺（1995）、拉穆鲁（1995）认为，银行对促进社会储蓄资源的流动与集中至关重要，因为它能够有效节约储蓄收集和信息不对称成本。

（2）市场主导型金融结构有效论

市场主导型金融结构是指以金融市场（主要是资本市场）为基础和核心构建的金融体系。市场主导型金融体系是以直接融资市场为主导的金融体系。在市场主导型金融体系中，资本市场比较发达，企业的长期融资以资本市场为主，银行更专注于提供短期融资和结算服务。在市场主导型金融体系中，证券市场承担了相当一部分银行所承担的融资、公司治理、减少风险的作用，资金通过金融市场实现有效配置，使有限的资金投入到最优秀的企业中去，金融市场自发、有效率地配置资源，从而促进经济发展。市场主导型金融体系的典型国家是美国与英国。

莱文（1991）指出，金融市场能够通过提供投资组合的方式为投资者分散风险，并依靠二级市场交易降低流动性风险；义伦和桑特奈瑞（2000）则认为，金融市场能够在投资者之间进行横向的风险分担。德玛特瑞帕特和玛什金（1995）对金融市场和金融机构的融资效率进行了分析研究，认为相比银行而言，金融市场在信息收集和处理方面更具优势，融资效率因而更高。莱文（1997）指出，运转良好的资本市场倾向于对投资周期长、技术含量高的项目配置资源，对于促进资本形成，推动技术进步具有重要意义，长期看来，其资源配置效率更高。

（3）金融结构优劣次要论

莱文（1997）提出，在一个经济体的不同发展阶段和产业的不同发展周期，对金融服务的需求是不同的，因此金融机构和金融市场在特定时期内都有各自不可替代的功能和作用，两者应该互补而非绝对意义上的互相替代。

艾伦和盖尔（2000）指出，金融机构和金融市场均同时存在各自的优点和缺点，不能一概而论，一个经济体系最终选择哪一种主导型的金融结构，由经济本身的特质和市场参与者的行为特征共同决定。

金融结构指标的选择标准较为模糊，因为并没有一个适用于所有国家和区域的通用的金融结构模式，并且很难说怎样的金融结构更好。在国内相关的实证研究中，大多采用非银行资产占金融总资产的比重来衡量金融结构，如王志强、孙刚（2003），马长有（2005）等。也有采用证券类资产总额占金融资产总额的比重作为衡量指标，如张金清（2010）。本文选取基于金融资产规模的金融结构指标，即选取证券类资产总额/货币类资产总额来衡量金融结构，该指标能够在一定程度上反映重庆市资本市场的发展。

4. 小结

就重庆市而言，首先，金融规模，即金融总量的扩张直观反映了重庆市金融业发展的广度和速度。其次，金融业的发展不仅仅是规模层面的增长，更长远来看，金融结构也就是金融体系中各种金融要素的组合和运作状态的优化往往在金融发展的过程中扮演着更重要的角色。最后，金融作为一种资源，考虑其配置的效率是必要的。

根据前面关于理论研究和实证研究的梳理，得到重庆市金融发展水平的衡量指标体系和计算方法如表1所示。

表1　　　　金融发展水平衡量指标体系和计算方法

衡量角度	一级指标	二级指标	意义
金融规模	总体规模	地区金融相关比率	金融资产占国民财富的比重
	内部不同市场规模	银行资产深度	货币性金融资产占国民财富的比重
		股票资产深度	证券类金融资产占国民财富的比重
		保险资产深度	保险类金融资产占国民财富的比重
金融效率	储蓄动员效率	储蓄率	个人可支配收入总额中储蓄增加量所占的百分比
	投资转化效率	存贷比	商业银行贷款总额除以存款总额的比值
	投资投向效率	资本生产率	一定时期内单位资本存量创造的产出（GDP）
金融结构	资本市场发展状况	股票市场依存度	一个地区资本市场的发展程度

（二）金融发展水平影响因素的研究

金融发展的三个方面是会互相影响的，当金融规模发展到一定程度的时候，能否顺利进入下一个快速发展的阶段，往往受到金融结构的制约。而金融结构的优化也可以促进金融资源的合理分配，即促进了金融效率。

但是，一个国家或者地区金融的持续发展不可能单单依靠其自身产业的内部增长、结构调整和效率提升而实现，也就是说，金融发展存在除自身之外的影响因素。从20世纪90年代开始，理论界从经济学、法学、政治学和社会学等不同视角出发，研究造成不同国家金融发展水平差异的原因。

早期的研究，人们一般讨论经济增长和金融发展之间的相互关系。Schumpeter（1912）认为，经济的发展、投资机会的增多带来的贷款需求是金融发展的原因。John Robinson（1952）提出"实业引导金融"，认为随着经济的发展，企业间的交易会增加，从而刺激了对新的金融工具和金融服务的需求。Patrick（1996）提出需求追随型金融发展模式，经济主体对金融服务的需求，直接导致了金融机构、金融产品和金融服务的产生和不断发展。也就是说，经济发展的水平和速度可以影响一个区域的金融发展水平。

理论上，经济增长对金融发展的三个方面，即金融规模、金融结构和金融效率均会产生影响。首先，经济规模的扩张能够推动金融规模的增长。宏观上，随着经济的增长，产业会向利润更高的第三产业转移，这促进了包括金融业的第三产业规模的增加；微观上，随着居民收入的增长，不仅使居民有更多的资金用于金融产品的投资，也使其对风险分散的需求和积极性增加。其次，经济规模的扩张对金融结构的多元化发展具有促进作用，Goldsmith（1969）的研究发现，随着经济的发展，各国金融结构的变化呈现一定规律，如银行业比重下降、金融市场比重上升等。最后，经济规模的扩张能够提升金融效率。由于经济规模扩张通常意味着企业的投资机会增加，从而储蓄转化为投资的能力上升，金融效率提高。

实证方面，国内已有大量文献证实经济增长的确会对金融发展产生影响。孟猛（2003）以广义货币量占名义 GDP 的比例和非金融机构获取贷款量占当年名义 GDP 的比例作为衡量金融深化的指标，对于我国金融深化和经济增长之间的关系进行了含误差修正项的 Granger 检验，发现我国短期内的金融深化不会促进经济增长，但经济增长会促进货币化程度的提高；长期内金融深化程度的提高会促进经济增长。王志刚（2003）从中国金融总体发展的规模扩张、结构调整和效率变化三个方面对中国金融发展和经济增长之间的相关关系和因果关系进行检验，发现 20 世纪 90 年代以来，我国金融发展和经济增长之间存在显著的双向因果关系。薛田（2008）以金融总资产占 GDP 比重的增长率代表金融发展指标，发现短期内我国经济增长速度的加快会促进经济体制中的金融化程度，在长期，金融市场的发展会促进经济增长；而 Granger 因果检验显示，我国更多地表现为经济增长带动金融发展。

除了经济增长对金融发展有影响外，诸多研究证明了产业结构对金融发展的作用。

理论上，产业结构对金融发展的影响主要通过不同部门对金融的需求程度不同来实现。孙希芳（2007）认为，资源密集型产业规模越大，对资金的需求也越大，而第二产业相对于第一产业、重工业相对于轻工业而言更加依赖于外部融资，这种对资金的高需求可能直接带来金融业规模的扩大。此外，产业结构是金融结构的重要决定要素。林毅夫等（2009）指出，金融结构应与产业结构相适应，随着主导产业和技术向资本密集型产业转移，股票市场、债券市场等直接融资市场将逐步成为主要的融资渠道和分散风险场所。因此第二工业占比，特别是重工业占比的提升可能会促使股票市场和债券市场的发展。但是，目前关于产业结构与金融效率二者间关系的研究还比较少。在实证研究方面，对于产业结构与金融发展关系的研究大多集中于对不同类型企业资本结构及融资需求差异上，并未直接从宏观的产业结构角度讨论其对于金融发展水平的影响。例如，Rajan 和 Zingales（1998）发现，制药、塑料、计算机等行业对外部融资的需求最大，而烟草、陶瓷、皮革行业对外部融资的需求很小。

对一个国家或者地区而言，金融中介体和金融市场形成之后，其发展水平会随该国内外条件的变化而变化，宏观经济政策也会对金融市场和各个部门的运行产生影响。宏观经济政策包括财政政策和货币政策，财政政策是指政府变动税收和支出以便影响总需求进而影响就业和国民收入的政策。变动税收是指改变中华人民共和国财政部税率和税率结构。变动政府支出是指改变政府对商品与劳务的购买支出以及转移支付。货币政策是政府调控宏观经济的最基本的工具，由于社会供求关系的平衡与货币供给求关系的平衡相辅相成。由此，宏观经济调控必然立足于货币供给量。货币政策主要针对货币供给量中调节过程的控制，进而实现稳定货币、增加就业、平衡国际收支、发展经济等宏观经济目标。货币政策对股票市场与股票价格的影响非常大。宽松的货币政策会扩大货币供给总量，对金融市场的发展有着积极影响。同时货币发行量太多又会引起通货膨胀。紧缩的货币政策则相反，减少货币供给量将不利于金融市场和证券的稳定发展。

值得说明的是，在货币政策中，利率政策对金融业发展的影响。利率政策是我国货币政策的重要组成部分，也是货币政策实施的主要手段之一。中央银行根据货币政策实施的需要，适时地运用利率工具，对利率水平和利率结构进行调整，进而影响社会资金供求状况，实现货币政策的既定目标在货币政策中。

中央银行降低基准存款利率，会降低货币市场利率，居民储蓄会因存款利率下降而减少，但会促进资本市场（以股票市场为代表）利率提升。基准利率的变动将导致货币市场利率、商业银行的存款利率、资本市场利率以及各种证券市场收益率的改变，而这些市场利率的改变将会引起收入的再分配，从而影响企业的利润和居民的收入，进而改变国民的经济行为。

居民货币收入对银行储蓄的影响及金融投资变化对银行储蓄的影响是社会经济发展的综合反映，受社会诸多因素影响。一般来说，社会投资规模越大，银行吸收储蓄存款能力越强，其贷款的市场需求也就越大。

事实上，在金融因素中，利率水准的变动对股市行情的影响又最为直接和迅速。一般来说，利率下降时，股票的价格就上涨；利率上升时，股票的价格就会下跌。因此，利率的高低以及利率同股票市场的关系，也成为股票投资者据以买进和卖出股票的重要依据。因为，首先利率的上升，不仅会增加公司的借款成本，而且还会使公司难以获得必需的资金，公司就不得不削减生产规模，而生产规模的缩小又势必会减少公司的未来利润。因此，股票价格就会下降。反之，股票价格就会上涨；其次，利率上升时，投资者据以评估股票价值所在的折现率也会上升，股票价值因此会下降，从而，也会使股票价格相应下降；反之，利率下降时，股票价格就会上升；最后当利率上升时，一部分资金从投向股市转向到银行储蓄和购买债券，从而会减少市场上的股票需求，使股票价格出现下跌。反之，利率下降时，储蓄的获利能力降低，一部分资金就可能回到股市中来，从而扩大对股票的需求，使股票价格上涨。因而，就利率调整对中国股市的影响进行了探讨，利率对于股票的影响又可以分成三种途径。

其一是利率变动造成的资产组合替代效应，利率变动通过影响存款收益率，投资者就会对股票、储蓄以及债券作出选择，实现资本的保值增值。通过资产重新组合进而影响资金流向和流量，最终必然会影响股票市场的资金供求和股票价格。利率上升，一部分资金可能从股市转而投向银行储蓄和债券，从而会减少市场上的资金供应量，减少股票需求，股票价格下降；反之，利率下降，股票市场资金供应增加，股票价格将上升。

其二是利率对上市公司经营的影响，进而影响公司未来的估值水平。贷款利率提高会加重企业利息负担，从而减少企业的盈利，进而减少企业的股票分红派息，受利率的提高和股票分红派息降低的双重影响，股票价格必然会下降。相反，贷款利率下调将减轻企业利息负担，降低企业生产经营成本，提高企业盈利能力，使企业可以增加股票的分红派息。受利率的降低和股票分红派息增加的双重影响，股票价格将大幅上升。

其三是利率变动对股票内在价值的影响。股票资产的内在价值是由资产在未来时期中所接受的现金流决定的，股票的内在价值与一定风险下的贴现率成反比关系，如果将银行间拆借、银行间债券与证券交易所的债券回购利率作为参考的贴现率，则贴现率的上扬必然导致股票内在价值的降低，从而也会使股票价格相应下降。股指的变化与市场的贴现率呈反向变化，贴现率上升，股票的内在价值下降，股指将下降；反之，贴现率下降，股价指数上升。

总而言之,就中长期而言,利率升降和股市的涨跌也并不是简单的负相关关系。也就是说,中长期股价指数的走势不只受利率走势的影响,它同时对经济增长因素、非市场宏观政策因素的反应也很敏感。如果经济增长因素、非市场宏观政策因素的影响大于利率对股市的影响,股价指数的走势就会与利率的中长期走势相背离。

关于政府干预与金融发展之间的关系,目前学者们并没有达成一致意见。Mekinnon 和 Shaw（1973）的金融深化论以及 Hellmann 等的金融约束论分别从两个不同的方向论证了政府干预对金融发展的影响,而结论正好相反。我国学者也普遍认为政府干预过多对金融发展起到不利的影响。政府干预在一定程度上替代了金融分配社会资金的作用,卢峰和姚洋（2004）用财政支出占 GDP 比重为度量指标,研究发现政府支出与金融发展呈明显负相关关系。

近年来,有越来越多的学者从政治、法律、社会等方面对于金融发展决定因素展开研究。首先,LLSV（1997,1998）开创了法律制度与金融发展关系的实证研究,LLSV 认为,法律环境的不同所导致对投资者保护的差别,会使企业在债券、股票市场获得外部融资的难易程度出现差异,进而影响资本市场与金融的发展,采用普通法系的国家比采用大陆法系的国家有更大规模的股票市场和债券市场。继 LLSV 之后,一些学者进一步提供基于产业和企业视角的研究支持了法律对于投资者保护的程度可以影响金融发展的水平。其次,关于政治因素对于金融发展的影响,现有的研究主要从政府干预、既得利益集团和政治环境三个方面考察对金融发展的影响（张金清,2010）。最后,社会因素方面,目前发展了信用、文化和宗教等对金融发展的影响,值得说明的是,一些学者在对我国的金融发展的研究中发现,我国的城市化与金融发展有双向的因果关系。如蒙荫莉（2003）、饶华春（2009）、梁彭勇等（2008）。

通过对金融发展理论和金融发展影响因素研究的回顾,可以认为,经济因素是影响金融发展的最主要因素。这主要是因为金融是经济发展到一定阶段的产物,金融归根结底是为经济服务的。Goldsmith（1969）很早就提出，一国金融的规模在很大程度上取决于各经济实体或经济集团储蓄与投资能力的分离程度。根据这种观点，一国生产的集中度、财富分配的均衡性、投资刺激、储蓄倾向等都会影响该国经济发展对金融的需求。后来，Shaw（1973）针对发展中国家进一步指出，应该通过增加国民收入和提高各经济单位对金融服务的需求来刺激金融业扩展。Greenwood 和 Jovanovie（1990）则在深化 Goldsmith（1969）、Shaw（1973）等研究的基础上明确提出，由于金融市场存在固定运行成本和参与成本，因此只有当经济发展到一定阶段时，金融市场才得以形成和发展。就重庆市而言，近年来重庆市的经济和金融发展取得了令人瞩目的成就，在此背景下，更需要重点研究经济因素对金融发展的影响。

（三）变量选择与数据来源

根据本项目的研究设计，本报告分三类衡量指标进行实证研究，即金融规模指标、金融效率指标和金融结构指标，以期对重庆市的金融发展水平进行分析和预测。

经过指标分析和试算并考虑指标数据的可获得性后，我们选取的变量如表 2 所示。

表 2　　　　　　　　各变量名及定义

变量类别	变量名	Variable Name	单位	计算公式
金融规模指标	地区金融相关比率	Fin	%	金融业增加值/生产总值
	银行资产深度	Bank	%	全部金融机构存款合计/生产总值
	股票资产深度	Sec	%	上市股票总市值/生产总值
	保险资产深度	Insu	%	保险收入/生产总值
金融效率指标	存贷比	LTD	%	贷款总额/存款总额
金融结构指标	股票市场依存度	Str	%	股票总市值/全部金融机构存款和贷款合计

续表

变量类别	变量名	Variable Name	单位	计算公式
经济变量	经济发展水平	GDP	亿元	国内生产总值
	产业结构	Ind2	%	第二产业增加值/生产总值
	政府支出	Gov	亿元	地方公共财政支出
	人均收入	Income	亿元	城镇居民人均可支配收入
	利率	Rate	%	银行间同业拆解利率
	投资	Invest	亿元	固定资产投资完成额
	就业	Emp	人数	单位就业人数

（1）地区金融相关比率。测算的是金融资产占国民财富的比例，早期的实证分析中通常将其简化为地区银行存贷款合计占地区生产总值，也可以采用金融部门就业占总就业的比重和金融业增加值占GDP总增加值的比重来计算，本文采用金融业增加值/GDP增加值这一简化公式。

（2）银行资产深度。测算的是货币性金融资产占国民财富的比重，本文将其简化为金融机构存款和贷款合计/生产总值。

（3）股票资产深度。测算的是证券类金融资产占国民财富的比重，缩小到区域的范畴，则证券类金融资产可以用辖区内上市公司股票市值或者是辖区内证券营业部托管股票总市值来代表，本文选用前者，将其简化为重庆市辖区内上市公司的股票总市值/生产总值。

（4）保险资产深度。测算的是保险类金融资产占国民财富的比重，本文将其简化为保险收入/生产总值。

（5）存贷比。测算的是商业银行贷款总额除以存款总额的比值，本文使用重庆市各项贷款余额（本外币）/重庆市各项存款余额（本外币）衡量。

（6）股票市场依存度。衡量的是一个地区资本市场的发展程度和资本市场化水平，本文将其简化为使用股票总市值/金融机构存贷款总额。

（7）经济发展水平。本文采用国内生产总值（GDP）代表经济发展水平。

（8）产业结构。本文采用第二产业增加值占地区生产总值的比重代表就业发展水平。

（9）政府支出。本文采用地方公共财政支出代表政府支出。

（10）收入。本文采用城镇居民人均可支配收入代表重庆市居民的收入水平。

（11）利率。本文采用银行间同业拆解利率来代表利率水平，由于同业拆解利率是按日计，因此采用按时间加权平均方法换算为季度利率。

（12）投资。本文采用固定资产投资完成额代表投资情况。

（13）就业。本文采用单位就业人数代表就业情况。

样本数据为2004年第一季度至2015年第二季度的季度数据，数据来源于Wind数据库以及重庆市统计局。

（四）基于单变量时间序列模型预测分析

根据重庆市2004年第一季度至2015年第二季度的12年，共46个季度的金融业统计数据，在SAS（Statistical Analysis System）系统中录入数据，并基于单变量时间序列模型，利用SAS系统对数据自动匹配最优模型的方式对未来5年的地区金融相关比率、银行资产深度、股票资产深度、保险资产深度、存贷比和股票市场依存度6个指标的情况进行预测。该方法不考虑其他因素的影响，仅仅基于被预测的变量的历史数据，对该变量的未来值进行预测分析。

基于模型预测误差的评价指标通常有均方根误差（Root Mean Squared Error，RMSE）、平均绝对误差（Mean Absolute Error，MAE）、平均绝对百分误差（Mean Absolute Percent Error，MAPE）和希尔不等系数（Theil Inequality Coefficient，TIC）。上述四项指标中，前两项测量的是绝对误差，后两项测量的是相对误差。绝对误差较相对误差而言更直观，然而其取值大小受到量纲的影响，无法形成统一的评价标准对不同模型进行比较，而相对误差衡量指标却能克服这一弊端。因此，我们采用MAPE值对模型进行预测效果评价。MAPE的取值在0～5说明模型的预测精度极高，在10以内则说明预测精度高。

1. 数据处理

本部分对选取的主要的金融规模指标、金融结构指标和金融效率指标进行预测，具体指标依据表3所示。

本部分以2004年第一季度为基期，对国内生产总值和城镇居民人均可支配收入进行了CPI指数平减化处理，对固定资产投资完成额进行了固定资产投资价格指数平减化处理，以反映相对于基年物价水平的现期物价水平，进而得到各项数据当期的实际值。

2. 模型选择与预测效果评价

将经过平减化处理后的数据导入SAS系统中，采用系统自动匹配模型的方式建立单变量时间序列模型，系统自动匹配模型结果如表3所示。

表3　　金融发展水平评价指标匹配模型及检验值

指标	最优模型	平均绝对百分误差（MAPE）	拟合优度（R^2）
地区金融相关比率	Winters Method—Multiplicative	20.12	0.6382
银行资产深度	Seasonal Exponential smoothing	6.65	0.7379
股票资产深度	Winters Method—Additive	21.62	0.6370
保险资产深度	Seasonal Exponential smoothing	11.39	0.8087
存贷比	Damped—Trend Exponential smoothing	1.37	0.5891
股票市场依存度	Damped—Trend Exponential smoothing	14.62	0.6674

根据各个金融指标自动匹配的最优模型的检验值可知，除了存贷比的MAPE值在0～5（预测精度极高），银行资产深度的MAPE值在5～10（预测精度高），其他金融指标的MAPE值均大于10，预测精度相对较低。

3. 预测结果

根据各个指标对应的模型得到未来 5 年的预测数据，具体结果如表 4 和图 25 所示。

表 4　　　　未来 5 年内金融发展主要指标预测值　　　　单位：%

日期	地区金融相关比率	银行资产深度	证券资产深度	保险资产深度	股票市场依存度	存贷比
2015.09	2.58	9.31	167.68	3.09	14.26	81.20
2015.12	6.61	7.68	143.23	2.06	14.47	81.22
2016.03	14.55	39.12	190.66	5.45	14.55	81.25
2016.06	5.70	28.51	175.47	3.09	14.59	81.27
2016.09	2.64	9.31	172.81	3.09	14.60	81.29
2016.12	6.99	7.68	148.35	2.06	14.61	81.30
2017.03	14.84	39.12	195.78	5.45	14.61	81.32
2017.06	5.81	28.51	180.59	3.09	14.61	81.33
2017.09	2.69	9.31	177.93	3.09	14.61	81.34
2017.12	9.16	7.68	153.47	2.06	14.61	81.35
2018.03	15.13	39.12	200.90	5.45	14.61	81.36
2018.06	5.92	28.51	185.72	3.09	14.61	81.37
2018.09	2.74	9.31	183.05	3.09	14.61	81.37
2018.12	9.34	7.68	158.60	2.06	14.61	81.38
2019.03	15.42	39.12	206.02	5.45	14.61	81.38
2019.06	6.04	28.51	190.84	3.09	14.61	81.39
2019.09	2.79	9.31	188.17	3.09	14.61	81.39
2019.12	9.52	7.68	163.72	2.06	14.61	81.40
2020.03	15.70	39.12	211.15	5.45	14.61	81.40
2020.06	6.15	28.51	195.96	3.09	14.61	81.40
2020.09	8.65	9.31	193.29	3.09	14.61	81.41
2020.12	9.75	7.68	168.84	2.06	14.61	81.41

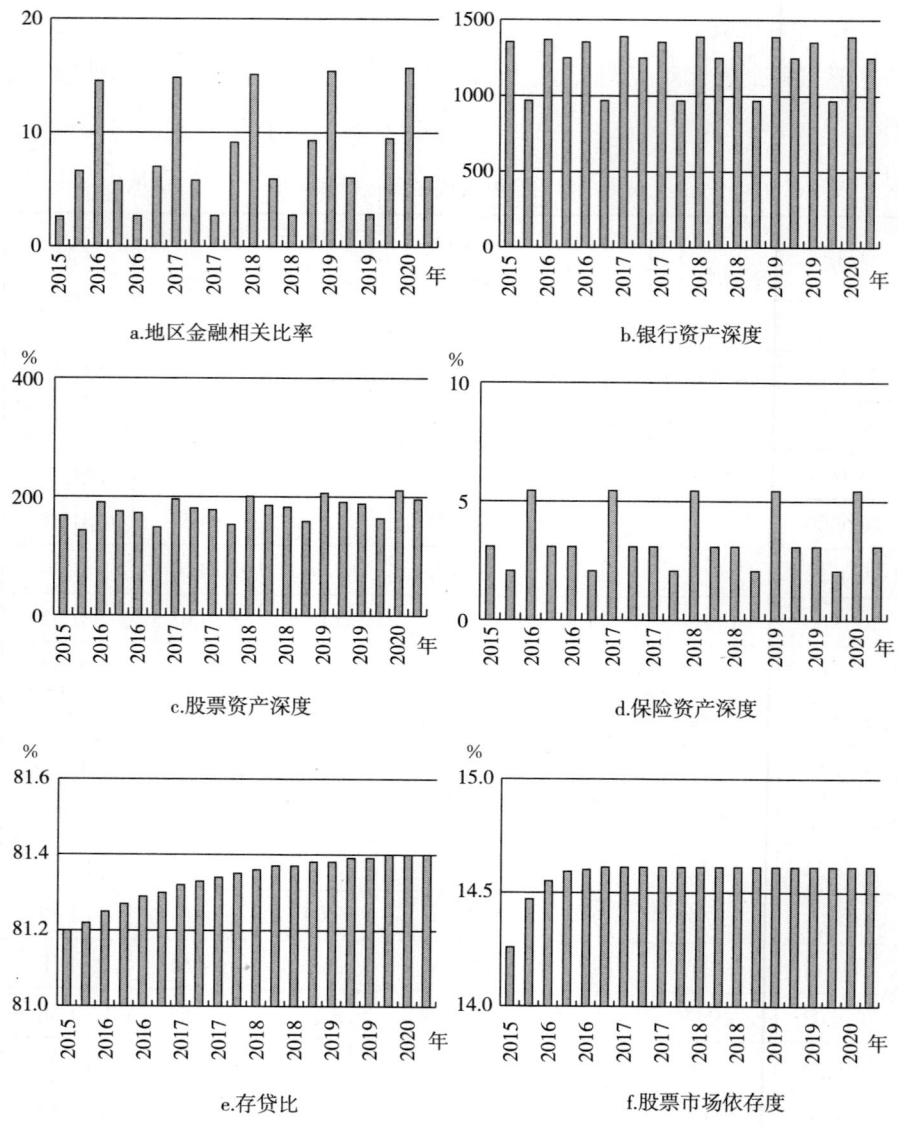

图 25 未来 5 年内金融发展主要指标预测值

（五）基于向量误差修正模型（VECM）动态影响研究与预测分析

1. 模型设定与数据处理

根据本项目的研究设计，本报告采取主要的三类指标进行实证研究，即金融规模指标、金融效率指标和金融结构指标。根据计量经济学时间序列建模相关理论，若模型中变量均为 I（0）过程，则建立无约束的 VAR 模型进行分析；若变量均为 I（1）过程且存在协整关系，则建立向量误差修正模型（Vector Error Correction Model，VECM）进行分析；若变量均为 I（1）过程且不存在协整关系，则根据差分 VAR 模型进行分析。

依据各指标的影响因素理论分析，构建以下模型：

① 地区金融相关比率（Fin）、经济增长（LnGdp）、政府支出增速（g_Gov）

② 银行资产深度（Bank）、经济增长（LnGdp）、利率（Rate）和投资水平（LnInvest）

③ 证券资产深度（Sec）、经济增长（LnGdp）、利率（Rate）

④ 保险资产深度（Insu）、居民收入水平（LnIncome）、单位就业人数增速（g_Emp）和政府支出增速（g_Gov）

⑤ 股票市场依存度（Str）、经济增长（LnGdp）、产业结构（Ind）、政府支出增速（g_Gov）

⑥ 存贷比（LTD）、经济增长（LnGdp）、政府支出增速（g_Gov）、利率（Rate）

如前所述，在建模时模型选择需要依据各变量的平稳情况，因此本报告先对金融发展水平的各个衡量指标以及宏观经济变量进行单位根检验，检验其平稳性，如是平稳变量，可以考虑建立水平 VAR 模型，如果变量都是非平稳的 I（1）变量，则进一步进行协整检验，根据检验结果选择合适的模型（差分 VAR 或者 VECM）进行宏观经济变量对金融发展水平影响的研究和金融发展指标的走势预测。

本部分以 2004 年第一季度为基期，对经济发展水平和人均收入进行了 CPI 指数平减化处理，对投资水平进行了固定资产投资价格指数平减化处理，以反映相对于基年物价水平的现期物价水平，进而得到各项数据当期的实际值。

为消除时间序列数据可能存在的异方差和量纲的影响，我们对经济发展水平、人均收入和投资水平进行了取自然对数处理。

预处理后的各变量分别表示为 LnGDP、LnIncome 和 LnInvest。详见表 5。

表 5　　各变量名及数据处理方法

变量类别	变量名	Variable Name	数据处理方法
金融规模指标	地区金融相关比率	Fin	未处理
	银行资产深度	Bank	未处理
	股票资产深度	Sec	未处理
	保险资产深度	Insu	未处理
金融效率指标	存贷比	LTD	未处理
金融结构指标	股票市场依存度	Str	未处理
经济变量	经济发展水平	LnGDP	对 GDP 做 CPI 平减处理并取自然对数
	人均收入	LnIncome	对 Income 做 CPI 平减处理并取自然对数
	利率	Rate	未处理
	投资水平	LnInvest	对 Invest 做固定资产投资价格指数平减处理并取自然对数
	产业结构	Ind	未处理
	政府支出增长率	g_Gov	未处理
	单位就业人数增长率	g_Emp	未处理

2. 单位根检验

本报告采用扩展的 DF 检验法（Augmented Dickey-Fuller test，ADF 检验）对预处理后的时间序列进行变量的平稳性检验。由于采用的均为季度数据，因此本文以 4 阶为 ADF 检验滞后阶对时间序列数据进行平稳性检验，检验结果如表 6 所示。

金融业指标体系构建与论证

表6 各变量名及数据处理方法

变量类别	变量名	变量	水平检验结果			一阶差分检验结果			结论
			检验形式(C,T,L)	ADF检验值	p值	检验形式(C,T,L)	ADF检验值	p值	
金融规模指标	地区金融相关比率	Fin	(C,T,4)	−2.21	0.4713	(C,0,3)	−4.04	0.0031	I(1)
	银行资产深度	Bank	(C,T,4)	−2.35	0.3979	(C,0,3)	−4.09	0.0131	I(1)
	股票资产深度	Sec	(C,T,4)	−3.12	0.1162	(C,0,3)	−3.44	0.0152	I(1)
	保险资产深度	Insu	(C,T,4)	−1.38	0.8527	(C,0,3)	−4.26	0.0085	I(1)
金融结构指标	股票市场依存度	Str	(C,T,4)	−3.11	0.1165	(C,0,3)	−3.43	0.0612	I(1)
金融效率指标	存贷比	LTD	(C,T,4)	−2.39	0.3792	(C,0,3)	−3.22	0.0261	I(1)
经济变量	经济发展水平	LnGDP	(C,T,4)	−1.55	0.7941	(C,0,3)	−4.68	0.0005	I(1)
	人均收入	LnIncome	(C,T,4)	−0.60	0.9738	(C,0,3)	−3.32	0.0201	I(1)
	投资水平	LnInvest	(C,T,4)	0.46	0.9988	(C,0,3)	−3.83	0.0055	I(1)
	利率	Rate	(C,T,4)	−2.05	0.5568	(C,0,3)	−3.83	0.0251	I(1)
	产业结构	Ind	(C,T,4)	0.46	0.9988	(C,0,3)	−6.80	0.0000	I(1)
	政府支出增长率	g_Gov	(C,T,4)	−2.53	0.3113	(C,0,3)	−16.29	0.0000	I(1)
	单位就业人数增长率	g_Emp	(C,T,4)	−2.86	0.1852	(C,0,3)	−6.45	0.0000	I(1)

· 139 ·

根据检验结果，所有变量的时间序列均为I(1)过程，即一阶序列平稳，因此本文将进一步对模型的变量组合进行协整检验。

3. 协整检验

由于各变量均为I(1)序列，故本文使用基于向量自回归（VAR）的极大似然估计的Johansen方法对变量组合进行协整检验。根据前文的分析，本文主要考察以下几组变量之间的协整关系，确定各变量间的长期均衡关系：

①地区金融相关比率（Fin）、经济增长（LnGdp）、政府支出增速（g_Gov）

②银行资产深度（Bank）、经济增长（LnGdp）、利率（Rate）和投资水平（LnInvest）

③证券资产深度（Sec）、经济增长（LnGdp）、利率（Rate）

④保险资产深度（Insu）、居民收入水平（LnIncome）、单位就业人数增速（g_Emp）和政府支出增速（g_Gov）

⑤股票市场依存度（Str）、经济增长（LnGdp）、产业结构（Ind）、政府支出增速（g_Gov）

⑥存贷比（LTD）、经济增长（LnGdp）、政府支出增速（g_Gov）、利率（Rate）

协整检验如表7所示。

表7　　各变量组协整检验结果

序号	变量组合	协整检验结果一		协整检验结果二			
		最优模型	协整数	H0	Eigenvalue	迹统计量	最大特征根统计量
1	Fin LnGdp g_Gov	3	1	r=0	0.6682	81.5851***	33.8769***
				r=1	0.3249	35.2474	27.5843
				r=2	0.2337	18.7450	21.1316

续表

序号	变量组合	协整检验结果一		协整检验结果二			
		最优模型	协整数	H0	Eigenvalue	迹统计量	最大特征根统计量
2	Bank LnGdp LnInvest Rate	4	1	r=0	0.7143	85.7748***	52.6205***
				r=1	0.4365	33.1543	24.0920
				r=2	0.1470	9.0623	6.6797
3	Sec LnIncome Rate	2	1	r=0	0.8309	98.73777***	74.6555***
				r=1	0.3232	24.0823	16.3960
				r=2	0.1672	7.6863	7.6863
4	Insu LnIncome g_Emp Rate	3	1	r=0	0.7434	83.2506***	58.4878***
				r=1	0.3827	24.7628	20.7430
				r=2	0.0823	4.0198	3.6943
5	Str LnGdp Ind g_Gov	3	1	r=0	0.7029	75.5817***	50.9705***
				r=1	0.3710	24.6112	19.4711
				r=2	0.1117	5.1401	4.9742
6	LTD LnGdp g_Gov Rate	4	1	r=0	0.8193	103.5968***	71.8486***
				r=1	0.3297	31.7482	16.8024
				r=2	0.2059	14.9458	9.6824

根据检验结果，所有变量组的 Johansen 协整检验都显著拒绝了不存在协整关系的原假设，迹检验（Trace Test）和最大特征根检验（Maximum Eigenvalue）均表明在 1% 显著性水平下有 1 个协整方程。

向量误差修正模型的建立：依据协整检验结果构造向量误差修正模型，模型一至模型六的构建结果如公式（1）至公式（6）所示。

$$\begin{bmatrix} FIN \\ g(GOV) \\ LnGDP \end{bmatrix} = \begin{bmatrix} 0.072677 \\ -8.198085 \\ 0.559076 \end{bmatrix} ECM + \begin{bmatrix} -0.726695 & -0.023418 & -0.003502 \\ 8.472781 & 1.439825 & -0.544301 \\ 1.237937 & -0.137451 & -0.969578 \end{bmatrix} \begin{bmatrix} FIN_{t-1} \\ g(GOV)_{t-1} \\ LnGDP_{t-1} \end{bmatrix}$$

$$+ \begin{bmatrix} -0.879222 & -0.009515 & -0.008701 \\ 7.066888 & 0.745248 & 0.064811 \\ 0.991210 & -0.026962 & -0.814021 \end{bmatrix} \begin{bmatrix} FIN_{t-2} \\ g(GOV)_{t-2} \\ LnGDP_{t-2} \end{bmatrix}$$

$$+ \begin{bmatrix} -0.656037 & -0.001687 & 0.009631 \\ 2.058198 & -0.060536 & 0.175324 \\ 0.579914 & -0.019958 & -0.690680 \end{bmatrix} \begin{bmatrix} FIN_{t-3} \\ g(GOV)_{t-3} \\ LnGDP_{t-3} \end{bmatrix} + \begin{bmatrix} 0.000498 \\ 0.110630 \\ 0.101438 \end{bmatrix} \quad (1)$$

$$\begin{bmatrix} BANK \\ LnGDP \\ LnINVEST \\ RATE \end{bmatrix} = \begin{bmatrix} -0.334427 \\ 0.056824 \\ 0.089554 \\ 0.003630 \end{bmatrix} ECM + \begin{bmatrix} 0.486135 & 6.741968 & -0.629946 & -27.96461 \\ -0.119392 & -1.358331 & 0.060286 & 1.883293 \\ -0.039241 & -0.187767 & -0.720176 & 3.649920 \\ -0.001220 & -0.005207 & 0.007098 & 0.040157 \end{bmatrix} \begin{bmatrix} BANK_{t-1} \\ LnGDP_{t-1} \\ LnINVEST_{t-1} \\ RATE_{t-1} \end{bmatrix}$$

$$+ \begin{bmatrix} 0.927033 & 7.491612 & 0.812237 & 0.040157 \\ -0.137940 & -1.329403 & -0.104199 & 3.884995 \\ 0.047378 & 0.305456 & -0.848621 & 4.684996 \\ -0.000276 & -0.010913 & 0.008669 & 0.618156 \end{bmatrix} \begin{bmatrix} BANK_{t-2} \\ LnGDP_{t-2} \\ LnINVEST_{t-2} \\ RATE_{t-2} \end{bmatrix}$$

$$+ \begin{bmatrix} -0.523186 & -0.130994 & 1.394828 & -7.557497 \\ 0.028003 & -0.492825 & -0.177897 & 2.832871 \\ -0.010979 & -0.173117 & -0.807669 & 4.603971 \\ -0.008068 & -0.039559 & 0.001537 & -0.114433 \end{bmatrix} \begin{bmatrix} BANK_{t-3} \\ LnGDP_{t-3} \\ LnINVEST_{t-3} \\ RATE_{t-3} \end{bmatrix} + \begin{bmatrix} -0.527621 \\ 0.154072 \\ 0.185088 \\ 0.001159 \end{bmatrix} \quad (2)$$

$$\begin{bmatrix} SEC \\ \text{Ln}INCOME \\ RATE \end{bmatrix} = \begin{bmatrix} -0.087147 \\ -0.065132 \\ 0 \end{bmatrix} ECM + \begin{bmatrix} -0.064368 & -0.657983 & -7.779409 \\ -0.052088 & -0.942467 & 0.927634 \\ 0.000925 & 0.004258 & -0.151550 \end{bmatrix} \begin{bmatrix} SEC_{t-1} \\ LINCOME_{t-1} \\ RATE_{t-1} \end{bmatrix}$$

$$+ \begin{bmatrix} -0.013610 & -0.320885 & -0.840375 \\ -0.017504 & -0.929614 & 3.493007 \\ 0.005804 & 0.004288 & 0.303057 \end{bmatrix} \begin{bmatrix} SEC_{t-2} \\ LINCOME_{t-2} \\ RATE_{t-2} \end{bmatrix}$$

$$+ \begin{bmatrix} 0.115680 & -1.319923 & 15.00521 \\ -0.031597 & -0.838867 & 3.087205 \\ -0.001937 & 0.007254 & -0.180118 \end{bmatrix} \begin{bmatrix} SEC_{t-3} \\ LINCOME_{t-3} \\ RATE_{t-3} \end{bmatrix} \quad (3)$$

$$\begin{bmatrix} INS \\ g(EMP) \\ g(GOV) \\ \text{Ln}INCOME \end{bmatrix} = \begin{bmatrix} -0.133836 \\ -0.714347 \\ 13.52002 \\ -1.131975 \end{bmatrix} ECM + \begin{bmatrix} -0.849365 & 0.099887 & 0.057620 & 0.223632 \\ 1.818089 & -0.618333 & -0.020850 & -0.057267 \\ 18.59184 & -10.38384 & 1.467161 & 2.635102 \\ -4.345361 & 0.867746 & -0.204946 & -0.534547 \end{bmatrix} \begin{bmatrix} INS_{t-1} \\ g(EMP)_{t-1} \\ g(GOV)_{t-1} \\ \text{Ln}INCOME_{t-1} \end{bmatrix}$$

$$+ \begin{bmatrix} -0.323347 & 0.030603 & -0.009061 & 0.094983 \\ 0.888155 & -0.395230 & 0.003557 & 0.133901 \\ 12.51275 & -4.992331 & 0.570436 & -2.712668 \\ -2.820670 & 0.326243 & -0.092608 & 0.260372 \end{bmatrix} \begin{bmatrix} INS_{t-2} \\ g(EMP)_{t-2} \\ g(GOV)_{t-2} \\ \text{Ln}INCOME_{t-2} \end{bmatrix} + \begin{bmatrix} -0.003654 \\ -0.010595 \\ 0.119201 \\ 0.013686 \end{bmatrix} \quad (4)$$

$$\begin{bmatrix} STR \\ IND \\ \text{Ln}GDP \\ g(GOV) \end{bmatrix} = \begin{bmatrix} 0 \\ -0.009177 \\ -0.014445 \\ 0.436513 \end{bmatrix} ECM + \begin{bmatrix} 0.456025 & -0.045052 & 0.022556 & 0.023191 \\ -0.762405 & -0.725469 & -0.065710 & -0.007713 \\ -1.162274 & 0.236682 & 0.073337 & -0.955134 \\ -1.234921 & -0.687237 & 1.426920 & -0.491655 \end{bmatrix} \begin{bmatrix} STR_{t-1} \\ IND_{t-1} \\ \text{Ln}GDP_{t-1} \\ g(GOV)_{t-1} \end{bmatrix}$$

$$\begin{bmatrix} LTD \\ g(GOV) \\ LnGDP \\ RATE \end{bmatrix} = \begin{bmatrix} -0.011538 \\ -3.846026 \\ 0.290459 \\ 0.006978 \end{bmatrix} ECM + \begin{bmatrix} 0.090583 & 0.015835 & -0.012631 & -0.769647 \\ 7.843235 & 1.641722 & -2.048353 & 1.165162 \\ -0.907706 & -0.178932 & -0.815300 & 2.337710 \\ -0.035278 & -0.004982 & -0.002852 & -0.079280 \end{bmatrix} \begin{bmatrix} STR_{t-1} \\ IND_{t-1} \\ LnGDP_{t-1} \\ g(GOV)_{t-1} \end{bmatrix}$$

$$+ \begin{bmatrix} 0.123682 & 0.030085 & -0.004232 & 0.004727 \\ 0.459872 & -0.639842 & -0.087675 & -0.013284 \\ -0.690573 & 0.272048 & -0.869530 & -0.021487 \\ 4.611674 & -0.773816 & 0.060909 & -0.073973 \end{bmatrix} \begin{bmatrix} STR_{t-2} \\ IND_{t-2} \\ LnGDP_{t-2} \\ g(GOV)_{t-2} \end{bmatrix} + \begin{bmatrix} -0.232686 & -0.034073 & 0.020041 & 0.009688 \\ 0.708077 & -0.430503 & -0.064405 & -0.051766 \\ 2.208414 & 0.340897 & -0.849293 & -0.027967 \\ -0.172250 & -1.092217 & 0.050549 & 0.682637 \end{bmatrix} \begin{bmatrix} STR_{t-3} \\ IND_{t-3} \\ LnGDP_{t-3} \\ g(GOV)_{t-3} \end{bmatrix} + \begin{bmatrix} 0.001386 \\ 0.001847 \\ 0.113848 \\ 0.130463 \end{bmatrix} \quad (5)$$

$$+ \begin{bmatrix} -0.121383 & 0.007615 & 0.008924 & 0.341970 \\ 13.45771 & 0.786731 & -0.891125 & 5.654079 \\ 2.801516 & -0.085171 & -0.729368 & 3.608368 \\ -0.023164 & -0.003469 & -0.005865 & 0.251607 \end{bmatrix} \begin{bmatrix} LTD_{t-2} \\ g(GOV)_{t-2} \\ LnGDP_{t-2} \\ RATE_{t-2} \end{bmatrix} + \begin{bmatrix} 0.276797 & -0.003469 & -0.002191 & 0.468572 \\ 10.45167 & -0.094012 & -0.315934 & -7.605577 \\ 0.621741 & -0.070286 & -0.658486 & -0.136227 \\ -0.021269 & -0.001569 & 6.93E-05 & -0.176653 \end{bmatrix} \begin{bmatrix} LTD_{t-3} \\ g(GOV)_{t-3} \\ LnGDP_{t-3} \\ RATE_{t-3} \end{bmatrix} + \begin{bmatrix} 0.001394 \\ 0.255155 \\ 0.089805 \\ 0 \end{bmatrix} \quad (6)$$

4. 动态影响分析

为研究各个宏观经济变量对金融发展各指标的短期影响，本文在该部分将通过脉冲响应分析和方差分解对金融发展各指标进行动态影响分析。

脉冲响应分析 (Impulse Response Function，IRF) 的目的是分析当一个误差项发生变化，某个内生变量的随机误差项上施加一个标准差大小的冲击后对所有内生变量的当期值和未来值所产生的影响。即对系统的动态影响。通过脉冲响应函数分析，可以获得系统内变量之间互相影响、互相制约的情况。

方差分解 (Variance Decomposition) 是通过分析每一个变量的冲击对内生变量变化（通常用方差来度量）的贡献度，进一步评价不同结构冲击的重要性。方差分解能够给出影响变量的相对重要性。

（1）脉冲响应分析

我们选择期数为 20 期，可以获得各个模型未来五年的脉冲响应，如图 26 至图 31 所示。从图中可见，来自宏观经济因素的冲击对金融发展指标的影响均存在滞后效应，接下来我们主要考察影响方向和滞后期数。

图 26 分别是政府支出和经济增长增速的冲击引起地区金融相关比率变化的脉冲响应函数图。从图 26 中可见，来自政府支出增速的冲击对地区金融相关比率的影响是正向的，其中在第 3 期正作用达到峰值。来自经济增长的冲击对地区金融相关比率几乎无影响。

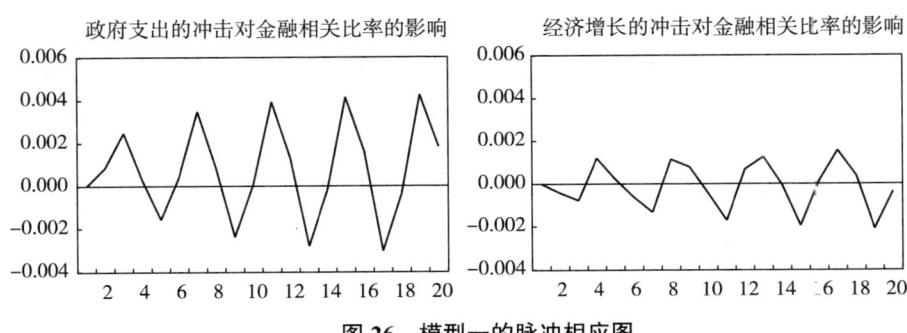

图 26 模型一的脉冲相应图

图 27 分别是经济增长、投资水平、利率的冲击引起银行资产深度变

化的脉冲响应函数图。从图 27 中可见，经济增长和投资水平的冲击对银行资产深度的影响是正向的，滞后期都为 3，利率的冲击对银行资产深度的影响是负向的，滞后期为 4。

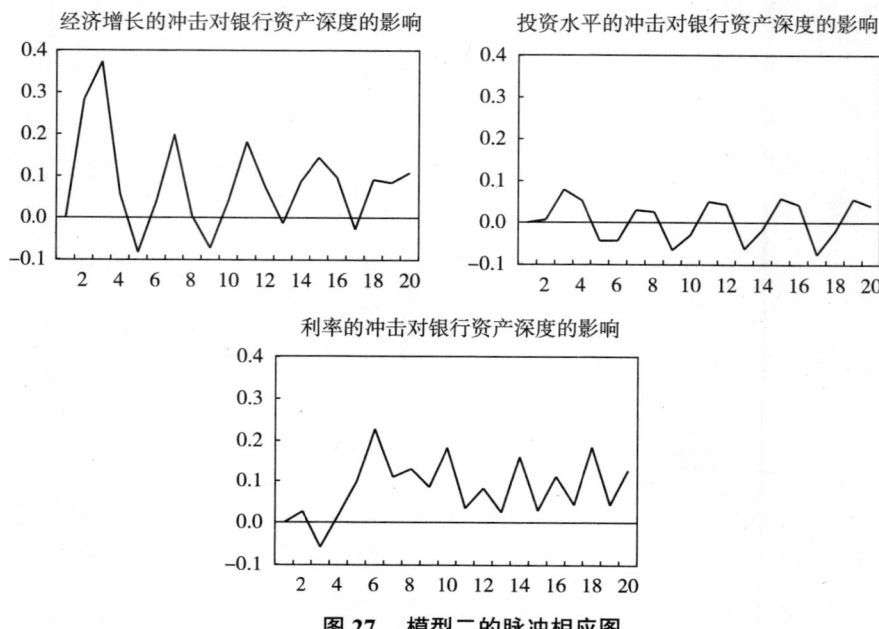

图 27　模型二的脉冲相应图

图 28 分别是收入水平和利率的冲击引起证券资产深度变化的脉冲响应函数图。从图 28 中可见，收入水平的冲击对证券资产深度几乎无影响，利率的冲击对证券资产深度的影响是负向的，且持续时间非常长。

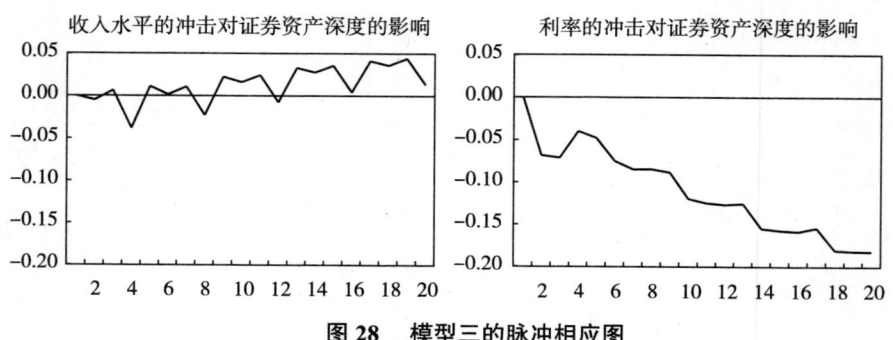

图 28　模型三的脉冲相应图

图 29 分别是就业水平、政府支出增速、收入水平的冲击引起保险资产深度变化的脉冲响应函数图。从图 29 中可见，三者对保险资产深度的影响均存在滞后效应。其中，收入水平的冲击对保险资产深度呈正向影响，于第 3 期达到峰值。就业水平和政府支出增速的冲击对保险资产深度的冲击是负向的，就业水平的负向影响在第 3 期达到峰值，政府支出的负向影响在第 2 期达到峰值。

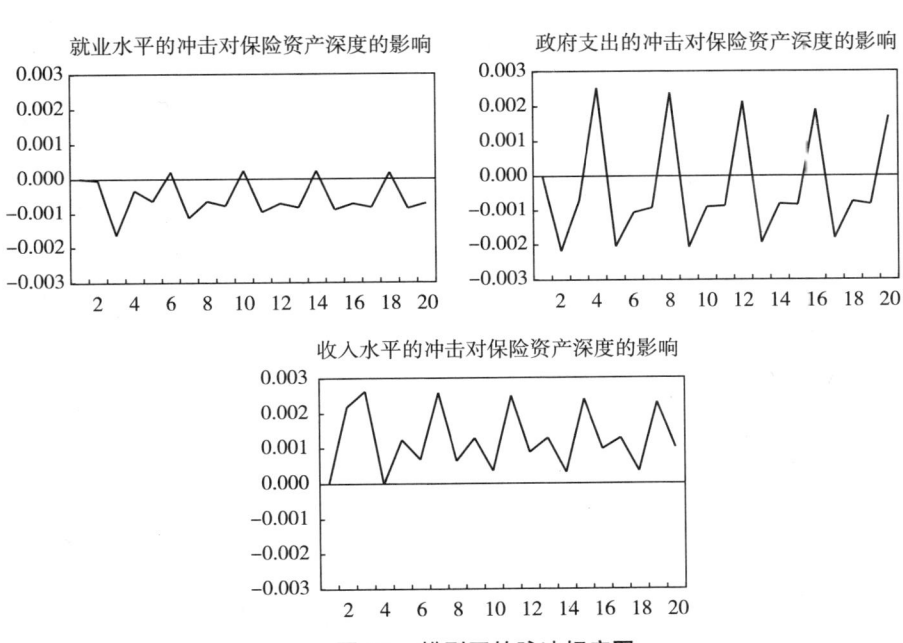

图 29　模型四的脉冲相应图

图 30 分别是产业结构、经济增长、政府支出增速的冲击引起股票市场依存度变化的脉冲响应函数图。从图 30 中可见，经济增长的冲击对股票市场依存度的影响是正向的，在第 3 达到峰值，产业结构和政府支出增速的冲击对股票市场依存度的冲击是负向的，其中政府支出的影响极为持久。

图 31 分别是政府支出增速、经济增长和利率的冲击引起存贷比变化的脉冲响应函数图。从图 31 中可见，经济增长和政府支出的冲击对存贷比的影响是正向的，分别于第 3 期和第 2 期达到影响程度的峰值；利率的冲击对存贷比的影响是负向的，在第 2 期达到影响程度的峰值。

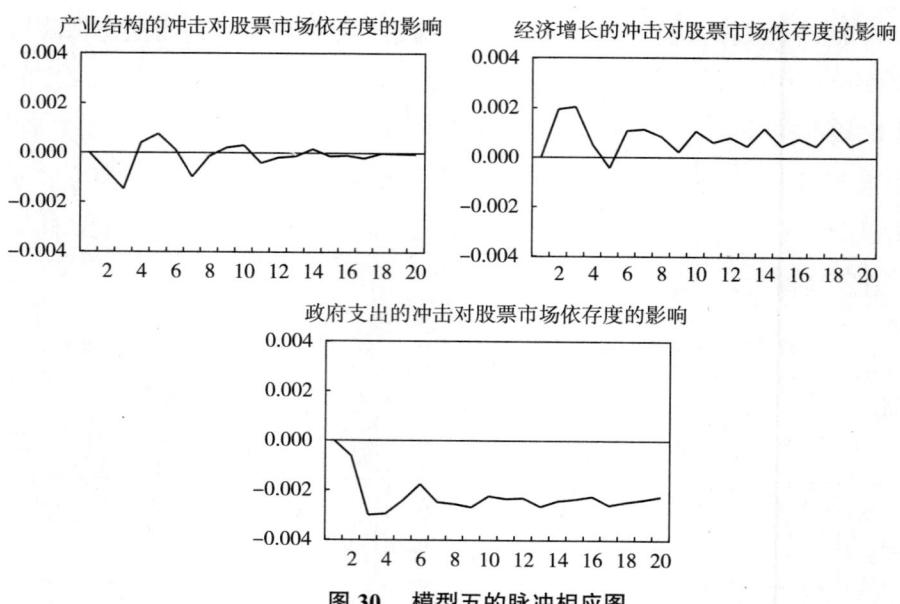

图 30　模型五的脉冲相应图

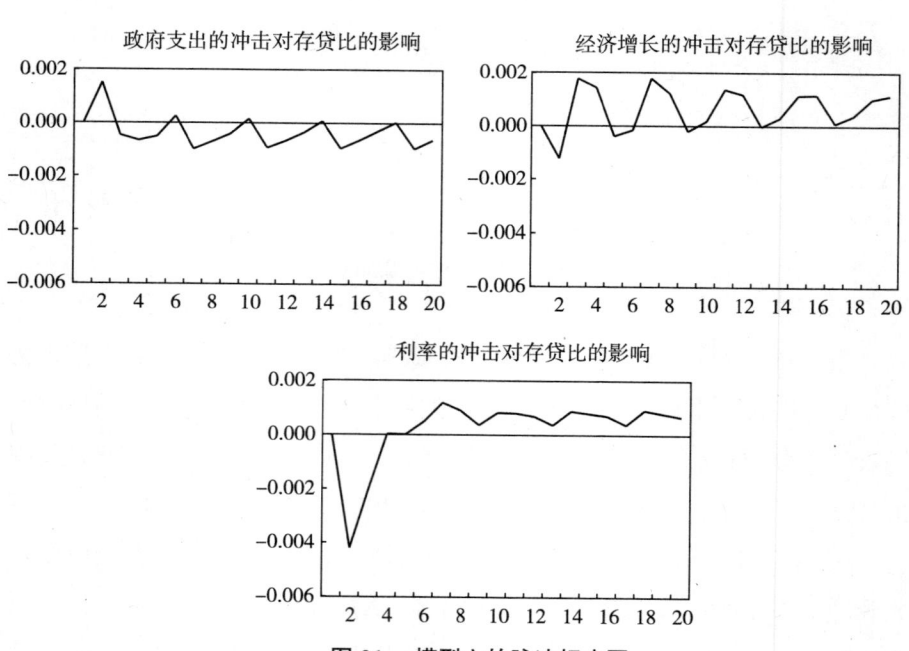

图 31　模型六的脉冲相应图

（2）方差分解分析

我们选择期数为 20 期，可以获得各个模型未来五年的方差分解，各个模型的方差分解结果如表 8 至表 13 所示。

由表 8 可见，地区金融相关比率的变动在第 15 期之后趋于稳定，不考虑地区金融相关比率自身因素，政府支出增速对其影响程度大于经济增长，两者对地区金融相关比率变动贡献率分别在 6% 和 1% 左右，影响程度较小。

表 8　　　　地区金融相关比率（Fin）的方差分解结果

Period	S.E.	FIN	G（GOV）	LnGDP
1	0.018530	100.0000	0.000000	0.000000
2	0.019545	99.76521	0.188105	0.046689
3	0.019760	98.03543	1.761963	0.202603
4	0.020050	97.70535	1.731925	0.562722
5	0.024867	98.09609	1.530142	0.373766
6	0.025873	98.15392	1.442039	0.404044
7	0.026158	96.14947	3.195059	0.655467
8	0.026556	95.97786	3.199469	0.822673
9	0.029726	96.07054	3.202184	0.727274
10	0.030544	96.25755	3.033459	0.708987
11	0.030848	94.38963	4.603624	1.006749
12	0.031278	94.32509	4.647895	1.027014
13	0.033774	94.29932	4.681949	1.018726
14	0.034437	94.51314	4.506810	0.980053
15	0.034742	92.86070	5.854550	1.284745
16	0.035192	92.83198	5.914250	1.253770
17	0.037293	92.77417	5.934682	1.291145
18	0.037846	92.96304	5.773347	1.263617
19	0.038146	91.51743	6.931336	1.551233
20	0.038616	91.49275	6.984736	1.522510

由表9可见，银行资产深度的变动在第3期之后趋于稳定，不考虑银行资产深度自身因素，经济增长的冲击对银行资产深度的影响最大，占25%以上，其次是利率，对银行资产深度的变动的贡献率在10%左右，投资水平的影响最小，不到2%。

表9　　　　　　　银行资产深度（Bank）的方差分解结果

Period	S.E.	BANK	LGDP	LINVEST	RATE
1	0.534157	100.0000	0.000000	0.000000	0.000000
2	0.613886	78.53059	21.28037	0.011512	0.177528
3	0.760847	60.26922	37.93796	1.084729	0.708085
4	0.770619	60.21522	37.51207	1.528754	0.743957
5	0.882265	67.26620	29.51136	1.413393	1.809045
6	0.914745	62.91263	27.64045	1.541462	7.905458
7	0.962326	60.80455	29.26397	1.489878	8.441606
8	0.977074	60.13742	28.38840	1.514360	9.959818
9	1.047910	63.80081	25.16785	1.712448	9.318888
10	1.069216	62.05857	24.31919	1.721935	11.90031
11	1.104769	61.44016	25.49882	1.819855	11.24117
12	1.119978	61.32910	25.27003	1.921701	11.47917
13	1.164747	63.89205	23.37806	2.072250	10.65765
14	1.186249	62.76383	23.08471	2.017854	12.13360
15	1.213149	62.68971	23.49683	2.158104	11.65536
16	1.233973	62.38013	23.31825	2.204596	12.09703
17	1.264856	63.66377	22.24260	2.467836	11.62580
18	1.290168	62.47817	21.88483	2.397527	13.23947
19	1.308169	62.80476	21.69895	2.517525	12.97876
20	1.333230	62.52233	21.55114	2.514758	13.41177

由表10可见，证券资产深度的变动在第10期之后趋于稳定，利率的影响程度较大，对证券资产深度变动的贡献率达到10%左右，而收入水平对银行业规模变动的影响非常小。

表10　　　　　证券资产深度（Sec）的方差分解结果

Period	S.E.	SEC	LINCOME	RATE
1	0.247544	100.0000	0.000000	0.000000
2	0.344870	96.03262	0.020608	3.946773
3	0.417579	94.35658	0.037710	5.605711
4	0.472032	94.22633	0.675571	5.098102
5	0.529706	94.55315	0.580560	4.866286
6	0.577183	93.71669	0.489538	5.793772
7	0.620593	92.66254	0.452854	6.884602
8	0.653853	91.59160	0.528201	7.880202
9	0.690438	90.71636	0.577486	8.706155
10	0.724048	88.77438	0.574276	10.65134
11	0.756261	86.88186	0.630160	12.48798
12	0.781997	85.09347	0.598617	14.30791
13	0.810687	83.56114	0.724238	15.71463
14	0.839618	81.15764	0.784021	18.05834
15	0.868023	78.91397	0.903135	20.18289
16	0.891575	76.84242	0.858307	22.29927
17	0.917282	75.08387	1.015061	23.90107
18	0.944489	72.68299	1.104158	26.21285
19	0.971477	70.46986	1.252263	28.27787
20	0.994453	68.44079	1.212633	30.34658

由表11可见，保险资产深度的变动在第3期之后趋于稳定，不考虑保险资产深度自身因素，政府支出增速和居民收入水平对保险资产深度变动的影响程度最大，两者的贡献度均为10%左右。就业水平的影响程度较小，贡献率不到3%。

表 11　　　　　保险资产深度（Ins）的方差分解结果

Period	S.E.	INSU	LEMP	LGOV	LINCOME
1	0.008588	100.0000	0.000000	0.000000	0.000000
2	0.009202	88.70979	0.002087	5.624339	5.663783
3	0.010115	80.72845	2.668555	5.135417	11.46758
4	0.010517	76.25116	2.567582	10.57292	10.60834
5	0.012499	79.24837	2.077916	10.19388	8.479833
6	0.012695	78.87829	2.040831	10.57545	8.505427
7	0.013418	76.17636	2.539444	9.936557	11.34764
8	0.013739	73.79984	2.638215	12.52424	11.03770
9	0.015081	75.36513	2.453584	12.30264	9.878647
10	0.015242	75.45593	2.427396	12.39179	9.724880
11	0.015863	74.19461	2.607519	11.73936	11.45851
12	0.016120	72.77050	2.718558	13.12073	11.39021
13	0.017163	73.88643	2.630792	12.88062	10.60216
14	0.017312	74.06571	2.603390	12.87965	10.45125
15	0.017856	73.33673	2.700341	12.32891	11.63402
16	0.018073	72.41688	2.793387	13.14830	11.64144
17	0.018934	73.28791	2.736247	12.91308	11.06276
18	0.019076	73.49244	2.704419	12.87309	10.93004
19	0.019561	73.02394	2.765243	12.42264	11.78818
20	0.019750	72.40860	2.840024	12.93126	11.82012

由表 12 可见，股票市场依存度的变动在第 2 期之后趋于稳定，不考虑股票市场依存度自身因素，其他因素对股票市场依存度的变动影响程度均很小，产业结构、经济增长和政府支出增速的贡献度均不到 1%。

表 12　　　　股票市场依存度（Str）的方差分解结果

Period	S.E.	STR	INDUS2	LGDP	LGOV
1	0.016519	100.0000	0.000000	0.000000	0.000000
2	0.029059	99.44661	0.063387	0.444622	0.045377
3	0.037505	98.58003	0.191863	0.562561	0.665551
4	0.044888	98.55638	0.141841	0.405036	0.896747
5	0.051534	98.65618	0.129431	0.314279	0.900115
6	0.056866	98.76475	0.106738	0.294053	0.834458
7	0.061684	98.72956	0.116166	0.283341	0.870937
8	0.066583	98.74599	0.100142	0.258785	0.895086
9	0.071171	98.75854	0.088464	0.227449	0.925542
10	0.075235	98.77900	0.080816	0.223795	0.916389
11	0.079038	98.79740	0.075961	0.208604	0.918036
12	0.082838	98.81747	0.069686	0.199334	0.913505
13	0.086465	98.81769	0.064204	0.185774	0.932336
14	0.089890	98.81556	0.059708	0.189146	0.935591
15	0.093166	98.83072	0.055778	0.178538	0.934963
16	0.096388	98.84678	0.052220	0.173130	0.927870
17	0.099475	98.84662	0.049465	0.164749	0.939161
18	0.102475	98.84103	0.046616	0.169424	0.942933
19	0.105388	98.85150	0.044086	0.162118	0.942293
20	0.108244	98.86252	0.041814	0.159008	0.936658

由表 13 可见，存贷比的变动在第 2 期之后趋于稳定，不考虑存贷比自身因素，其他因素对存贷比的变动影响程度均很小。利率的贡献率约占 1%，政府支出增速和经济增长不到 1%。

表 13　　　　　　　存贷比（LTD）的方差分解结果

Period	S.E.	LTD	LGOV	LGDP	RATE
1	0.012653	100.0000	0.000000	0.000000	0.000000
2	0.018776	93.89469	0.655573	0.427430	5.022309
3	0.022502	94.27129	0.497380	0.923249	4.308084
4	0.027209	95.74387	0.397737	0.911823	2.946574
5	0.031530	96.78999	0.321547	0.694078	2.194383
6	0.034551	97.29918	0.273271	0.580070	1.847483
7	0.037629	97.32929	0.297488	0.715703	1.657520
8	0.040654	97.54385	0.283911	0.704130	1.468111
9	0.043316	97.81846	0.258957	0.622507	1.300072
10	0.045693	98.00409	0.233961	0.560939	1.201008
11	0.048111	98.05276	0.247764	0.588117	1.111356
12	0.050453	98.13835	0.242237	0.589812	1.029600
13	0.052604	98.27821	0.227152	0.542585	0.952057
14	0.054614	98.37310	0.210987	0.506398	0.909515
15	0.056659	98.40020	0.223495	0.511636	0.864664
16	0.058660	98.44163	0.220363	0.517102	0.820905
17	0.060499	98.52845	0.209649	0.486365	0.775541
18	0.062259	98.58505	0.197992	0.462955	0.754007
19	0.064073	98.60241	0.208669	0.461638	0.727278
20	0.065846	98.62746	0.206344	0.467279	0.698915

（3）预测结果

预测分为样本内预测和样本外预测，还分为动态预测和静态预测。样本内预测是根据估计的模型对已有的样本进行预测，可与样本数据进行比较。而样本外预测则是根据估计的模型对样本区间以后的数据进行预测。

动态预测和静态预测的区别如下。

动态预测：除了第一个预测值是用解释变量的实际值预测外，之后各期预测值都是采用递推预测的方法，用动态项的前期预测值代入预测模型来预测下一期的预测值。

静态预测：用解释变量的真实值来进行预测。

本文在前文中构建了各个金融发展指标和其影响因素的 VECM 系统。在预测前，首先对样本期内进行动态预测，将获得的拟合值与实际值进行比较。各个金融发展指标通过 VECM 模型在样本期间内动态预测的拟合值和实际值的 MAPE 值如表 14 所示，样本外的动态预测值见表 15。

表 14　　各指标 VECM 模型样本内动态预测的 MAPE 值

预测指标	MAPE 值	预测指标	MAPE 值
Fin	21.4061	Ins	27.4775
Bank	8.1868	Str	29.3179
Sec	29.8437	LTD	2.2530

表 15　　　　　　　各指标的样本外预测值　　　　　单位：%

年份	地区金融相关比率	银行资产深度	股票资产深度	保险资产深度	股票市场依存度	存贷比
2015Q3	1.78	1.83	193.01	4.29	13.67	84.26
2015Q4	9.16	0.35	166.15	2.56	12.89	83.02
2016Q1	14.39	27.91	192.67	5.23	13.71	81.88
2016Q2	5.69	20.77	188.49	3.38	14.19	82.16
2016Q3	1.82	0.57	202.58	4.01	14.58	83.47
2016Q4	9.35	−0.34	171.24	2.80	14.25	82.55
2017Q1	14.29	26.51	201.81	5.27	14.89	82.15
2017Q2	6.05	19.25	194.81	3.44	14.89	82.43
2017Q3	2.02	−0.69	210.89	4.01	15.39	83.59
2017Q4	9.56	−1.04	178.61	2.96	15.31	82.94
2018Q1	14.30	25.11	207.99	5.25	16.04	82.54
2018Q2	6.25	17.72	200.01	3.51	15.80	82.74
2018Q3	2.27	−1.92	216.61	4.06	16.28	83.83
2018Q4	9.78	−1.75	184.70	3.10	16.26	83.23
2019Q1	14.34	23.71	212.25	5.20	17.09	82.86
2019Q2	6.39	16.20	203.95	3.60	16.76	83.05
2019Q3	2.54	−3.15	220.65	4.12	17.24	84.08

续表

年份	地区金融相关比率	银行资产深度	股票资产深度	保险资产深度	股票市场依存度	存贷比
2019Q4	10.02	−2.47	189.52	3.23	17.19	83.51
2020Q1	14.37	22.31	215.22	5.16	18.09	83.19
2020Q2	6.50	14.67	206.81	3.68	17.72	83.37
2020Q3	2.84	−4.36	223.50	4.18	18.23	84.34
2020Q4	10.28	−3.21	193.34	3.35	18.12	83.80

（六）基于单方程误差修正模型（ECM）预测分析

在线性回归中，回归变量的取值可以随时间发生波动，但要求其序列是平稳的，不能有明显的增长趋势。如果序列有很强的趋势，则建立的线性回归模型通常存在残差序列自相关的问题，违背了残差独立性的假设，容易出现伪回归现象，导致模型不能被接受。传统的方法是对时间序列进行差分从而消除趋势，用平稳序列建模。然而该方法会丢失部分数据信息，同时，建立的模型反映的是差分序列之间的关系，不便于解释原序列之间的关系，并且难以用于对原序列进行预测。但是，如果变量序列之间存在协整关系，则可以建立误差修正模型。

根据本项目时间序列数据的实际情况，我们将在协整理论的指导下，利用误差修正模型（Error Correction Model, ECM）对各指标进行动态预测。误差修正模型（ECM）方法较好地区分了经济运行的长期规律与短期波动特征，其通过长期均衡项集中体现被解释变量在经济理论所设定的长期均衡规律（ECM项）驱使下对非均衡的修正机制，同时由于短期动态扰动项与长期均衡项通常无显著的统计相关性，从而使我们可以对其分别作出经济上的解释（韩德瑞、秦朵，1998）。由于只要解释变量与被解释变量间的协整关系存在，就必然存在唯一的Granger因果关系（Granger，1986），因此，采用ECM模型方法建立模型，不至于产生传统经济计量建模中常常存在的"伪回归"，从而能真切揭示出经济变量间存在的作用机制（Granger因果关系）。

根据协整检验结果，四组变量之间均具有协整关系，因此，可以根据赤池最小信息准则（AIC）和舒尔茨准则（SC），从 Johansen 提出的五个最适模型中，选取最优的模型来构造各个指标的单方程误差修正模型（ECM）。根据协整检验结果，其中，第一组、第四组、第五组变量的最适模型为模型 3（数据有均值和线性趋势项，协整方程有截距项），第二组和第六组变量的最适模型为模型 4（数据有均值和线性趋势项，协整方程有截距项和线性趋势项），第三组变量的最适模型为模型 2（数据与均值，协整方程有截距项）。

接下来，本文将依次介绍各模型的单方程误差修正模型（ECM），构建结果及经济含义。

1. 单方程误差修正模型的建立

（1）模型 1 建模结果

根据对均衡方程形式和协整关系个数的检验结果，估计出地区金融相关比率（Fin）的均衡修正项（ECM）为：

$$ECM = FIN - 0.016286 LnGDP + 0.381279 g(GOV) - 0.179220 \quad (7)$$

该 ECM 项隐含了 FIN 的长期均衡关系：

$$FIN = 0.016286 LnGDP - 0.381279 g(GOV) + 0.179220 \quad (8)$$

通过该协整方程可以看到，地区金融相关比率的水平值和经济增长的水平值有长期正向关系，同政府支出增速的水平值有长期负向关系。

经单位根检验验证，该 ECM 项为平稳时间序列 I（0），因此，我们使用 P 变换从 I（1）空间差分后转入 I（0）空间建立一个 4 阶滞后的 ADL 模型，并直接以 ECM（t-1）作为该模型的长期均衡项。根据"从一般到特殊"的动态建模方法，采用"自由策略"来简化无约束初始模型，最后得到地区金融相关比率（Fin）的单方程误差修正模型如下：

$$\Delta FIN = 0.002110 - 0.539212 \Delta FIN_{t-1} - 0.716561 \Delta FIN_{t-2} - 0.583614 \Delta FIN_{t-3}$$
$$+ 0.022935 \Delta LnGDP + 0.022271 \Delta LnGDP_{t-3} - 0.025234 \Delta g(GOV) +$$
$$0.024189 \Delta g(GOV_{t-1}) + 0.014013 \Delta g(GOV_{t-2}) - 0.182107 ECM_{t-1} \quad (9)$$

模型 1 的检验结果如下。模型 1 的检验结果很好地通过了各项检验，模型的计量分析结果在统计上可以接受。

$$T = 46(2004Q1 - 2015Q2), R^2 = 0.830965, \overline{R}^2 = 0.784864$$
$$\sigma = 0.017975, DW = 1.654918, LogL = 117.4840 \quad (10)$$

模型1样本内的拟合值与实际值比较见图32。

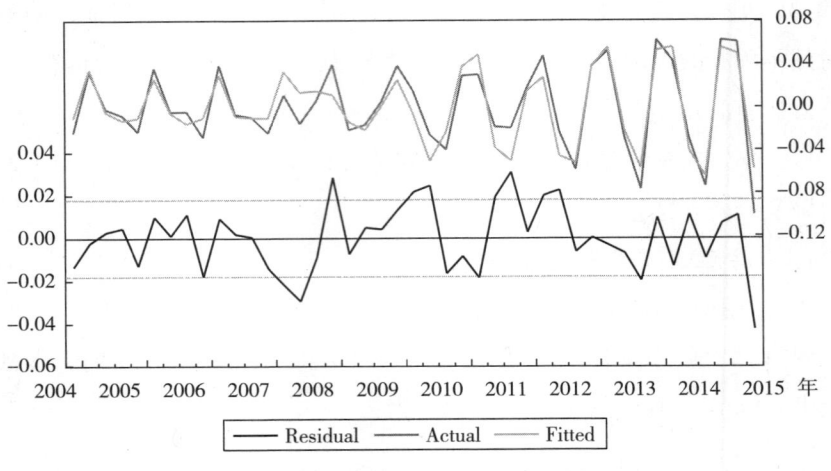

图32 模型1的拟合效果图

（2）模型2建模结果

根据对均衡方程形式和协整关系个数的检验结果，估计出银行资产深度（Bank）的均衡修正项（ECM）为：

$$ECM = BANK_{t-1} - 2.804609 \mathrm{Ln}GDP_{t-1} - 2.727472 \mathrm{Ln}INVEST_{t-1}$$
$$- 101.3410 RATE_{t-1} + 0.044722T - 6.439892 \quad (11)$$

该ECM项隐含了Bank的长期均衡关系：

$$BANK_{t-1} = -2.804609 \mathrm{Ln}GDP_{t-1} + 2.727472 \mathrm{Ln}INVEST_{t-1} + 101.3410$$
$$RATE_{t-1} - 0.044722T + 6.439892$$

$$(12)$$

通过该协整方程可以看到，银行资产深度的水平值和投资水平以及利率的水平值有长期正向关系，同经济增长、时间的水平值有长期负向关系。

经单位根检验验证，该ECM项为平稳时间序列I（0），因此，我们使用 P 变换从 I（1）空间差分后转入 I（0）空间建立一个 4 阶滞后的 ADL 模型，并直接以 ECM（t-1）作为该模型的长期均衡项。根据"从一般到特殊"的动态建模方法，采用"自由策略"来简化无约束初始模型，最后得到银行资产深度（Bank）的单方程误差修正模型如下：

$$\Delta BANK = 0.011047 - 0.605184\, DBANK_{t-2} - 0.368108\Delta \mathrm{Ln}GDP - 0.351665 \\ \Delta \mathrm{Ln}GDP_{t-2} - 19.98890\Delta RATE + 0.181612\Delta \mathrm{Ln}INVEST_{t-2} \quad (13)$$

模型 2 的检验结果如下。模型 2 的检验结果很好地通过了各项检验，模型的计量分析结果在统计上可以接受。

$$T = 46(2004Q1 - 2015Q2), R^2 = 0.808420, \overline{R}^2 = 0.782531 \\ \sigma = 0.002942, DW = 2.294908, LogL = 32.21638 \quad (14)$$

模型 2 样本内的拟合值与实际值比较见图 33。

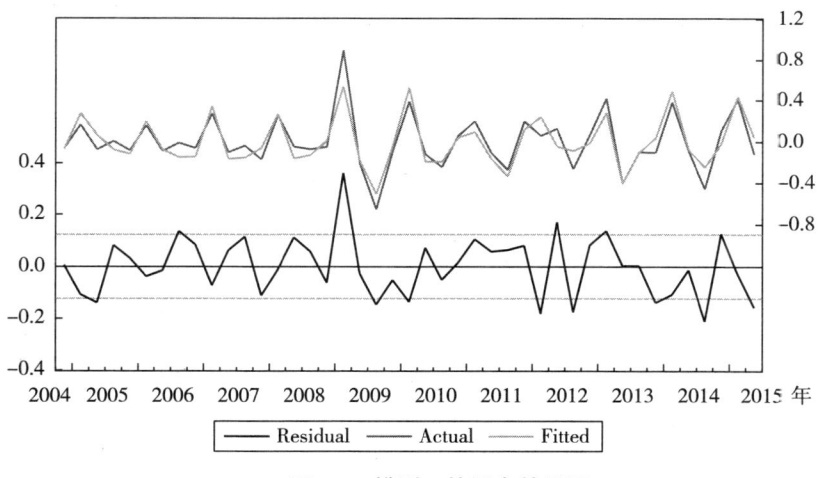

图 33　模型 2 的拟合效果图

（3）模型 3 建模结果

根据对均衡方程形式和协整关系个数的检验结果，估计出证券资产深度（Sec）的均衡修正项（ECM）为：

$$ECM = SEC_{t-1} - 1.112307\mathrm{Ln}INCOME_{t-1} + 64.67223RATE_{t-1} + 5.802132 \quad (15)$$

该 ECM 项隐含了证券资产深度（Sec）的长期均衡关系：

$$SEC_{t-1} = 1.112307 \text{Ln} INCOME_{t-1} - 64.67223 RATE_{t-1} - 5.802132 \quad (16)$$

通过该协整方程可以看到，证券资产深度的水平值和收入的水平值有长期正向关系，同利率的水平值有长期负向关系。

经单位根检验验证，该 ECM 项为平稳时间序列 I（0），因此，我们使用 P 变换从 I（1）空间差分后转入 I（0）空间建立一个 4 阶滞后的 ADL 模型，并直接以 ECM（t-1）作为该模型的长期均衡项。根据"从一般到特殊"的动态建模方法，采用"自由策略"来简化无约束初始模型，最后得到证券资产深度（Sec）的单方程误差修正模型如下：

$$\begin{aligned} SEC = &\ 0.039629 + 0.194754 \Delta SEC_{t-2} - 0.576722 \Delta \text{Ln} GDP - 14.23399 \\ &\ \Delta RATE + 9.969039 \Delta RATE_{t-2} - 13.01121 \Delta RATE_{t-4} - 0.147754 \\ &\ ECM3_{t-1} \end{aligned} \quad (17)$$

模型 3 的检验结果如下。模型 3 的检验结果很好地通过了各项检验，模型的计量分析结果在统计上可以接受。

$$\begin{aligned} &T = 46(2004Q1 - 2015Q2), R^2 = 0.801366, \bar{R}^2 = 0.766313 \\ &\sigma = 0.029486, DW = 1.671677, \text{LogL} = 18.83011 \end{aligned} \quad (18)$$

模型 3 样本内的拟合值与实际值比较见图 34。

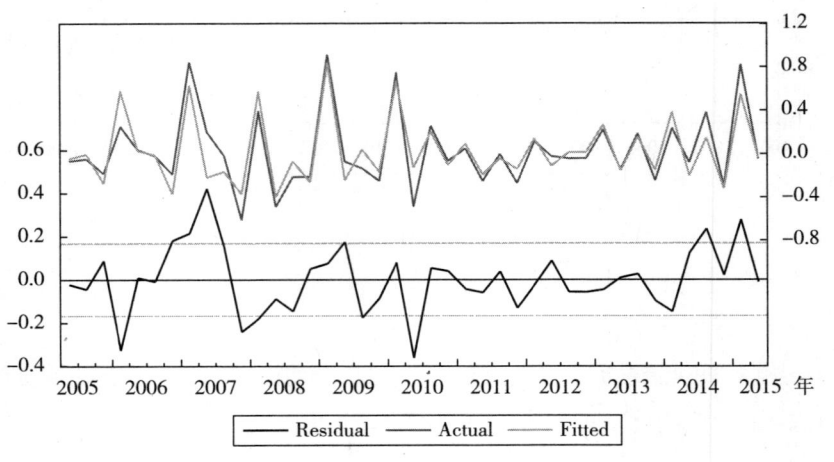

图 34　模型 3 的拟合效果图

（4）模型4建模结果

根据对均衡方程形式和协整关系个数的检验结果，估计出保险资产深度（Ins）的均衡修正项（ECM）为：

$$ECM = INS_{t-1} + 0.811871g(EMP_{t-1}) - 0.188897g(GOV_{t-1}) \\ - 0.063528 \text{Ln} INCOME_{t-1} + 0.587578 \tag{19}$$

该ECM项隐含了保险资产深度（Ins）的长期均衡关系：

$$INS_{t-1} = -0.811871g(EMP_{t-1}) + 0.188897g(GOV_{t-1}) \\ + 0.063528 \text{Ln} INCOME_{t-1} - 0.587578 \tag{20}$$

通过该协整方程可以看到，保险资产深度的水平值和收入水平、政府支出的水平值有长期正向关系，同就业的水平值有长期负向关系。

经单位根检验验证，该ECM项为平稳时间序列I（0），因此，我们使用P变换从I（1）空间差分后转入I（0）空间建立一个4阶滞后的ADL模型，并直接以ECM（t-1）作为该模型的长期均衡项。根据"从一般到特殊"的动态建模方法，采用"自由策略"来简化无约束初始模型，最后得到保险资产深度（Ins）的单方程误差修正模型如下：

$$\Delta INS = 0.003904 - 0.715164\Delta INS_{t-1} - 0.277860\Delta INS_{t-2} \\ + 0.358745\Delta INS_{t-4} + 0.034446\Delta g(EMP) - 0.035149\Delta g(EMP_{t-2}) \\ - 0.037866\Delta g(EMP_{t-3}) - 0.068640\Delta \text{Ln} INCOME_{t-3} \\ - 0.083361\Delta \text{Ln} INCOME_{t-4} - 0.009225\Delta g(GOV) + 0.050805 ECM_{t-1} \tag{21}$$

模型4的检验结果如下。模型4的检验结果很好地通过了各项检验，模型的计量分析结果在统计上可以接受。

$$T = 46(2004Q1 - 2015Q2), R^2 = 0.808420, \overline{R}^2 = 0.782531 \\ \sigma = 0.002942, DW = 2.294908, LogL = 32.21638 \tag{22}$$

模型4样本内的拟合值与实际值比较见图35。

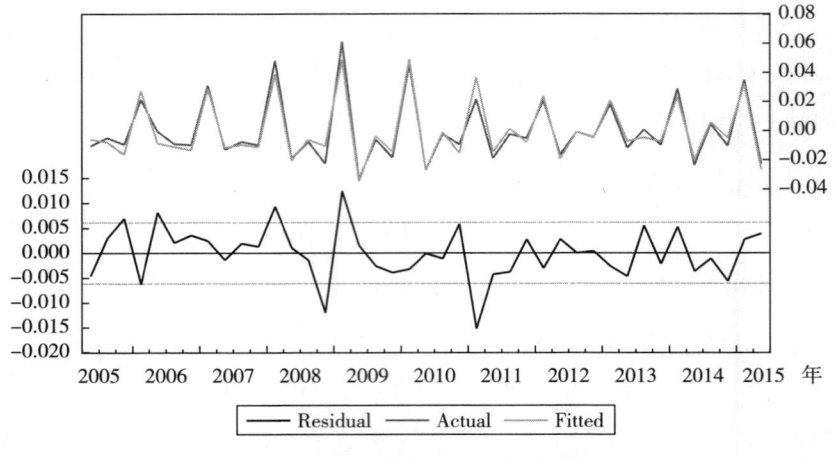

图 35 模型 4 的拟合效果图

（5）模型 5 建模结果

根据对均衡方程形式和协整关系个数的检验结果，估计出股票市场依存度（Str）的均衡修正项（ECM）为：

$$ECM = STR_{t-1} + 4.068085IND_{t-1} - 0.336869\text{Ln}GDP_{t-1} \\ - 7.137771g(GOV_{t-1}) + 4.684755 \tag{23}$$

该 ECM 项隐含了股票市场依存度（Str）的长期均衡关系：

$$STR_{t-1} = 4.068085IND_{t-1} + 0.336869\text{Ln}GDP_{t-1} \\ + 7.137771g(GOV_{t-1}) - 4.684755 \tag{24}$$

通过该协整方程可以看到，股票市场依存度的水平值和产业结构、经济增长、政府支出增速的水平值有长期正向关系。

经单位根检验验证，该 ECM 项为平稳时间序列 I(0)，因此，我们使用 P 变换从 I(1) 空间差分后转入 I(0) 空间建立一个 4 阶滞后的 ADL 模型，并直接以 ECM（t-1）作为该模型的长期均衡项。根据"从一般到特殊"的动态建模方法，采用"自由策略"来简化无约束初始模型，最后得到股票市场依存度（Str）的单方程误差修正模型如下：

$$\Delta STR = 0.002462 + 0.525623\Delta STR_{t-1} - 0.314594\Delta STR_{t-2} + 0.366387 \\ \Delta STR_{t-3} - 0.533516\Delta STR_{t-4} - 0.018769\Delta\text{Ln}GDP_{t-3} - 0.021361 \\ \Delta\text{Ln}GDP_{t-4} + 0.031731\Delta IND_{t-3} - 0.003131g(GOV_{t-2}) \\ - 0.001018ECM_{t-1} \tag{25}$$

模型 5 的检验结果如下。模型 5 的检验结果很好地通过了各项检验,模型的计量分析结果在统计上可以接受。

$$T = 46(2004Q1 - 2015Q2), R^2 = 0.481439, \overline{R}^2 = 0.330889 \\ \sigma = 0.002334, DW = 2.022786, LogL = 124.6240 \quad (26)$$

模型 5 样本内的拟合值与实际值比较见图 36。

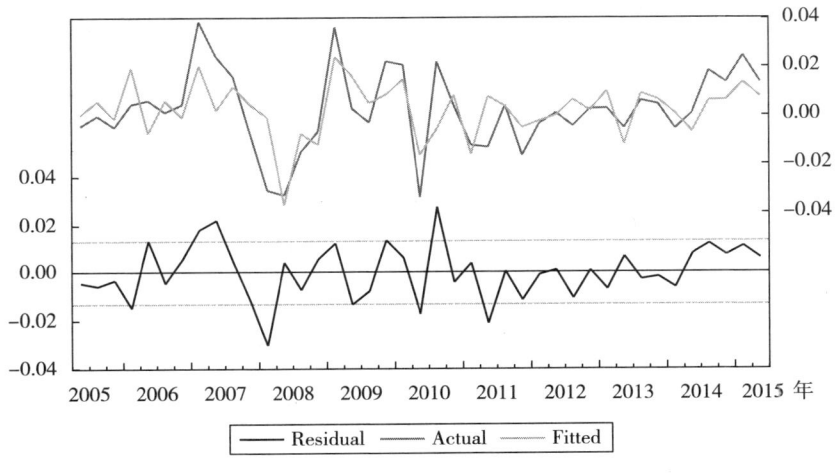

图 36 模型 5 的拟合效果图

(6)模型 6 建模结果

根据对均衡方程形式和协整关系个数的检验结果,估计出存贷比(LTD)的均衡修正项(ECM)为:

$$ECM = LTD_{t-1} + 0.882362g(GOV_{t-1}) - 0.611824LnGDP_{t-1} - 1.369577 \\ RATE_{t-1} + 0.023671T + 2.606925 \quad (27)$$

该 ECM 项隐含了存贷比(LTD)的长期均衡关系:

$$LTD_{t-1} = -0.882362g(GOV_{t-1}) + 0.611824LnGDP_{t-1} \\ + 1.369577RATE_{t-1} - 0.023671T + 2.606925 \quad (28)$$

通过该协整方程可以看到,存贷比的水平值和经济增长、利率的水平值有长期正向关系,同政府支出的增速、时间的水平值有长期负向关系。

经单位根检验验证,该 ECM 项为平稳时间序列 I(0),因此,我们使用 P 变换从 I（1）空间差分后转入 I（0）空间建立一个 4 阶滞后的 ADL 模型，并直接以 ECM（t-1）作为该模型的长期均衡项。根据"从一般到特殊"的动态建模方法，采用"自由策略"来简化无约束初始模型，最后得到存贷比（LTD）的单方程误差修正模型如下：

$$\Delta LTD = -0.000225 - 0.238287\Delta LTD_{t-4} + 0.391935\Delta RATE - 0.025284\Delta \mathrm{Ln}GDP \\ + 0.022147\Delta \mathrm{Ln}GDP_{t-2} + 0.006528 + \Delta g(GOV) + 0.022507 ECM_{t-1} \tag{29}$$

模型 6 的检验结果如下。模型 6 的检验结果很好地通过了各项检验，模型的计量分析结果在统计上可以接受。

$$T = 46(2004Q1 - 2015Q2), R^2 = 0.358174, \overline{R}^2 = 0.244911 \\ \sigma = 0.000333, DW = 1.938631, LogL = 126.5161 \tag{30}$$

模型 6 样本内的拟合值与实际值比较见图 37。

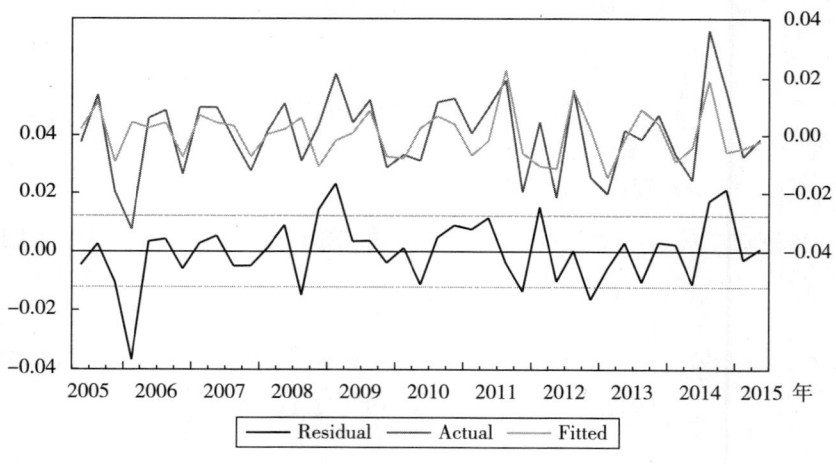

图 37　模型 6 的拟合效果图

2. 预测结果

与前文一致，在预测前，先对样本期内动态预测获得的拟合值与实际值进行比较。各个金融发展指标通过单方程 ECM 模型在样本期间内动态预测的拟合值和实际值的 MAPE 值如表 16 所示。

表 16　各指标单方程 ECM 模型样本内动态预测的 MAPE 值

预测指标	MAPE 值	预测指标	MAPE 值
Fin	91.7817	Ins	222.5164
Bank	199.3081	Str	231.2764
Sec	202.4330	LTD	151.7880

表 17　各指标的样本外预测值　　　　　　　　　单位：%

日期	地区金融相关比率	银行资产深度	证券资产深度	保险资产深度	股票市场依存度	存贷比
2015Q3	1.30	14.45	186.53	2.97	14.02	83.37
2015Q4	12.90	10.84	176.89	2.66	13.48	83.02
2016Q1	16.75	21.02	179.09	3.45	13.04	82.33
2016Q2	10.92	23.60	200.85	4.71	14.16	81.70
2016Q3	7.93	17.83	202.46	4.04	15.86	80.43
2016Q4	15.60	16.66	207.89	4.55	17.84	79.76
2017Q1	19.68	20.55	208.94	5.15	20.30	79.20
2017Q2	15.67	21.64	210.89	5.53	22.30	78.62
2017Q3	13.10	19.68	211.98	5.39	23.71	78.22
2017Q4	18.01	19.41	213.54	6.06	24.97	77.68
2018Q1	21.85	20.99	214.94	15.06	25.91	77.13
2018Q2	19.34	21.54	216.58	15.78	26.76	76.61
2018Q3	17.01	20.98	218.33	16.13	27.93	76.04
2018Q4	20.31	21.04	220.13	16.97	29.26	75.54
2019Q1	23.42	21.77	222.10	17.44	30.58	75.05
2019Q2	21.95	22.13	224.07	18.23	32.20	74.55
2019Q3	20.17	22.08	226.08	18.76	33.76	74.05
2019Q4	22.31	22.25	228.10	19.62	35.19	73.55
2020Q1	24.87	22.67	230.12	20.23	36.58	73.05
2020Q2	24.02	22.96	232.13	21.04	37.87	72.55
2020Q3	22.61	23.09	234.15	21.86	39.10	72.05
2020Q4	23.99	23.31	236.17	22.67	40.39	71.55

（七）组合预测分析

预测都带有误差。动态预测中，由于滞后的因变量和 ARMA 项依赖于滞后信息，因此信息的不确定性实际上在逐期累加，而 Eviews 软件中默认令它们等于期望值 0，对预测区间的扩大，预测误差也会不断增加。

不同的预测方法能够提供不同的有用信息，如果简单地将预测误差较大的一些方法舍去，将会失去一些有用的信息。

文献中有一些共识：基于不同原理的预测方法之间的优劣比较几乎是不可能的，即使有一些如 MAPE 指标的评估准则用于比较，但最好的预测方法应该是一个"组合"的预测。"组合预测"由一系列预测的加权平均形成，每一个预测产生于不同的技术。组合预测能够较大限度地利用各种预测样本信息，比单个预测模型考虑问题更系统全面，能够有效减少单个预测模型中一些随机因素的影响，从而提高预测精度。组合预测的精度通常优于其中任何一个单预测的精度，模型个数的增加可以提高组合预测的精度（毛开翼，2007）。实际应用中需要解决的问题是权重的设定，其中一种常用的方法是用真实值对所有的预测值进行回归，用系数作为权重。然而，在样本变化性的多数应用中，有相当多的证据表明，使用相等的权重的好处是很多的，因此本文采用相等的权重对单变量时间序列模型预测值和基于 VECM 模型以及单方程 ECM 模型的预测值做组合预测。

1. 组合预测结果

采用组合预测获得的各个金融发展指标的季度预测值见表 18 至表 23。将季度数据取平均值，得到年度预测值见表 24 至表 29，其中 2015 年第一季度和第二季度使用真实值。

表 18　　　　金融业增加值比重组合预测结果　　　　单位：%

日期	单变量时间序列模型预测值	基于 VECM 模型的预测值	基于单方程 ECM 模型的预测值	组合预测值
2015.09	2.58	1.78	1.30	1.89
2015.12	6.61	9.16	12.90	9.56
2016.03	14.55	14.39	16.75	15.23

续表

日期	单变量时间序列模型预测值	基于VECM模型的预测值	基于单方程ECM模型的预测值	组合预测值
2016.06	5.70	5.69	10.92	7.44
2016.09	2.64	1.82	7.93	4.13
2016.12	6.99	9.35	15.60	10.65
2017.03	14.84	14.29	19.68	16.27
2017.06	5.81	6.05	15.67	9.18
2017.09	2.69	2.02	13.10	5.94
2017.12	9.16	9.56	18.01	12.24
2018.03	15.13	14.30	21.85	17.09
2018.06	5.92	6.25	19.34	10.50
2018.09	2.74	2.27	17.01	7.34
2018.12	9.34	9.78	20.31	13.14
2019.03	15.42	14.34	23.42	17.73
2019.06	6.04	6.39	21.95	11.46
2019.09	2.79	2.54	20.17	8.50
2019.12	9.52	10.02	22.31	13.95
2020.03	15.70	14.37	24.87	18.31
2020.06	6.15	6.50	24.02	12.22
2020.09	8.65	2.84	22.61	11.37
2020.12	9.75	10.28	23.99	14.67

表19　　　　　　　　　银行资产深度组合预测结果　　　　　　　单位：%

日期	单变量时间序列模型预测值	基于VECM模型的预测值	基于单方程ECM模型的预测值	组合预测值
2015.09	9.31	1.83	14.45	8.53
2015.12	7.68	0.35	10.84	6.29
2016.03	39.12	27.91	21.02	29.35
2016.06	28.51	20.77	23.60	24.29
2016.09	9.31	0.57	17.83	9.24

续表

日期	单变量时间序列模型预测值	基于 VECM 模型的预测值	基于单方程 ECM 模型的预测值	组合预测值
2016.12	7.68	−0.34	16.66	8.00
2017.03	39.12	26.51	20.55	28.73
2017.06	28.51	19.25	21.64	23.13
2017.09	9.31	−0.69	19.68	9.44
2017.12	7.68	−1.04	19.41	8.68
2018.03	39.12	25.11	20.99	28.41
2018.06	28.51	17.72	21.54	22.59
2018.09	9.31	−1.92	20.98	9.46
2018.12	7.68	−1.75	21.04	8.99
2019.03	39.12	23.71	21.77	28.20
2019.06	28.51	16.20	22.13	22.28
2019.09	9.31	−3.15	22.08	9.41
2019.12	7.68	−2.47	22.25	9.15
2020.03	39.12	22.31	22.67	28.03
2020.06	28.51	14.67	22.96	22.05
2020.09	9.31	−4.36	23.09	9.35
2020.12	7.68	−3.21	23.31	9.26

表 20　　证券资产深度组合预测结　　单位：%

日期	单变量时间序列模型预测值	基于 VECM 模型的预测值	基于单方程 ECM 模型的预测值	组合预测值
2015.09	167.68	193.01	186.53	182.41
2015.12	143.23	166.15	176.89	162.09
2016.03	190.66	192.67	179.09	187.47
2016.06	175.47	188.49	200.85	188.27
2016.09	172.81	202.58	202.46	192.62

日期	单变量时间序列模型预测值	基于 VECM 模型的预测值	基于单方程 ECM 模型的预测值	组合预测值
2016.12	148.35	171.24	207.89	175.83
2017.03	195.78	201.81	208.94	202.18
2017.06	180.59	194.81	210.89	195.43
2017.09	177.93	210.89	211.98	200.27
2017.12	153.47	178.61	213.54	181.87
2018.03	200.90	207.99	214.94	207.94
2018.06	185.72	200.01	216.58	200.77
2018.09	183.05	216.61	218.33	206.00
2018.12	158.60	184.70	220.13	187.81
2019.03	206.02	212.25	222.10	213.46
2019.06	190.84	203.95	224.07	206.29
2019.09	188.17	220.65	226.08	211.63
2019.12	163.72	189.52	228.10	193.78
2020.03	211.15	215.22	230.12	218.83
2020.06	195.96	206.81	232.13	211.63
2020.09	193.29	223.50	234.15	216.98
2020.12	168.84	193.34	236.17	199.45

表 21　　　　　　　　保险资产深度组合预测结果　　　　　　　单位：%

日期	单变量时间序列模型预测值	基于 VECM 模型的预测值	基于单方程 ECM 模型的预测值	组合预测值
2015.09	3.09	4.29	2.97	3.45
2015.12	2.06	2.56	2.66	2.43
2016.03	5.45	5.23	3.45	4.71
2016.06	3.09	3.38	4.71	3.73
2016.09	3.09	4.01	4.04	3.71
2016.12	2.06	2.80	4.55	3.14
2017.03	5.45	5.27	5.15	5.29
2017.06	3.09	3.44	5.53	4.02

续表

日期	单变量时间序列模型预测值	基于 VECM 模型的预测值	基于单方程 ECM 模型的预测值	组合预测值
2017.09	3.09	4.01	5.39	4.16
2017.12	2.06	2.96	6.06	3.69
2018.03	5.45	5.25	15.06	8.59
2018.06	3.09	3.51	15.78	7.46
2018.09	3.09	4.06	16.13	7.76
2018.12	2.06	3.10	16.97	7.38
2019.03	5.45	5.20	17.44	9.36
2019.06	3.09	3.60	18.23	8.31
2019.09	3.09	4.12	18.76	8.66
2019.12	2.06	3.23	19.62	8.30
2020.03	5.45	5.16	20.23	10.28
2020.06	3.09	3.68	21.04	9.27
2020.09	3.09	4.18	21.86	9.71
2020.12	2.06	3.35	22.67	9.36

表 22　　　　　　　　股票市场依存度组合预测结果　　　　　　　单位：%

日期	单变量时间序列模型预测值	基于 VECM 模型的预测值	基于单方程 ECM 模型的预测值	组合预测值
2015.09	13.67	13.67	14.02	13.79
2015.12	12.89	12.89	13.48	13.09
2016.03	13.71	13.71	13.04	13.49
2016.06	14.19	14.19	14.16	14.18
2016.09	14.58	14.58	15.86	15.01
2016.12	14.25	14.25	17.84	15.45
2017.03	14.89	14.89	20.30	16.69
2017.06	14.89	14.89	22.30	17.36
2017.09	15.39	15.39	23.71	18.16
2017.12	15.31	15.31	24.97	18.53
2018.03	16.04	16.04	25.91	19.33

续表

日期	单变量时间序列模型预测值	基于 VECM 模型的预测值	基于单方程 ECM 模型的预测值	组合预测值
2018.06	15.80	15.80	26.76	19.45
2018.09	16.28	16.28	27.93	20.16
2018.12	16.26	16.26	29.26	20.59
2019.03	17.09	17.09	30.58	21.59
2019.06	16.76	16.76	32.20	21.91
2019.09	17.24	17.24	33.76	22.75
2019.12	17.19	17.19	35.19	23.19
2020.03	18.09	18.09	36.58	24.25
2020.06	17.72	17.72	37.87	24.44
2020.09	18.23	18.23	39.10	25.19
2020.12	18.12	18.12	40.39	25.54

表 23　　　　　　　　存贷比组合预测结果　　　　　　　　单位：%

日期	单变量时间序列模型预测值	基于 VECM 模型的预测值	基于单方程 ECM 模型的预测值	组合预测值
2015.09	81.20	84.26	83.37	82.94
2015.12	81.22	83.02	83.02	82.42
2016.03	81.25	81.88	82.33	81.82
2016.06	81.27	82.16	81.70	81.71
2016.09	81.29	83.47	80.43	81.73
2016.12	81.30	82.55	79.76	81.20
2017.03	81.32	82.15	79.20	80.89
2017.06	81.33	82.43	78.62	80.79
2017.09	81.34	83.59	78.22	81.05
2017.12	81.35	82.94	77.68	80.66
2018.03	81.36	82.54	77.13	80.34
2018.06	81.37	82.74	76.61	80.24
2018.09	81.37	83.83	76.04	80.41
2018.12	81.38	83.23	75.54	80.05

续表

日期	单变量时间序列模型预测值	基于 VECM 模型的预测值	基于单方程 ECM 模型的预测值	组合预测值
2019.03	81.38	82.86	75.05	79.76
2019.06	81.39	83.05	74.55	79.66
2019.09	81.39	84.08	74.05	79.84
2019.12	81.40	83.51	73.55	79.49
2020.03	81.40	83.19	73.05	79.21
2020.06	81.40	83.37	72.55	79.11
2020.09	81.41	84.34	72.05	79.27
2020.12	81.41	83.80	71.55	78.92

表 24　　金融业增加值比重预测结果（年度）　　单位：%

日期	单变量时间序列模型预测值	基于 VECM 模型的预测值	基于单方程 ECM 模型的预测值	组合预测值
2015	7.23	7.67	8.48	7.79
2016	7.47	7.81	12.80	9.36
2017	8.13	7.98	16.61	10.91
2018	8.28	8.15	19.63	12.02
2019	8.44	8.32	21.96	12.91
2020	10.06	8.50	23.87	14.14

表 25　　银行资产深度预测结果（年度）　　单位：%

日期	单变量时间序列模型预测值	基于 VECM 模型的预测值	基于单方程 ECM 模型的预测值	组合预测值
2015	22.52	18.82	24.60	21.98
2016	21.16	12.23	19.78	17.72
2017	21.16	11.01	20.32	17.49
2018	21.16	9.79	21.14	17.36
2019	21.16	8.57	22.06	17.26
2020	21.16	7.35	23.01	17.17

表 26　　　　　　　证券资产深度预测结果（年度）　　　　单位：%

日期	单变量时间序列模型预测值	基于 VECM 模型的预测值	基于单方程 ECM 模型的预测值	组合预测值
2015	164.07	176.13	177.19	172.46
2016	171.82	188.75	197.57	186.05
2017	176.94	196.53	211.34	194.94
2018	182.07	202.33	217.50	200.63
2019	187.19	206.59	225.09	206.29
2020	192.31	209.72	233.14	211.72

表 27　　　　　　保险资产深度组合预测结果（年度）　　　单位：%

日期	单变量时间序列模型预测值	基于 VECM 模型的预测值	基于单方程 ECM 模型的预测值	组合预测值
2015	3.40	3.83	3.52	3.58
2016	3.42	3.86	4.19	3.82
2017	3.42	3.92	5.53	4.29
2018	3.42	3.98	15.99	7.80
2019	3.42	4.04	18.51	8.66
2020	3.42	4.09	21.45	9.66

表 28　　　　　　股票市场依存度组合预测结果（年度）　　单位：%

日期	单变量时间序列模型预测值	基于 VECM 模型的预测值	基于单方程 ECM 模型的预测值	组合预测值
2015	12.97	12.97	13.21	13.05
2016	14.18	14.18	15.23	14.53
2017	15.00	15.00	22.82	17.69
2018	16.10	16.10	27.47	19.89
2019	17.07	17.07	32.93	22.36
2020	18.04	18.04	38.49	24.86

表 29　　　　　　　存贷比组合预测结果（年度）　　　　　　单位：%

日期	单变量时间序列模型预测值	基于 VECM 模型的预测值	基于单方程 ECM 模型的预测值	组合预测值
2015	81.21	82.42	82.20	81.94
2016	81.28	82.52	81.06	81.62
2017	81.34	82.78	78.43	80.85
2018	81.37	83.09	76.33	80.26
2019	81.39	83.38	74.30	79.69
2020	81.41	83.68	72.30	79.13

2. 对重庆市金融发展指标趋势的解读

基于前文的工作，我们已经可以对我市金融发展的未来趋势有一个大体的了解，为了做到这点，我们将 2004—2014 年的真实值和 2015—2020 年的预测值结合在一张表格内（见表 30）。

表 30　　　　　金融发展指标变动趋势（2004—2020）　　　　　单位：%

日期	地区金融相关比率	银行资产深度	证券资产深度	保险资产深度	股票市场依存度	存贷比
2004	5.80	21.70	72.07	2.39	6.79	82.18
2005	5.77	21.15	37.73	2.30	3.65	79.82
2006	5.99	20.91	43.24	2.65	4.25	76.28
2007	5.87	27.20	113.19	3.03	11.00	77.16
2008	4.64	27.74	58.97	4.08	5.41	77.07
2009	5.39	58.58	93.71	4.45	7.58	80.00
2010	6.41	33.10	116.00	4.19	9.88	79.48
2011	7.14	26.07	91.48	3.24	8.02	82.07
2012	8.16	29.18	71.97	2.97	6.18	81.10
2013	8.42	28.96	81.20	2.92	6.43	78.50
2014	8.54	18.26	98.03	3.02	7.71	79.40
2015	7.79	21.98	172.46	3.58	13.05	81.94
2016	9.36	17.72	186.05	3.82	14.53	81.62
2017	10.91	17.49	194.94	4.29	17.69	80.85
2018	12.02	17.36	200.63	7.80	19.89	80.26
2019	12.91	17.26	206.29	8.66	22.36	79.69
2020	14.14	17.17	211.72	9.66	24.86	79.13

地区金融相关比率这一指标的变动趋势表明，金融业增加值占比在今年可能会有一定程度的减少，从历史走势来看，有小幅波动是正常的。预计在未来五年能够保持平稳较快的上升趋势，并且有望在 2017 年突破 10% 这一大关，到"十三五"规划的期末，预计能够达到 14% 的水平。依照前文分析，长期中，经济增长能够促进地区金融相关比率的上升，而政府支出则对其有抑制作用。另外，通过脉冲响应和方差分解分析，我们得知在短期中，政府支出可以促进金融业增加值占比的增长，并且效果较为持久。而经济增长在短期对金融业增加值的作用并不明显。综合起来看，增加政府公共服务的消费对我市金融业的发展在短期内起着积极的作用，但是长远来看，还是要依靠经济增长才能保证金融业快速健康地发展。

银行资产深度这一指标的变动趋势表明，预计未来五年，存款占 GDP 比重将难以避免下降的趋势。再结合存贷比指标的下降趋势，可见我市银行业受近年来经济下行和互联网金融等新兴行业的冲击较大，对居民和企业存款的吸引力降低，未来盈利前景不乐观。因此，为应对来自多方面的挑战，我市银行业应积极改变自身粗犷的盈利模式，不断创新和进步，增强竞争力。

从证券资产深度和股票市场依存度这两个指标明显的上涨趋势可见，未来五年我市的证券市场特别是股票市场将迎来快速发展期，这与今年提出的供给侧改革相呼应，我市应大力发展直接融资市场，改善金融机构和金融市场帮助企业融资的服务质量和效率。

保险资产深度这一指标的变动趋势表明，未来几年的保险收入占 GDP 比重将呈上升趋势。西方发达国家的保险市场一直是金融市场中重要的组成部分，我市也应该积极引导保险业的发展，在前文分析中，我们发现保险资产深度和居民收入水平、政府支出增速的水平值有长期正向关系。但在短期中，我市政府支出对其的影响是负向的。长期来看，积极的地方财政政策能够促进保险业的发展，短期应注意提高政府公共服务的水平不对保险业的发展产生阻碍。

附录

附表1　重庆市金融业增加值及增速（2006—2014）

单位：亿元、%

年份	重庆金融业增加值	重庆金融业增加值同比增长率
2006	213.70	15.4
2007	247.46	15.8
2008	303.01	22.45
2009	389.97	28.7
2010	496.56	27.33
2011	704.66	41.91
2012	915.65	29.9
2013	1080.14	17.96
2014	1225.27	13.44

附表2　全国主要省份金融业增加值（2006—2014）

单位：亿元

年份\省份	北京	上海	广东	天津	四川
2006	974.06	825.2	932.39	186.87	299.49
2007	1286.28	1209.08	1798.22	288.17	359.11
2008	1493.58	1442.6	2117.35	360.55	459.29
2009	1603.63	1804.28	2283.29	461.2	524.63
2010	1863.61	1950.96	2658.76	572.99	654.7
2011	2215.41	2277.4	2916.13	756.5	868.15
2012	2536.91	2450.36	3171.96	1001.59	1303.56
2013	2822.07	2823.29	3817.42	1202.04	1581.47
2014	3357.71	3400.41	4447.43	1422.28	1828.09

附表3 重庆市金融业增加值占地区生产总值（GDP）的比重（2006—2014）

单位：%

年份	金融业增加值占 GDP 的比重
2006	5.47
2007	5.29
2008	5.23
2009	5.97
2010	6.27
2011	7.04
2012	8.03
2013	8.45
2014	8.59

附表4 全国主要省份金融业增加值占 GDP 比重（2006—2014）

单位：%

省份 年份	北京	上海	广东	天津	四川	重庆
2006	12.00	7.81	3.51	4.19	3.45	5.47
2007	13.06	9.68	5.66	5.49	3.40	5.29
2008	13.44	10.25	5.75	5.37	3.64	5.23
2009	13.20	11.99	5.78	6.13	3.71	5.97
2010	13.20	11.37	5.78	6.21	3.81	6.27
2011	13.63	11.86	5.48	6.69	4.13	7.04
2012	14.19	12.14	5.56	7.77	5.46	8.03
2013	14.25	12.94	6.11	8.32	5.99	8.45
2014	15.74	14.43	6.56	9.04	6.41	8.59

附表5 重庆市社会融资规模 单位：亿元

年份	重庆市社会融资规模
2014 年第一季度	1805
2014 年第二季度	1555
2014 年第三季度	1178
2014 年第四季度	935
2015 年第一季度	896
2015 年第二季度	1363

附表6　　　　　　全国主要省份社会融资规模　　　　　单位：亿元

年份＼省份	北京	上海	广东	天津	四川	重庆
2014年第一季度	3508	2382	4789	1633	2321	1805
2014年第二季度	3801	2100	3612	1368	2269	1555
2014年第三季度	2690	874	2344	763	1068	1178
2014年第四季度	2878	2405	2428	1055	1434	935
2015年第一季度	2688	2555	2870	1337	1460	896
2015年第二季度	3405	2133	3956	1391	1649	1363

附表7　　　　　　重庆市存款规模（2006—2014）　　　　　单位：亿元

年份	存款余额：重庆
2006	5535.70
2007	6617.40
2008	8102.00
2009	11084.80
2010	13614.00
2011	16128.90
2012	19423.90
2013	22789.20
2014	25160.11

附表8　　　　　　全国主要省份存款规模（2006—2014）　　　　　单位：亿元

年份＼省份	全国	北京	上海	广东	天津	四川	重庆
2006	335434.10	33850.30	26454.90	43262.20	6839.20	11943.60	5535.70
2007	389371.15	37733.50	30315.50	48955.00	8242.10	14089.00	6617.40
2008	466203.32	43867.50	35589.00	56119.30	9954.20	18787.70	8102.00
2009	597741.10	56960.10	44620.27	69691.50	13887.10	25127.80	11084.80
2010	718237.93	66584.60	52190.00	82019.40	16499.30	30504.10	13614.00
2011	809368.33	75001.90	58186.48	91590.20	17586.90	34971.20	16128.90
2012	917554.77	84837.30	63555.30	105099.60	20293.80	41576.80	19423.90
2013	1043846.86	91660.50	69256.30	119685.20	23316.60	48122.05	22789.20
2014	1138644.64	100095.54	73882.45	127881.47	24777.75	53935.75	25160.11

附表9　　　全国主要省份贷款规模（2006—2014）　　　单位：亿元

省份 年份	全国	北京	上海	广东	天津	四川	重庆
2006	225285.28	18194.50	18603.90	25935.20	5415.70	8003.10	4199.20
2007	261690.88	19891.60	21710.00	30617.30	6543.80	9416.20	5056.60
2008	303394.64	22958.50	24166.00	33835.80	7689.10	11395.40	6252.50
2009	399684.82	31052.90	29684.10	44510.20	11152.20	15979.40	8856.60
2010	479195.55	36479.60	34154.20	51799.30	13774.10	19485.70	10999.90
2011	547946.69	39660.50	37196.79	58615.30	15924.70	22514.20	13195.20
2012	629909.64	43189.50	40982.50	67077.10	18396.80	26163.30	15594.20
2013	718961.46	47880.90	44358.10	75664.20	20857.80	30298.85	18005.70
2014	816770.01	53650.56	47915.81	84921.79	23223.42	34750.72	20630.69

附表10　　　重庆市的存贷比（2006—2014）　　　单位：%

年份	存贷比
2006	75.86
2007	76.41
2008	77.17
2009	79.90
2010	80.80
2011	81.81
2012	80.28
2013	79.01
2014	82.00

附表11　　　全国主要省份存贷比（2006—2014）　　　单位：%

省份 年份	全国	北京	上海	广东	天津	四川	重庆
2006	67.16	53.75	70.32	59.95	79.19	67.01	75.86
2007	67.21	52.72	71.61	62.54	79.39	66.83	76.41
2008	65.08	52.34	67.90	60.29	77.24	60.65	77.17
2009	66.87	54.52	66.53	63.87	80.31	63.59	79.90
2010	66.72	54.79	65.44	63.15	83.48	63.88	80.80
2011	67.70	52.88	63.93	64.00	90.55	64.38	81.81
2012	68.65	50.91	64.48	63.82	90.65	62.93	80.28
2013	68.88	52.24	64.05	63.22	89.45	62.96	79.01
2014	71.73	53.60	64.85	66.41	93.73	64.43	82.00

附表 12　重庆市城乡居民储蓄存款、企业存款与其他存款（2006—2014）

单位：亿元

年份	本外币：各项存款余额	其他存款	城乡居民储蓄存款	企业存款
2006	5535.70	971.40	2980.20	1584.10
2007	6617.40	1313.10	3255.50	2048.80
2008	8102.00	1659.80	4016.80	2425.40
2009	11084.80	2260.70	4937.50	3886.60
2010	13614.00	2956.70	5863.10	4794.20
2011	16128.90	594.40	7011.70	8522.80
2012	19423.90	732.10	8385.00	10306.80
2013	22789.20	893.70	9648.40	12247.10
2014	25160.11	949.05	10803.06	13408.00

附表 13　重庆市中长期贷款、短期贷款、票据融资与其他融资（2006—2014）

单位：亿元

年份	票据融资	中长期贷款	短期贷款	其他融资
2006	325.50	2319.70	1517.30	36.70
2007	247.70	3165.70	1604.40	38.80
2008	540.60	4057.40	1625.30	29.20
2009	701.10	6599.90	1508.50	47.10
2010	423.30	8738.50	1693.50	144.60
2011	346.30	10017.40	2669.80	161.70
2012	348.90	10976.90	4028.60	239.80
2013	326.10	12183.90	5153.10	342.60
2014	532.00	13723.10	5905.90	469.70

附表 14　　　　重庆市不良贷款率（2006—2014）　　　　单位：%

年份	不良贷款率
2006	6.00
2007	4.65
2008	1.57
2009	0.90
2010	0.91
2011	0.63
2012	0.46
2013	0.35
2014	0.46

附表 15　　　　全国主要省份不良贷款率（2006—2014）　　　　单位：%

年份	全国	北京	上海	广东	天津	四川	重庆
2006	6.51	3.60	2.56	8.43	5.32	9.84	6.00
2007	6.50	3.04	2.68	6.38	5.26	9.52	4.65
2008	3.50	1.62	1.59	2.42	2.25	7.27	1.57
2009	3.54	1.03	1.23	1.68	1.43	3.13	0.90
2010	1.91	0.85	0.79	1.36	1.16	1.82	0.91
2011	1.45	0.77	0.61	1.16	0.87	1.30	0.63
2012	1.37	0.59	0.74	0.93	0.70	1.02	0.46
2013	1.28	0.54	0.91	0.86	0.79	0.79	0.35
2014	1.49	0.72	1.02	1.15	1.11	1.26	0.46

附表 16　　　　重庆市上市公司数量（2006—2014）　　　　单位：家

年份	重庆市上市公司数量
2006	29
2007	30
2008	31
2009	31
2010	34
2011	36
2012	37
2013	37
2014	40

附表17　　全国主要省份上市公司数量（2006—2014）　　单位：家

年份\省份	北京	上海	广东	天津	四川	重庆
2006	92	148	164	25	67	29
2007	103	148	188	29	68	30
2008	109	156	202	28	67	31
2009	126	165	225	30	71	31
2010	164	177	294	36	83	34
2011	194	196	339	37	88	36
2012	217	203	369	38	90	37
2013	217	204	366	38	90	37
2014	235	204	390	42	92	40

附表18　　重庆市直接融资结构　　单位：%

年份	债券融资比例	股票融资比例
2013	82.89	17.11
2014	91.89	8.11

附表19　　重庆市保费收入（2006—2014）　　单位：亿元

年份	重庆市保费收入
2006	93.24
2007	124.68
2008	200.55
2009	244.70
2010	321.08
2011	311.81
2012	331.03
2013	359.23
2014	407.26

附表20　　　全国主要省份保费收入（2006—2014）　　　单位：亿元

年份\省份	北京	上海	广东	天津	四川	重庆
2006	411.53	407.04	473.19	105.18	240.17	93.24
2007	498.05	482.64	625.60	150.91	335.80	124.68
2008	585.95	600.06	884.16	175.62	494.27	200.55
2009	697.60	665.03	959.57	151.29	579.03	244.70
2010	966.46	883.86	1231.76	214.01	765.77	321.08
2011	820.91	753.11	1219.06	211.74	778.70	311.81
2012	923.09	820.64	1290.86	238.16	819.53	331.03
2013	994.44	821.43	1434.15	276.80	914.68	359.23
2014	1207.24	986.75	1792.97	317.75	1,060.63	407.26

附表21　　　重庆市保险密度（2006—2014）　　　单位：元/人

年份	保险密度
2006	332.06
2007	442.77
2008	706.42
2009	855.91
2010	1113.06
2011	1068.22
2012	1124.03
2013	1209.54
2014	1361.61

附表22　　　全国主要省份保险密度（2006—2014）　　　单位：元/人

年份\省份	全国	北京	上海	广东	天津	四川	重庆
2006	429.18	2602.99	2242.65	508.58	978.46	294.01	332.06
2007	532.49	3049.91	2597.64	662.09	1353.45	413.19	442.77
2008	736.74	3456.91	3177.49	926.40	1493.38	607.36	706.42
2009	834.57	3974.90	3461.87	995.61	1231.82	707.43	855.91
2010	1083.44	4926.12	3838.43	1179.74	1647.11	951.87	1113.06
2011	1064.26	4066.74	3208.17	1160.47	1562.68	967.33	1068.22
2012	1143.83	4460.87	3447.43	1218.48	1685.29	1014.74	1124.03
2013	1265.67	4702.31	3401.15	1347.38	1880.18	1128.26	1209.54
2014	1479.35	5609.87	4067.38	1671.92	2094.60	1302.99	1361.61

附表 23　　　　重庆市保险深度（2006—2014）　　　　　单位：%

年份	保险深度
2006	2.39
2007	2.67
2008	3.46
2009	3.75
2010	4.05
2011	3.11
2012	2.90
2013	2.81
2014	2.86

附表 24　　　　全国主要省份保险深度（2006—2014）　　　　单位：%

年份＼省份	全国	北京	上海	广东	天津	四川	重庆
2006	2.59	5.07	3.85	1.78	2.36	2.76	2.39
2007	2.63	5.06	3.86	1.97	2.87	3.18	2.67
2008	3.09	5.27	4.26	2.40	2.61	3.92	3.46
2009	3.22	5.74	4.42	2.43	2.01	4.09	3.75
2010	3.55	6.85	5.15	2.68	2.32	4.46	4.05
2011	2.96	5.05	3.92	2.29	1.87	3.70	3.11
2012	2.90	5.16	4.07	2.26	1.85	3.43	2.90
2013	2.93	5.02	3.76	2.30	1.92	3.47	2.81
2014	3.18	5.66	4.19	2.64	2.02	3.72	2.86

关于加快建设国内重要功能性金融中心的研究报告

"十三五"期间,重庆建设国内重要功能性金融中心,是立足重庆经济金融的发展阶段和发展基础,对重庆金融业发展的精准定位和科学谋划,明确和细化了重庆金融业的发展方向和路径,具有很强的科学性、针对性和可操作性。

一、建设国内重要功能性金融中心是对重庆金融发展的科学定位

重庆建设国内重要功能性金融中心,是在深入研究金融中心的发展理论和实现路径基础上,结合国家重大战略发展要求,对重庆金融发展的科学定位。

(一)建设国内重要功能性金融中心是重庆金融中心建设的必然要求

一是国内重要功能性金融中心符合金融服务实体经济的本质要求。通常来说,金融中心是金融服务高度集中、金融要素资源高度汇集的区域,大量资金及相关金融产品在此区域交易。金融中心可以是国际化都市,也可以是区域性中心城市,常常包含两层含义:一是"金融机构的中心",即金融中心集聚了大量金融机构和金融中介,形成金融机构体系;二是"金融活动的中心",即金融中心集中了大量金融业务和金融产品交易,形成场内或场外交易市场,集聚中心以外的金融要素从事金融活动,更加凸显服务实体经济的能力。通常,前一个层面含义是金融中心的外在表现形式和初期形成阶段;成熟的金融中心更强调后一层面的功能,即更加突出金融体系基本功能的完善,以及金融业务、产品交易等服务实体经济的活跃

程度。国内重要功能性金融中心更符合成熟金融中心的内在要求。

二是国内重要功能性金融中心契合"金融功能观"的发展趋势。初期的金融中心,金融服务实体经济主要依赖金融机构的个体力量,金融市场体系不完善,市场功能较单一。随着金融机构类型不断丰富,综合业务能力不断提高,金融市场的整体性越来越强,仅仅依赖金融机构构建金融中心已不能满足实体经济发展需要。较早研究功能性金融中心的是美国金融学院的Kinder Berger(1974),他从功能的角度将金融中心界定为聚集着银行、证券发行者和交易商,并承担着资金交易中介和跨区域价值贮藏功能的中心区。此后,莫顿(1993)又提出了"金融的功能观"(the Functional Perspective)来替代"金融的机构观"。"金融功能观"有两个理论观点:一是金融功能比金融机构更稳定;二是金融机构的功能比金融机构的组织结构更重要。因此,金融功能是一个比金融机构更基本的因素,只有金融机构不断创新和竞争才能最终导致金融体系具有更强的功能和更高的效率。国内重要功能性金融中心正是基于"金融功能观"而提出的金融中心建设理念。

三是国内重要功能性金融中心更耦合金融中心的组织形式。金融中心的一个共同特征是金融资源的聚集和辐射,这是金融中心形成的重要标志,其中又包括空间、市场和功能三种组织形式。空间组织形式体现在金融机构主体、货币资金、金融产品或工具、金融人才等金融要素资源高度集中于某一城市或极核地区。金融服务是非实物产品,仅在空间上将金融机构组织集中起来不是形成金融中心的必要条件。金融中心最终还要通过市场和功能两种组织形式,通过金融市场体系、打造专业平台实现金融功能聚集。区域性金融中心突出了金融中心的空间组织形式,而功能性金融中心则突出了市场和功能两种组织形式。区域性金融中心是功能性金融中心的空间承载和前期形态。当区域性金融中心发展到一定程度,由于经济上的关联和投融资需要,区域内部的金融功能逐步优化整合,对区域外部又开始产生更强的吸引和辐射作用,逐步发展成为更高层次的金融中心——功能性金融中心。相对于传统的区域性金融中心更多关注资源的空间集聚,功能性金融中心更加强调资源的转移功能,认为资源集聚的前提是金融体系首先可以在不同的时间、地区和产业之间转移经济资源，对金融核心功能的要求更加具体，更加全面。

（二）建设国内重要功能性金融中心更强调市场与政府的协同构建

根据国际经验，金融中心的形成既是金融市场内生机制的自我累积，也是政治力量外部介入的结果，主要包括市场自发形成、政府主导构建和市场与政府协同构建三条路径。

一是市场自发形成。纽约、伦敦等传统金融中心，是金融市场顺应经济发展需要自发形成的结果，是市场对经济金融需求的内在反应。金融市场在其形成过程中，对要素资源配置发挥了决定性作用。一是推动金融要素集聚。通过市场化改革，促进金融机构在集聚的基础上实现竞争与合作，共享区域内资源，降低信息的收集和处理成本；通过金融市场体系的完善，集聚资金等要素资源，降低直接和间接融资成本，促进更多金融资源向中心流动。二是推动金融改革创新。通过完善市场机制，不断提升金融中心的持续创新能力，提升金融市场运行效能，在市场中孕育金融业持续发展的核心动力。三是扩大开放，促进资源在更大范围内流动。通过利用国内国际两个市场，强化金融市场的开放程度、深度以及金融资源流动的自由度，推动全球化开放与资源自由流动，推动金融中心辐射更大市场范围。

二是政府主导构建。新加坡、中国香港等城市加大了金融中心的政府主导与总体设计，利用政府拥有的信息共享、宏观调控等方面优势，为金融市场发展和稳定提供金融监管和重大决策，从而逐渐发展成为新兴金融中心。我国京、沪、深等国内金融中心的形成也是政府主导市场经济体制改革的成果。建设前期，政府明确战略规划和建设目标；建设过程中，政府转变政府职能，创新行政管理方式，健全宏观调控体系，加强市场监管，优化公共服务。京、沪、深等国内金融中心的形成与政府主导的市场经济体制改革密切相关。例如北京，在金融中心建设之初，以政府牵头，明确了国家金融决策、管理、信息、服务中心的定位，并以北京金融街作为首都金融业发展的主中心，发展金融总部，以CBD为金融发展的副中心，发展国际金融的"一主一副"的总体规划布局。之后，政府各部门一直在北京金融中心建设的各个环节发挥主导作用，直到金融市场的逐步建立和完善。

三是市场与政府协同构建。近半个世纪，"市场＋政府"合力打造金融中心的趋势愈加明显。伦敦、东京等传统金融中心越来越重视政府在推动和稳定金融中心发展中的宏观调控作用；另外，国内京、沪、深等城市也加快了推进市场化改革步伐，从深度和广度上加大市场在金融中心建设中的作用。因此，建设国内重要功能性金融中心，既强调市场在金融中心建设中的资源配置决定性作用，又强调政府的宏观调控作用，要求统筹政府与市场两种力量，走"市场＋政府"相结合的道路，形成市场作用和政府作用有机统一、相互补充、相互协调、相互促进的格局，共同推动金融中心建设。这既顺应了金融中心发展的时代趋势，更符合我国的具体国情。

（三）建设国内重要功能性金融中心符合国家发展战略要求

一是确保如期全面建成小康社会的目标要求。习近平总书记视察重庆重要讲话，要求我们紧紧围绕全面建成小康社会这个目标，全力推动经济社会持续健康发展。重庆建设国内重要功能性金融中心，深入推进金融精准扶贫，为中国普惠金融的发展和管理提供实践和实验，有利于统筹城乡一体化发展，有助于推动金融服务普惠化、均等化，实现重庆经济和社会的包容性发展，不断开拓发展新境界、厚植发展新优势，确保如期全面建成小康社会。

二是服务"一带一路"和长江经济带等重大发展战略的定位要求。"一带一路"和长江经济带是新常态我国转型发展的重大战略，重庆是这两大战略的重要支点城市。以服务国家战略为首要功能定位，从区域性金融中心向更高层次的国内重要功能性金融中心建设迈进，有利于重庆坚定"两个定位"，在主动融入国家战略中谋划和推动自身发展，在加快自身发展中助推实现国家战略意图。

三是服务国家更高层次对外开放战略的定位要求。建设国内重要功能性金融中心，有助于更加突出重庆在全国"一盘棋"中的重要地位，推动重庆全面融入国家对外开放和区域发展新格局，完善对外开放布局，健全对外开放体制机制；有助于重庆抓住中新（重庆）战略性互联互通示范项目、中国（重庆）自由贸易试验区等更高层次开放战略机遇，发展更高层次的开放型经济，为贸易和投资便利化提供全面而深入的金融服务，开拓国际金融合作新渠道。

二、建设国内重要功能性金融中心突出了重庆金融发展的针对性

重庆建设国内重要功能性金融中心，是在新的历史发展阶段、是在重庆经济和金融发展的现实基础上，提升金融服务实体经济和金融改革开放创新能力，构建金融核心功能体系，具有很强的针对性。

（一）立足重庆金融发展基础，着力构建金融核心功能体系

近年来，全市金融业在市场体系构建、金融功能发挥、产品服务创新和市场环境改善等方面成效显著，服务实体经济的能力和行业自身发展的动力明显增强，金融风险得到有效防范。截至2016年末，金融业增加值占比达9.4%，比5年前提高了1.4个百分点，金融机构数量增加了1.3倍，机构门类西部领先，实体经济的融资需求支撑有力。同时，全市金融业还面临诸多问题：如金融总部效应不突出；服务有短板，面向小微企业的信用体系还不完备；联动机制待强化，供给侧结构性改革中信息共享、责任共担、产业互动仍需加强；创新有差距，金融产品和服务创新的能力还需加强；金融业态发展不平衡，证券化率、保险深度、保险密度等重要指标还低于全国平均水平；金融配套服务体系不够完善等。为此，重庆建设国内重要功能性金融中心，通过构建金融核心功能体系发展现代金融机构体系，夯实金融基础功能；构建金融要素市场体系，强化金融特色功能；健全金融基础设施体系，完善金融配套功能，不断提升重庆业发展基础，弥补发展短板，增强整体实力。

（二）顺应供给侧结构性改革要求，持续提升金融服务实体经济能力

重庆建设国内重要功能性金融中心，符合金融服务实体经济的本质要

求,更好地支持供给侧结构性改革,为本地产业发展提供金融服务。一方面,通过引进适合的金融机构、发展新型的金融业态,补足金融体系短板;另一面,通过调整升级金融结构,培育优化金融生态,为重庆支柱产业和战略性新兴产业等实体经济提供更精准、更全面的金融支撑。同时,供给侧结构性改革要求不断提升金融服务实体经济的深度、广度和灵活度,以增强本地经济体系的外部适应性和弹性。一是增强金融服务深度,突出金融服务实体经济的本质功能,有效推动地方经济主动适应经济形势实现自我转型,为重庆的产业内与产业间升级、产业体系价值链提升和经济结构现代化提供重要支持。二是增强金融服务广度,完善金融服务的薄弱环节,补足金融服务短板,缓解中小微企业融资难、融资贵,扩大农村金融服务覆盖面。三是增强金融服务的灵活度,突出金融特色功能和配套功能,推动实施创新驱动发展战略,发挥科技进步和信息化的带动作用,大力发展金融、物流、科技服务等生产性服务业向专业化和价值链高端延伸,培育发展新动力。

(三)增强重庆金融发展动力,不断深化金融改革开放创新

改革、开放、创新是建设国内重要功能性金融中心的核心动力。重庆在国家区域发展和对外开放格局中具有独特而重要的作用,各类开放创新的平台多、政策新、动力强、空间大,是金融改革创新的重要着力点。一是争取自贸试验区金融突破。以制度创新为核心,复制运用现有自贸区的成熟政策和成功经验,完善金融领域改革创新方案。二是扎实推进中新金融合作项目。健全中新金融工作机制,加快推广金融结算合作,推动开展要素市场、保险再保险、金融科技等合作。三是加大跨境金融服务创新。深化跨境结算和投融资便利化改革创新,广泛开展贸易融资便利、外汇贷款、内保外贷资金运用等服务创新,拓展全市金融开放平台。创新发展铁路单证质押融资、动产抵押融资、供应链融资等物流金融服务。四是增强对企业"走出去"的金融服务。创新面向外向型经济的信贷、商业保险、信用保险、融资租赁、融资担保、商业保理等综合金融服务,加快跨境人民币基金、保税融资租赁发展。

三、建设国内重要功能性金融中心凸显了重庆金融发展的可操作性

重庆建设国内重要功能性金融中心,明确了以"市场+政府"的建设路径,以及不断强化金融改革开放创新支撑,进一步提高服务实体经济能力,促进金融业平稳健康发展,推动经济社会可持续发展的总体思路,具有很强的可操作性。

(一)建设金融核心功能体系

围绕建设国内重要功能性金融中心的指导思想,结合我市实际情况,着力构建金融核心功能体系。一是发展现代金融机构体系,夯实金融基础功能。重点是丰富金融机构牌照门类、壮大地方法人金融机构总部、创新金融机构门类和业态、完善金融中介服务体系。二是构建金融要素市场体系,强化金融特色功能。积极融入全国金融市场,发展全国性金融交易市场集群,形成功能性金融中心建设的重要支柱,增强地方金融要素市场集聚辐射效应,创新要素市场机构体系、交易模式和产品种类。三是健全金融基础设施体系,完善金融配套功能。重点发展特色金融结算服务,如跨境人民币结算、跨境电子商务结算、跨国公司总部结算、离岸金融结算、金融要素市场结算、企业账户资金结算等。健全支付结算体系,如优化多层次支付清算网络、夯实票据支付结算能力、提高银行卡支付结算效率、发展移动支付和网络支付等。提高金融基础设施服务能力。

(二)加快功能支撑体系建设

按照国内重要功能性金融中心定位要求,进一步完善功能支撑体系。继续完善金融机构牌照,吸引和培育具有国际竞争力和行业影响力的金融机构来渝设立法人总部、区域总部和功能性总部,夯实金融功能载体。建立以服务薄弱环节为导向的政府财政支持体系,进一步发挥财政资金引导作用,落实金融普惠功能。健全金融基础设施,扎实推进结算系统等金融基础设施的建设与完善,有力维护金融体系的稳定发展。加强信用体系建

设，建立客观、公正、合理、平衡的信用评级体系，优化金融生态环境。

（三）激活金融行业发展动力

改革、开放、创新是国内重要功能性金融中心建设的核心动力。全面深化金融改革，深入贯彻落实国家部署的金融改革任务，争取金融改革试点，做好金融自主探索创新，释放关键环节金融改革红利，强化金融改革与经济综合改革联动。提升对内对外开放水平，牢牢抓住中国（重庆）自贸试验区、中新（重庆）示范项目等机遇，争取在金融制度、跨境金融服务、外资金融体系等方面取得实效。坚持问题导向，针对当前问题和挑战，积极推进金融体制机制、机构、业态、产品和服务创新，用创新的办法解难题。

（四）提升服务实体经济能力

坚持金融服务实体经济的本质要求，以推动供给侧结构性改革为主线，努力提升金融服务实体经济的针对性。提高金融有效供给水平，畅通企业融资渠道，强化对战略性新兴产业、创新驱动、绿色产业等有效供给体系的支持，紧密配合去产能、去库存、降成本。优化社会融资结构，稳定信贷融资，大力拓展直接融资，积极稳妥降低企业杠杆率。加力补短板，充分运用新技术、新模式和新业态，创新发展普惠金融，不断提高金融服务的覆盖率、可得性和满意度。构建融资新格局，不断创新服务经济转型升级的融资机制，集合发挥好银行及各类投融资机构、银行间市场和交易所市场、股权债权等渠道作用，立足境内境外两个市场，创新机构、服务和产品，有效对接实体经济需求。稳步提升企业上市融资能力，大力推动各类企业在境内外资本市场上市、挂牌融资，形成企业融资发展、管理提升、价值创造、回报社会的良性发展机制。支持绩优上市公司实施行业整合，推动绩差上市公司重组，盘活壳资源。大力培育区域性资本市场，支持重庆股份转让中心与全国中小企业股份转让系统建立企业挂牌对接机制，强化上市资源储备功能和挂牌小微企业融资功能。大力发展股权投资基金，加快构建以政府产业引导股权投资基金和战略新兴产业投资基金为龙头，各类天使投资、创业投资、风险投资、产业投资等股权投资为主体，交投活跃、面向小微的私募基金行业格局。

（五）优化金融功能空间布局

着力优化金融资源空间布局，全面落实金融功能定位。一是以两江新区为载体，推进内陆金融综合改革创新。充分发挥两江新区的开放引领、创新示范和辐射带动作用，争取国家赋予两江新区更多金融先行先试政策，推进实施中国（重庆）自由贸易试验区金融项目，推动中新（重庆）战略性互联互通示范项目金融合作创新试点在两江新区加快落地。二是以江北嘴—解放碑—弹子石为平台，建设国内重要功能性金融中心核心区。不断增强核心区的政策优势，集成金融高端要素和功能，进一步提升行业形象和城市形象。

（六）深化金融开放创新

一是争取自贸试验区金融突破。以制度创新为核心，复制运用现有自贸区的成熟政策和成功经验，完善金融领域改革创新方案。特别是在资本项目可兑换、人民币跨境使用、转变外汇管理方式等方面，建立与自贸试验区相适应的管理体制，增强跨境金融服务功能。二是扎实推进中新金融合作项目。健全中新金融工作机制，加快引入一批金融结算合作项目，开展一批要素市场合作项目，推动一批保险再保险合作项目，探索一批金融科技合作项目，落地一批金融机构互设项目，推动合作迈上新台阶。三是加大跨境金融服务创新力度。加大工作力度，深化跨境结算和投融资便利化改革创新，广泛开展贸易融资便利、外汇贷款、内保外贷资金运用等服务创新。充分依托三个保税区、两个B型保税物流中心以及果园港多式联运平台，为企业提供资金融通、结算、保险等产品和服务。创新发展铁路单证质押融资、动产抵押融资、供应链融资等物流金融服务。

（七）加强金融风险防控

改革地方金融监管体系，守住不发生系统性、区域性金融风险的底线。一是坚持属地属事原则。落实监管责任是做好风险管控的前提。谁审批谁监管、谁主管谁监管，层层抓落实。明确在渝金融监管机构、地方金融监管部门的监管责任，严格金融市场准入，强化机构行为监管，确保业务合规；落实行业主管部门责任，做好金融监管配合；落实区县政府金融监管和风险处置责任，重点防范打击非法集资活动，做到守土有责。二是坚持问题导向。加强风险研判评估预警，明确风险防控重点。进一步加强信贷违约风险、企业资金松紧度监测，增设地方资产管理公司，推动不良贷款市场化处置，防范化解银行不良资产上升风险。进一步强化发债的主体责任和督导责任，防范债券兑付风险。建立小贷、担保等新型金融机构的市场化退出机制，防范化解经营风险。三是坚持监管联动。进一步健全地方监管部门与中央在渝金融监管机构信息互换、监管互助、执法互认的协作机制，建立信息共享平台，协同开展风险监测、识别、计量和预警。加强监管部门、行政部门、司法部门、区县政府的协调互动，搭建重大风险事件的应急处置机制。四是防交叉风险。既要抓好各领域单体风险的防控，更要协调配合，切实抓好交叉风险的管控，强化对高杠杆、跨市场套利行为监管，避免风险交叉传染。五是防涉众风险。高度关注 P2P 违规经营和外地输入性风险，防范化解互联网金融整治过程可能引发的次生风险。同时，加快办结非法集资存量案件，保持打击非法集资的高压态势，继续实施网格化管理，促进风险事件平稳处置。

重庆市建设国内重要功能性金融中心"十三五"规划（征求意见稿）

《重庆市建设国内重要功能性金融中心"十三五"规划》根据《中共重庆市委关于制定重庆市国民经济和社会发展第十三个五年规划的建议》（渝委发〔2015〕24号）和《重庆市国民经济和社会发展第十三个五年规划纲要》（渝府发〔2016〕6号）编制，是未来五年全市金融业发展的重要依据。

一、发展基础与环境

"十二五"时期，全市金融业整体实力和抗风险能力显著增强，金融市场体系不断健全，金融改革创新取得新成就，金融对外开放水平和服务能力明显提升，为建设国内重要功能性金融中心夯实了基础。

（一）"十二五"时期金融发展基础

金融业综合实力提升，支柱产业地位日益彰显。"十二五"末，全市金融业增加值超过1410亿元，是"十一五"末的2.6倍，年均增长13.8%。金融业增加值占GDP比重达到9%，提高了2.1个百分点。金融业对经济增长的贡献率提高了5.2个百分点，达到11.8%，金融业拉动经济增长1.3个百分点。

金融总量规模快速增长，社会融资规模不断扩大。截至2015年末，金融业资产规模4.2万亿元，较五年前翻了一番。金融机构人民币存贷款余额为2.8万亿元和2.2万亿元，分别是2010年末的1.8倍和2.1倍。"十二五"时期，新增社会融资总额2.2万亿元，是"十一五"时期的1.4倍，债券发行总额3666亿元。境内外上市公司总量达62家，新增17家。2015年，保费收入514.6亿元，较2010年增长60%，保险赔款及给付220.2亿元，增长了2.5倍。保险深度达到3.3%，保险密度达到1706元/人。

金融组织体系逐步健全，金融机构数量大幅增加。金融机构数量达到1500家，是2010年末的2.9倍。银行、证券、保险等机构持续增加，法人及市级分行类银行机构达到101家，各级支行近2600家；在渝证券营业部数量172家，新增76家；保险法人机构及市级分公司49家，新增12家。新型金融机构迅速发展成13个门类，资本金达到2446.9亿元，增长了5.6倍。

要素市场体系不断完善，新型金融业快速发展。截至2015年末，全市共有要素市场14家，交易品种37类，近五年累计交易量突破2万亿元。小额贷款公司265家，资本规模621.8亿元，贷款余额887.9亿元，分别是五年前的2.4倍、3.8倍、9倍。融资担保公司161家，注册资本规模359.3亿元，在保余额2045.8亿元，分别是五年前的1.2倍、2.9倍、5.5倍。492家股权投资类企业总管理规模约3000亿元，其中市级战略新兴产业股权投资基金总规模800亿元，产业引导股权投资基金总规模超200亿元。

金融改革开放不断深化，跨境结算加快发展。"十二五"时期，金融业累计引进外资超100亿美元，外资金融机构数量超过120家。中新（重庆）战略性互联互通示范项目成功落地。获得全国首批开展外资股权投资基金试点资格，引进全国首家跨境人民币基金，成为中西部唯一跨境贸易电子商务服务、外汇支付"双试点"城市。加快推进跨境结算，离岸金融结算总量达到3687亿美元，跨境人民币收付拓展至101个国家和地区，累计跨境人民币结算金额超5000亿元。稳步推进投融资便利化，取得第三方支付机构跨境支付业务试点资格，跨国公司外汇资金集中运营、跨境电子商务第三方结算、跨境人民币双向资金池等业务快速发展。

金融监管机制不断健全，金融环境保持良好。"十二五"时期，地方金融监管体制机制初步建立，中央金融监管部门与地方金融管理部门的监管协调，市级部门之间的监管协同，市、区县两级的监管联动得到有效提升。全方位实施重点领域风险把控，有效防控新型金融机构风险。严厉打击非法金融活动，非法集资案件高发势头得到遏制。"十二五"末，全市银行业不良率、小贷公司不良率和融资担保公司代偿率分别控制在0.9%、2.2%、1.3%，守住了不发生区域性、系统性风险的底线。

（二）"十三五"时期金融发展环境

"十三五"时期，我国经济社会发展仍然处于重要战略机遇期。重庆金融发展的机遇与挑战并存，必须抢抓机遇、顺势而为、乘势而上，在新起点上主动作为。

1. 发展机遇

经济发展进入新常态，供给侧结构性改革有序推进，新一轮产业结构深刻调整，推动形成经济结构优化、发展动力转换、发展方式转变加快的良好态势，为重庆全面深化改革，继续完善经济体制，破解发展制约瓶颈，推动经济社会持续健康发展释放了新动力。实施更加积极主动的开放战略和创新发展战略，更加完善开放功能，持续优化开放环境，创新发展体制机制，不断提高行政效率，为重庆金融提质增效、转型升级和可持续发展营造了良好的大环境。

深化金融体制改革是国家"十三五"金融发展的核心任务，为重庆全面推进金融改革、开放、创新指明了方向。完善宏观政策体系和扩大金融业双向开放，为重庆提高金融服务实体经济效率和支持经济转型能力注入了新活力。深化金融机构改革和加强金融市场建设，为重庆健全金融机构体系和构建金融市场体系提供了新契机。深化金融监管体制改革和完善金融监管框架，为重庆完善地方金融监管体系和有效防范化解金融风险提出了新要求。

重庆积极融入国家"一带一路"和长江经济带等对外开放和区域发展重大战略，充分利用国际国内两个市场、两种资源，加快转变经济发展方式，加快转换发展动力，经济社会保持健康发展，产业结构转型升级顺利推进，为建设国内重要功能性金融中心提供了基础和条件。重庆加快建设国家重要现代制造业基地、西部创新中心、内陆开放高地，推进建成长江上游地区经济中心，为建设国内重要功能性金融中心提供了新动力和新机遇。

2. 问题与挑战

站在新的起点，必须正视差距与短板，找准问题与不足：一是总量规模不够大。重庆金融业增加值总量不够大，金融业资产规模在4个直辖市中最低，与东部沿海发达省市相比仍存在较大差距。二是集聚辐射能力不强。地方法人金融机构数量较少，区域辐射带动作用不显著，在国内的影响力不够大。三是金融服务能力不足。小微、"三农"等薄弱环节融资难、融资贵问题还比较突出，保险保障不全面。四是金融人才不足。缺少创新型、复合型金融人才，特别是高端金融领军人才紧缺。五是金融风险防控压力大。地方金融风险总体可控，但潜在金融风险防控难度增加，风险防范化解压力不断加大。

"十三五"期间，在全面深化金融改革开放的背景下，我国的利率市场化更为深入，基于现代信息技术的新型金融业态不断涌现，金融混业经营趋势凸显为重庆金融监管和风险防范带来了新挑战。我国将加快融入全球金融体系，人民币国际化进程加速进行，资本项目开放程度不断提高，跨境资金流动密集，涉外金融业务迅速增加为重庆金融机构转型升级和创新产品服务提出了新要求。此外，重庆金融发展还面临金融资源、人才、政策等方面的激烈竞争。

二、指导思想与目标

（一）指导思想

以中国特色社会主义理论体系为指导，深入贯彻习近平总书记系列重要讲话精神和视察重庆重要讲话精神，全面落实中央和市委市政府系列重要战略决策部署，统筹推进"四个全面"战略布局，牢固树立创新、协调、绿色、开放、共享的发展理念，积极适应经济发展新常态，紧紧围绕"一带一路"和长江经济带国家发展战略定位，顺应供给侧结构性改革和金融改革发展方向，着力强化金融服务功能，推动金融改革创新，扩大金融对内对外开放，改善金融发展环境，防范金融风险，加快建设国内重要功能性金融中心。

（二）基本原则

——产融结合，服务实体。坚持金融服务实体经济的本质要求，增加金融有效供给，改进服务方式，改善服务质量，提升金融服务的能力和效率。深化金融对转方式调结构的服务，围绕经济转型、产业升级、社会治理、民生服务等重点领域和环节，促进金融与实体经济的深度融合，形成产业资本与金融资本良性互动、多赢发展新格局。

——健全体系，完善功能。构建多层次、多元化、互补型的金融市场体系，形成门类齐全、布局科学、结构合理、治理良好的金融机构体系，夯实金融功能发挥的载体。突出发挥金融优势功能，强化特色功能，增强基础功能，提高金融资源聚集辐射度，有力提升行业发展能级，促进金融中心建设。

——改革开放，创新发展。充分发挥市场在金融资源配置中的决定性作用和更好发挥政府作用，遵循国家金融改革方向，深化地方金融改革，加强国际国内金融合作，提高行业运行和资源配置效率。积极稳妥推进机构创新、产品创新和服务创新，完善创新配套支撑环境，激发行业发展的动力和活力。

——稳健运行，防范风险。改革和完善金融监管体制，加强中央和地方金融监管协同协调，健全金融风险监测、评估、预警和处置体系，防范金融市场主体和社会领域金融风险。实施全方位金融监管，把握信用、杠杆、风险的平衡，完善监管手段和方法，提高金融机构抗风险能力，守住不发生系统性、区域性金融风险的底线。

（三）发展目标

强化功能建设，基本形成特色金融结算中心和功能完备的多层次金融市场体系，金融发展环境明显优化，金融服务实体经济和支持经济转型升级能力进一步提高，全面建设国内重要功能性金融中心。

——金融支柱产业地位持续加强。到 2020 年末，金融业增加值占地区生产总值比重达到 10% 以上，金融业资产规模达到 8 万亿元，金融机构体系不断完善，银行、证券、保险及各类新型金融机构加速集聚，金融资本发展壮大。

——资金融通功能不断增强。"十三五"期间，新增社会融资规模总量达到2.8万亿元，直接融资比重保持在35%左右，国民经济证券化率达到全国平均水平，融资难、融资贵问题有效缓解，融资成本有效降低。

——金融交易结算规模持续扩大。稳步推进要素交易市场运营和建设，扩大要素市场规模。统筹推进离岸金融结算、跨境人民币结算、跨国公司总部结算、跨境电子商务结算，金融要素市场结算实现跨越式发展，到2020年，金融结算总量达到10万亿元。

——保险保障功能充分发挥。保险产品、服务、模式、政策创新有序推进，在完善社会保障和创新社会治理中的作用得到充分发挥，全国保险创新发展试验区建设取得明显成效，到2020年，保险深度达到5%，保险密度达到3500元/人。

——金融普惠功能全面提高。金融基础设施建设加快健全，金融产品和服务的质量进一步改善，服务的覆盖面、便捷性和可获得性大幅提高，金融消费者权益保护加强，形成具有包容性、互惠性、综合性的普惠金融体系。涉农贷款、小微企业贷款增速保持高于全市贷款增速。

——金融生态环境进一步完善。加强政策环境、政务环境、中介环境、人才环境建设，金融营商环境进一步优化。健全社会信用体系，强化法制保障，保持良好的金融业发展质量和效益水平，打造金融安全区。

三、强化金融功能建设

（一）强化资金融通功能

大力发展直接融资。推进企业上市挂牌，坚持分类施策，推动企业在境内外多层次资本市场上市、挂牌，引导海外上市企业回归A股，做大上市企业规模，支持有实力的上市公司实施并购重组，加大企业上市储备。推进区域性股权市场建设，促进重庆股份转让中心与"新三板"互联互通，探索多层次资本市场转板机制。争取设立渝港合资全牌照证券公司，提升本地投行服务能力。推动企业通过银行间市场、交易所市场发行各类直接债务融资工具，支持永续中票、高收益债券、项目收益债券和绿色债券等创新。稳妥开展金融资产证券化，支持发行基础设施证券化、REITs 等产品。支持国内外资本在渝设立各类公募、私募股权投资基金，鼓励发展天使投资、创业投资、风险投资、产业投资等股权投资，打造"双创"投资机构聚集地，多渠道推动股权融资。加大保险投资力度，引导保险资产管理机构设立保险私募基金。

提高间接融资效率。发挥银行主渠道作用，保持信贷平稳增长，优化信贷融资结构，加快信贷产品创新，切实满足传统产业转型升级和战略性新兴产业发展等资金需求。加快发展消费金融、供应链金融、贸易融资等新型金融业态和业务，支持开展知识产权、农村产权、动产、股权、应收账款等抵质押融资。加强科创企业金融服务，创新投贷联动、银保联动等服务方式。建立绿色信贷长效机制，探索能效融资、碳排放权融资等绿色金融产品。发展金融租赁和融资租赁，促进融资租赁与实体产业融合，加大对中小微企业的租赁服务力度。鼓励小额贷款公司深入实体经济，扩大金融服务面，增强服务能力。完善融资担保体系，创新银担合作模式，发挥风险分散功能。持续规范金融服务收费，改进利率定价管理，降低企业融资成本。

完善政府和社会资本合作模式。深化投融资体制改革，确立企业投资主体地位，平等对待各类投资主体，采取负面清单管理模式，进一步放宽市场准入。创新政府资金使用方式，提高政府投资基金运用效率，发挥产业引导基金和战略性新兴产业股权投资基金作用，支持市级有关部门和区县设立引导性股权投资基金。健全政府投融资体制，发挥好政府投资的引导作用和放大效应，完善政府和社会资本合作（PPP）模式，建立 PPP 投资回报机制，提高融资效率，强化监督管理，带动更多项目落地实施。

（二）强化金融结算功能

大力发展离岸金融结算。支持银行开展离岸业务，提升多币种产品交易和清算能力，扩大离岸结算业务规模。支持符合条件的银行机构在渝设立跨境结算中心、离岸业务运营中心。整合优化跨境结算账户，探索建立有助于促进跨境贸易与投融资便利化、本外币统一规则的账户体系。创新跨境结算管理便利化措施，支持适应内陆加工贸易、保税贸易、转口贸易等多种贸易业态的结算创新。继续扩大惠普（重庆）离岸结算规模。

大力发展跨境人民币结算。全面推进企业、个人、金融同业、要素市场等跨境人民币业务，扩大跨境人民币结算品种和覆盖面，助推人民币成为"一带一路"国家跨境贸易和投资的重要计价、结算货币。扩大自贸区政策在重庆的使用，积极稳妥开展跨境人民币贷款、股权投资基金人民币对外投资、境外发债、个人经常项下跨境人民币结算等创新业务试点，丰富跨境人民币结算方式。积极探索人民币资本项目可兑换，争取开展合格境内个人投资者试点，促进跨境投融资便利化。

大力发展跨国公司总部结算。积极引进跨国公司、国内外总部机构、大型企业集团在渝设立全球资金运营和结算中心。扩大跨国公司本外币资金集中运营，支持开展跨境双向人民币资金池业务，鼓励跨国公司、总部机构集中办理境内成员企业经常项目下的外汇资金集中收付汇和轧差净额结算等业务。

大力发展企业账户资金结算。依托环球银行金融电信协会（SWIFT）全球银行清算网络，建设跨境清算和结算大数据处理中心，开展金融数据传输、账户管理、直通处理、撮合、清算和净额支付服务。建立企业全球账户资金结算中心，搭建银企共享服务平台，支持银行等金融机构开展国际清算业务，开展跨国企业全球账户资金结算。运用"数字货币""金融云"等新产品、新技术，提升跨国企业账户资金结算效率，实现跨国企业资金结算集约化、一体化管理。

大力发展跨境电子商务结算。积极推进重庆建设全国跨境电子商务综合试验区，扩大跨境互联网电子商务结算。推动龙头企业获取第三方跨境支付牌照，吸引异地跨境电商来渝开展结算，引进市外企业来渝办理跨境结算业务。推进支付机构跨境外汇支付结算业务试点。推动银行卡清算机构、第三方支付机构与金融机构、电信运营商、电子商务企业开展多元化金融服务合作。

大力发展金融要素市场结算。充分发挥要素市场规范市场秩序、降低交易成本、价格发现、优化资源配置和实现金融结算等基础功能，推动"互联网＋要素市场"融合发展，充分依托互联网扩大对行业、区域的辐射影响力。支持有条件的要素市场开展跨境交易结算，探索建立统一规范的要素市场结算平台和资金监控平台，推动金融要素市场结算稳步增长。

（三）强化金融交易功能

完善要素市场机构体系。不断丰富资产类、权益类、商品合约类三大交易市场板块，完善交易功能载体。推进保险资产标准化产品交易。促进资源与环境交易所等一批交易场所加快落地运营，研究设立大数据交易中心、科技要素交易中心等新型市场，积极引进黄金交易所等国家级交易所在渝设立分支机构、开展多样化合作。支持国际机构来渝参股、控股或联合发起设立金融要素市场，争取国际金融交易所来渝设立分支机构。

提升要素市场辐射能力。建设一批区域性、全国性定价和交易结算平台，增强要素市场集聚辐射效应。打造国有交易市场（控股）集团，引导同类要素市场间兼并、重组或战略合作。发挥保险资产登记交易平台、金融资产交易所优化金融资源配置的作用，提升重庆联合产权交易所、重庆药品交易所等市场的全国影响力，发挥重庆航运交易所服务长江水运与"渝新欧"联运的作用，增强重庆农村土地交易所对"三农"的服务能力，推动重庆股份转让中心建成重要的区域性多层次资本市场平台。

推进要素市场创新转型。不断优化要素市场运营机制，完善物流中心、信息中心、结算中心建设。推进交易产品创新，加强业务模式创新，探索可持续的商业模式。提高盈利能力，形成可推广、可复制的盈利模式。构建"交易平台——电商平台——增信平台"三位一体的综合金融服务平台，坚持产融结合，降杠杆、促交收，依托行业交易大数据构建产业链金融服务生态圈。

（四）强化保险保障功能

健全保险市场组织体系。发展全国性保险资产登记交易平台，建设全国保险机构间市场。打造保险总部经济，引进境内外保险机构在渝设立中国总部、区域总部及各类分支机构，组建区域性的保险集团公司和专业保险资产管理公司，设立外资专业健康医疗保险机构，探索设立相互保险组织。推动建设区域性再保险中心。鼓励本地法人机构增加市外布局，拓展业务范围，提升对外辐射能力。

发挥保险社会稳定作用。丰富保险产品、增值保险服务、创新保险展业模式，推动保险业成为重庆城乡居民家庭财富管理的重要载体和渠道。加快建立符合市情的多层次巨灾保险体系。发展农作物保险、主要畜产品保险、重要"菜篮子"品种保险和森林保险等"三农"保险。强化政府引导、市场运作、立法保障的责任保险模式，加大医疗责任、环境污染、食品安全、公共安全等重点领域的推进力度。促进保险机构参与社会养老服务、社会健康管理，拓展商业养老及健康保险业务，承办大病保险及经办各类基本养老和医疗保险，促进医疗、医保、医药联动，满足社会保障需求。

发挥保险经济助推作用。发展科技保险、科技企业贷款保证保险等业务，扩大小微企业信用保险及贷款保证保险规模，增强对科技、小微企业的服务能力。积极发展个人消费贷款保证保险，促进释放居民消费潜力。支持开展船舶保险、货运保险等业务，建设服务"渝新欧"铁路大通道的专业物流保险中心和长江黄金水道的内河航运保险中心。发挥出口信用保险促进外贸稳定增长和转型升级的作用，加大对我市电子信息、新能源汽车等战略性新兴产业的支持力度。

拓宽保险资金运用渠道。发挥保险资金长期投资的优势，以债权、股权投资计划等方式投资我市基础设施、公租房等重大建设项目。开展保险资金运用创新试点，探索通过产品分级、资产抵质押、股债结合等方式，创新保险资产管理产品结构，为科技型企业、小微企业等发展提供资金支持。推动中国保险投资基金设立中新（重庆）战略性互联互通示范项目子基金，加强保险机构与我市产业引导股权投资基金合作，鼓励设立专项投资基金。

（五）强化金融普惠功能

健全普惠金融机构体系。支持银行机构合理规划网点布局，为小微企业、"三农"和包括城镇居民养老等领域提供更有针对性、更加便利的金融服务，推动大型银行建设小微企业专营机构。引导新型金融机构转型发展，探索新的业务模式和盈利模式。选取条件成熟的供销社及农村行政村试点组建新型农村合作金融组织。引导涉农要素市场探索服务"三农"的业务和模式，进一步发挥助农增收效能。拓宽小额贷款公司和典当行融资渠道，支持小贷公司、商业保理和金融保理公司为中小企业提供融资服务，促进消费金融和汽车金融公司发展。推进形成覆盖全市各区县的融资担保和再担保体系，充分发挥政府性融资担保机构作用。引导保险机构持续加大对农村保险服务网点的资金、人力和技术投入。支持服务实体经济的互联网金融创新，促进互联网金融规范有序发展。

创新金融产品和服务方式。创新推广针对小微企业、高校毕业生、农户、特殊群体以及精准扶贫对象的贷款品种，提高小微企业和农户贷款覆盖率。进一步深化农村产权抵押融资，积极开展农村道路、小型水利设施、农机等涉农动产、地票、保单、存货、农业科技专利等抵质押贷款，大力开展农村土地承包经营权和农民住房财产权"两权"抵押融资。推动科技金融发展，推动知识产权质押融资。扩大中小企业债券融资规模，支持符合条件的涉农企业在多层次资本市场融资。支持金融机构利用云计算、大数据等技术手段，打造互联网金融服务平台，提供信息、资金、产品等金融服务。推广保险移动展业，提高特殊群体金融服务可得性。

专栏 1　农村产权抵押融资

目标：保持涉农贷款"一个高于"，即涉农贷款增速高于贷款平均增速。力争 2020 年累计实现农村产权抵押贷款 1300 亿元，进一步完善农村产权抵押融资机制及配套制度。

完善权属登记及流转管理体系。完成农地、农房、林地确权颁证，加强农村产权确权登记颁证管理，规范权属登记管理证明材料，探索界定地上种植物、养殖物及附属设施的权属，做到权属清晰，手续简便，应颁尽颁。

健全资产评估体系。充分发挥政策性的价格评估公司作用，进一步完善政策性评估为主体、商业性评估为补充的农村产权价值评估体系，积极扩大评估服务覆盖面。

优化抵押登记服务体系。优化服务流程，延伸服务链条，完善农村产权抵押登记代办机制。加快建设全市农村产权抵押登记信息系统，提供农村产权抵押融资交易鉴证服务。

建立健全农村产权流转交易体系。依托重庆农村土地交易所推进农村产权流转交易平台建设，尽快实现区县全覆盖，形成以市级平台为核心、区县平台为支撑、乡镇平台为基础的交易体系。建立全市统一的农村产权抵押融资信息系统，为农村产权抵押融资、风险补偿、资产处置打造网络信息平台。

完善风险分担补偿机制。进一步完善农村产权抵押融资风险损失补偿机制，简化补偿手续，优化风险补偿流程，提高损失补偿效率。

发挥政策引导和激励作用。充分发挥货币信贷政策、监管政策与财税政策协同联动作用，增强支农支小再贷款、再贴现支持力度，健全金融监管差异化激励机制，提高补贴、奖励、减税、风险分担等政策效力，完善小微企业贷款风险补偿和小额贷款保证保险风险补偿机制。充分发挥中小微企业转贷应急机制作用，化解中小微企业续贷难题。开展普惠金融创新示范基地建设。健全普惠金融业务考核评价激励机制。

专栏2 小微金融

目标：进一步完善小微企业融资服务机制及配套支持体系，努力实现小微企业贷款（含个体工商户贷款）增速不低于各项贷款平均增速的目标，有效增加小微企业金融资源供给。

持续完善"支小"政策扶持体系。打造"1+3+N"政策扶持体系，即"创业者自己出一点""财政补一点、税收返一点、金融机构贷一点"，完善"准入门槛管理分类指导、非银行金融融通、建立成长和退出机制"等小微企业跟踪服务措施。

不断优化"支小"金融机构体系。引导金融机构将网点布局向城郊、县域、集镇、园区等小微企业集中区域扎根，大力发展以村镇银行为代表的中小金融机构。大力推广手机银行、电子银行、微信银行等新型融资服务终端。做大做强市级小微企业发展产业引导基金，发挥创业种子投资引导基金、天使投资引导基金、风险投资引导基金的引导作用，满足小微企业不同发展阶段的融资需求。

持续完善政府性担保机构增信支撑体系。充分发挥再担保公司的增信和分险功能，提高融资担保行业抗风险能力。增强小微融资担保公司与银行的业务对接，加大微型企业创业扶持贷款、创业担保贷款等方面的业务合作，进一步释放担保增信支撑小微企业融资效应。

丰富小微融资产品体系。针对小微企业资金需求周期特点，及担保抵押物不足的共性问题，鼓励金融机构为小微企业提供多样化、个性化的金融服务，推出更多中长期及循环使用类小微信贷产品，创新开发无须抵押、担保、保证的弱担保类信贷产品，用好知识产权质押等小微融资渠道，创新贷款产品、期限、渠道及还款方式，提高小微企业贷款可获得性。

改善普惠金融发展环境。完善普惠金融发展机制，引导金融机构将普惠金融服务目标融入业务发展、绩效考核等核心环节，创新业务模式、风控技术及管理制度。推进支付环境建设，加快金融IC卡在公共服务领域的推广应用，鼓励银行机构和非银行支付机构面向农村地区提供网络和移动支付服务。完善"惠农通"、乡村POS终端等自助设备的服务功能。推进手机银行、电子机具、农村金融服务便民点等与农村电商、农村超市线上线下的融合，力争2017年底实现贫困村基础金融服务全覆盖。加快推进农村产权、知识产权、动产等资产权益的确权颁证、抵押登记、资产评估、流转交易等配套体系建设。建立健全普惠金融信用信息体系。

专栏3 金融扶贫

目标：全面改进和提升扶贫金融服务，增强扶贫金融服务的精准性和有效性，为实现我市顺利完成2017年脱贫攻坚任务提供有力有效的金融支撑。

完善金融服务体系。建立政策性、商业性、合作性金融等多层次融资机制。加快推进在贫困区县设立村镇银行、担保公司、小额贷款公司和贫困村资金互助组织。优先支持具备条件的贫困地区开展村级农村金融服务组织试点和新型农村合作金融组织试点，为农户申请农村产权抵押贷款提供农村产权托管、处置及风险补偿服务，满足农户小额贷款需求。

推动农村基础金融服务。积极推进手机银行、电子机具、农村金融服务便民点等多种方式推进贫困地区农村基础金融服务。推动银行依托贫困区县电商平台积极探索"互联网＋金融"扶贫模式，为农户提供存取款、小额贷款受理等金融服务。

推动金融产品和服务方式创新。推动金融机构结合当地产业扶贫规划加大信贷投放，以建档立卡贫困户为重点帮扶对象，提高扶贫精准度，提升贫困农户申贷获得率，提供差异化产品和服务，提高脱贫实效。支持贫困地区开展农村产权抵押融资和土地收益保证贷款。实施精准扶贫小额到户贷款工程，为贫困户提供5万元以内、3年以下、基准利率、免抵押、免担保的小额信贷支持。引导银行业金融机构积极开展贫困地区搬迁建房贷款、教育助学贷款、大学生创业贷款、农民消费贷款。

发挥保险功能助推脱贫攻坚。发展农业保险，实现政策性农业保险贫困区县全覆盖。扩大贫困户农房保险覆盖面，推广人身意外伤害、疾病医疗等扶贫小额人身保险产品。不断改进大病保险服务水平，逐步实现贫困户大病医疗补充保险全覆盖。积极推广小额扶贫保险，支持开展保险资金支农融资，增强贫困人口获取信贷资金的能力。

加大财政支持力度。促进金融扶贫与财政资金的合作，加大扶贫贷款贴息、担保补助、保费补助力度。落实扶贫贴息贷款政策，扩大扶贫贴息贷款规模。由财政扶贫资金按基准利率贴息对吸纳贫困人口就业达到一定比例的农业企业、合作组织及贫困农户贷款实行贴息和减免担保费用。

四、优化金融空间布局

（一）强化江北嘴—解放碑—弹子石金融核心区

大力推进江北嘴—解放碑—弹子石金融核心区建设，集聚金融机构，强化金融功能，树立重庆金融城市形象。高标准打造江北嘴金融城，集聚高端金融要素，鼓励新设和引进全国性、区域性金融总部，支持跨国公司设立全球资金运营和结算中心，打造金融总部集聚地、离岸金融结算中心、新型金融机构聚集地。巩固解放碑传统金融商务区、金融机构聚集区地位，充分发挥现有金融资源服务实体经济能力，加强要素市场建设，打造财富和资产管理中心。促进弹子石加快基础设施建设，壮大金融要素市场等新型金融业，结合中央银行综合金融服务基地建设，打造金融综合配套服务产业，培育发展信用评级等金融综合服务企业和中介服务机构。

（二）打造两江新区内陆金融综合改革试验区

充分发挥两江新区的开放引领、创新示范和辐射带动作用，探索建设内陆金融综合改革试验区。争取国家赋予两江新区更多先行先试政策，推进跨境人民币贷款、外债宏观审慎管理等金融开放试点工作。扩大外汇资本金意愿结汇、商业保理等试点政策的试点范围及成效。发挥中新（重庆）示范项目核心区域优势，承接金融合作创新试点落地。鼓励发展新型金融业态，发挥政府产业引导基金的示范作用，吸引创业、风险与股权投资机构聚集，培育扶持企业上市挂牌，规范发展第三方支付、互联网小贷等互联网金融。

五、深化改革开放创新

（一）推进金融供给侧结构性改革

深化金融体制改革，服务实体经济发展，不断提高金融机构、市场、产品、调控、治理等体系的供给质量和效率，实现金融要素有效配置。推动资产、资本、资金价格机制市场化改革，完善利率定价机制，优化投融资结构，提高包括劳动、土地、科技等全要素生产率。开展兼并重组、优化信贷投向清理落后企业、清退僵尸企业，做大做强优势企业和新兴行业，助推去产能。发展消费金融，支持信息、文化、体育、旅游、养老等产业新兴消费，帮助去库存。推进债转股、投贷联动、资产证券化、融资证券化等，降低实体经济杠杆并调整杠杆结构，助力去杠杆。实施债务重组和债务置换等，提高信贷产品、信贷期限和信贷成本适配性，合理降成本。加快发展"互联网+"金融、创业创新金融和普惠金融等，着力缓解"小微""三农"融资难、融资贵，切实补短板。防范和化解各类金融风险，守住风险防范底线，为金融供给侧结构性改革营造良好环境。

（二）打造内陆金融开放高地

发挥金融服务"一带一路"和长江经济带国家发展战略、支持西部开发开放的支撑作用，构建内外联动、共同发展、互利共赢的内陆金融开放新格局。完善法治化、国际化、便利化的营商环境，健全有利于合作共赢、同国际投融资规则相适应的金融双向开放体制机制。创新金融交流合作机制，加强与纽约、伦敦、法兰克福、新加坡、香港等全球主要金融中心的交流合作，推动在跨境投融资、跨境结算等领域先行先试。设立人民币海外投资基金，加强与丝路基金、中国—东盟投资合作基金、中国—中东欧投资合作基金等股权投资基金对接，积极运用外汇储备委托贷款，支持"一带一路"基础设施建设和重庆企业"走出去"项目。加强与四川、湖北、上海等省市金融交流合作，创新成渝城市群金融合作模式和设立各类长江经济带投资基金，推动长江经济带一体化发展。

(三)扩大金融对内对外开放

推动金融对内对外双向开放,有序实现人民币资本项目可兑换,提高可兑换、可自由使用程度,稳步推进人民币国际化,推进人民币资本走出去。逐步建立外汇管理负面清单制度,放宽境外投资汇兑限制和放宽跨国公司资金境外运作限制,统一外债管理,改进企业和个人外汇管理,健全本外币全口径外债和资本流动审慎管理框架体系。建立和完善跨境资金流动监测机制,推进本外币一体化监管。推进资本市场双向开放,推动本地机构境外发行股票、债券。吸引境内外金融机构在重庆设立功能性总部、区域性总部、后台服务机构和分支机构,发起设立证券公司、银行卡清算机构、货币经纪公司、货币兑换机构、移动金融公司等机构,支持在渝金融机构开展交叉持牌试点,加快发展全牌照新兴金融服务业。深化金融国资改革,支持引入有资本、有市场、有人才的战略投资者。建立健全金融机构境外投融资管理体制,完善鼓励扶持政策体系,建立风险分担和救助机制,支持金融机构拓展国内外市场。推进金融机构与"一带一路"国家同业开展以人民币计价的信贷资产、票据资产、同业存单等金融资产转让业务,推动金融机构向境外销售人民币理财产品。

(四)创新中新项目金融合作

有序推进中新(重庆)战略性互联互通示范项目金融合作,以运行机制、规划引领、政策创新和项目落地为抓手,在资金、管理、技术、服务等领域全方位加强金融合作。用好用足用活国家给予我市的跨境金融试点,在外债规模切块管理改革、外债宏观审慎管理、跨境人民币创新等方面做强做优。开展股权投资基金人民币对外投资业务、企业赴新加坡发行人民币债券业务、个人经常项下跨境人民币结算业务创新试点。创新投融资方式、拓宽投融资渠道,对接新加坡金融市场开展跨境贷款、跨境融资担保等,支持重庆企业赴新加坡发行股票、债券。引入新加坡资本参与中新互联互通投资基金,加大对金融、交通物流、航空和信息通信领域相关优势产业集群的支持力度。吸引新加坡资产管理机构来渝发展。支持西南证券等地方法人金融机构赴新加坡申请保荐上市、发债等牌照。推动中新金融要素市场在体系、资金、业务等方面深入开展互联互通合作。吸引新加坡交易所在渝设立代表处和参与重庆金融要素市场建设，探索利用天然气、页岩气与新加坡亚太天然气交易中心合作，探索加强中新保险行业合作，开展保险产品和服务、保险资金运用创新试点，支持新加坡企业以投资入股等方式，参与建设基于物联网、车联网的保险产品研发创新平台。

专栏4　中新（重庆）互联互通示范项目

目标：努力将重庆建立为中国西部区域企业跨境贷款和结算运营中心、中国西部地区企业跨境资本市场融资运营中心、区域性资产管理中心、西部地区保险及再保险中心。

跨境融资。进一步健全国家、新加坡、重庆地方三个层级的跨境融资政策支持体系，建立跨境融资重点培育企业名录库，完善企业信用提升工作实施机制，积极推动重庆企业通过跨境贷款、赴新加坡上市、发行本外币债券、发行房地产信托产品等途径实现跨境融资。

跨境投资。重点推动中新互联互通基金等股权投资基金开展对内投资，积极吸引西部地区企业和个人来渝设立股权投资基金开展对外投资，努力打造双向跨境投资中心。推动双方金融机构相互投资或并购。吸引国际资金以及国际投资者投资重庆，促进重庆与东南亚国家间的贸易和投资。

跨境金融结算。推动跨国公司来渝开展离岸金融结算、本外币资金集中运营管理、本外币轧差结算，推动中新双方企业来渝开展跨境人民币结算，吸引中西部个人来渝开展跨境电子商务等经常项下跨境业务，做大我市跨境金融结算规模。

保险服务及产品创新。推动新加坡企业参与"一区县一特色"的保险创新发展试验区建设。鼓励新加坡再保险企业在重庆设立专业子公司、分支机构以及再保险经纪、风险评级等配套机构。推动中国保险投资基金设立中新（重庆）战略性互联互通示范项目子基金。支持保险资金创新资金运用形式和资产管理产品,投资与中新(重庆)战略相关的股票、企业股权、股权投资基金、创业投资基金以及不动产和基础设施。

金融机构设立。推动中外资金融机构在渝设立面向中新金融合作的专业子公司、功能性总部、区域性总部和后台服务机构。推动各金融机构与新加坡企业及金融机构合作设立符合相关规定的银行业、证券业及保险业金融机构。推动符合条件的重庆地方金融机构赴新加坡设立营业机构,提升国际化发展水平。

六、加强地方金融监管

(一)完善地方金融监管体制

顺应国家金融监管体制改革,主动把握金融创新发展形势,完善与功能性金融中心匹配的地方金融监管体制,构建"规制统一、权责明晰、运转协调、安全高效"的地方金融监管框架。充分发挥全市金融工作协调联席会议机制的作用,加强中央在渝金融监管机构与地方金融监管部门协调配合,厘清市级金融监管部门和行业主管部门的职能职责,明确市、区县监管和风险处置的权责边界。完善金融宏微观审慎监管与行为监管的地方监管制度,建立科学有效的地方金融监管体系。

(二)健全地方金融监管机制

加强跨行业、跨市场、跨部门的地方金融监管合作和联动,建立健全良性互动、贴近市场、促进创新、信息共享、风险可控的地方金融监管长效机制。明确风险防范处置责任,落实金融机构和金融中介服务机构金融风险防范主体责任,按照"谁审批、谁负责,谁主管、谁监管"的原则,明确市级部门和区县政府监管职责和风险处置责任。建立针对各类投融资行为的功能监管模式,推进负面清单、权利清单、责任清单管理。健全金融风险置换和补偿机制,完善市场化风险救助和分担机制,建立地方金融风险准备金,加强地方金融风险应急处置。

（三）全面防范地方金融风险

实施全方位监管，完善风险监测预警机制，增强风险预研预判能力，深入排查各类风险隐患，及时应对处置单体风险事件。严控金融产品高杠杆风险，严防跨市场、跨行业、跨机构的交叉性金融风险，建立互联网金融风险防范机制。加强地方新型金融机构事前、事中、事后管控，强化行为负面清单管理，防止风险集聚，畅通市场化退出渠道。对从事金融活动的非金融企业，加大源头管理和动态监控力度。遏制非法集资、非法金融活动，加强前瞻性调控和应急性管理，推进风险早预防、早发现、早处置。

（四）强化行业自律维权监督

充分发挥银行、证券期货、保险、小额贷款公司、融资担保、股权投资基金、上市公司等行业协会组织的自律、维权、协调、服务作用。加强行业自律和相互监督，积极引导和督促金融机构加强内部治理，完善自我约束机制，依法维权，提高风险管理能力，促进全市金融业健康发展。加强金融消费者权益保护，畅通投诉受理和处理渠道。

专栏5　打击非法集资活动

目标：非法集资高发蔓延势头得到遏制，存量风险及时化解，增量风险逐步减少。重大风险案件得到依法、稳妥处置。风险监测预警及时到位，社会公众相关法律意识和风险意识明显增强。非法集资综合治理长效机制逐步建立。

健全处非工作机制。全面落实《国务院关于进一步做好防范和处置非法集资工作的意见》，提高处非工作常态化、信息化、社会化水平。进一步发挥处非领导小组的统筹协调作用，夯实区县政府主体责任，强化各级职能部门职责落实。加大对风险排查、专项整治等重大行动的现场巡查督查，修订完善年度考核实施细则，推动形成处非工作合力。

加大风险防范力度。坚持打防结合、以防为主、抓早抓小抓苗头，建立健全风险监测预警体系。充分依托基层网格化管理体系，督促各区县全面开通投诉举报平台，落实举报奖励制度，加大群防群治力度。建设风险监测预警平台系统，提高信息化监测水平。深化源头治理，加强和完善对投资类、P2P网络借贷、私募股权投资等重点领域的日常监管和风险排查。建立风险监测台账，及早发现、及时处置各类风险苗头。

抓好案件统筹处置。坚持疏堵并举、分类处置原则，强化统筹协调，确保有案必查、有罪必处。坚持控增量、消存量，加快积案清理整治，逐步建立"快侦快诉快审快结"机制。制定出台重大案件挂牌督办制度，集中力量推进重大案件协调处置。落实属地维稳责任，完善案件进展定期通报制度，妥善处置网络舆情和各类信访事件，确保案件处置依法、稳妥进行。

强化打非宣传教育。健全宣传部门协调推动、行业主监管部门积极参与、各区县具体落实的宣传工作机制。加强全方位宣传阵地建设。培育发展制度化、常态化宣传方式和载体。推动建立处非宣传志愿者队伍。深入开展法制宣传和风险警示教育，提高群众自觉防范和抵制非法集资意识。

七、优化金融生态环境

（一）不断优化政策法规环境

健全支持金融业发展的政策法规体系，为金融业发展和国内重要功能性金融中心建设营造良好政策法规环境。围绕中新金融合作、金融扶贫等重点工作，争取国家金融创新政策先行先试，完善金融服务重大战略、重点领域的长效支持政策。加强财税金融政策联动，完善落实费用补贴、风险补偿等金融优惠政策，形成差异化的政策支持体系。完善金融机构入驻、人才引进、金融市场建设等配套优惠政策，加快形成具有良好竞争力的金融发展环境。

（二）加快推进信用体系建设

健全守信激励、失信惩戒的信用制度，依法促进信用信息记录、共享和使用。扩大人民银行征信系统对地方新型金融机构覆盖面，推动小贷公司、融资担保公司等加入征信系统。完善企业信用体系，加强部门信息共享、信用披露和信用分类评价等工作，建立健全跨部门协同监管和联合惩戒机制，探索建立多层级的小微企业信用档案平台。加快农村信用体系建设，完善农户信用档案及信用评价方法，开展农户信用评价体系建设试点工作，支持建设信用村、信用乡镇。完善个人信用体系，加强个人信用信息基础数据库建设，健全个人信用信息查询、应用和推广制度。积极开展诚信宣传教育活动，引导全社会提升诚信意识。

（三）完善金融中介服务体系

加快提高与金融市场发展相适应的中介服务水平，建设机构集聚、配套完善的金融中介服务体系。完善金融中介服务业监管体制和模式，支持与金融相关的投资咨询、征信服务、会计审计、法律服务、资产评估、资金和保险经纪等专业服务机构规范发展，鼓励发展金融数据处理、金融软件开发、客户服务等服务外包业务。支持金融专业服务机构创新经营模式和服务业态，开展多元化经营。扶持信用评级市场规范发展，支持具有独立背景、权威性高、影响力大的第三方信用评级机构参与企业信用评价体系建设。发展各类征信机构，培育从事小微企业和农村征信业务的专业化征信机构。加快发展重庆金融传媒业及金融资讯机构。

（四）着力加强金融人才队伍

加快制定与建设国内重要功能性金融中心相配套的金融人才发展规划，完善符合金融人才成长规律、有利于金融人才发展的体制机制。完善金融人才引进配套制度，加快构建具有竞争力的金融人才制度体系，继续补足金融人才发展短板。建设高端人才靠引进，中层人才靠培训，基层人才靠培养的金融人才培育系统。统筹金融主监管部门、金融机构、高校职教和社会机构等各类金融教育资源，建立多元化金融人才培训基地，构建多层次金融人才教育培训体系。建设金融人才服务平台，营造有利于金融人才集聚的良好工作、生活和文化环境。

八、完善规划保障措施

（一）加强组织领导保障

加强组织领导和统筹协调，明确领导职责，提升统率效力，建立健全扁平高效、市区县两级联动的金融监管体制，搭建信息共享平台，优化协作机制，集中力量解决影响金融业发展的重大问题。理顺市、区县金融监管体制，强化区县金融工作部门职责，充实工作力量，提升区县金融监管人员业务能力。加强对区县金融工作部门的指导支持，为区县强化金融服务工作提供保障。

（二）加强规划实施保障

建立健全评价考评体系。按照分工负责、分阶段推进、系统化实施的原则，分解规划目标，纳入相关部门经济发展综合评价和绩效考核。建立反馈评估机制。实施动态监测与跟踪分析，开展规划中期评估和专项监测，研究解决规划实施过程中出现的新情况和新问题，总结经验、制定对策，建立严格的工作责任制，切实推进规划落实。

（三）加强规划衔接保障

以重庆市国民经济和社会发展第十三个五年规划纲要为指导，强化金融发展规划与总体规划、其他专项规划以及各区县规划的协调衔接，确保规划实施与经济社会总体发展、城市总体发展、城镇体系建设、重大基础设施建设、重点行业、重点项目等保持协调统一。充分发挥规划对金融资本统筹、金融资源配置等方面的引导、协调和衔接。

附表

国内重要功能性金融中心"十三五"主要指标

序号	指标名称	指标属性	2015年	2020年
1	金融业增加值占GDP比重（%）	约束性	9	>10
2	金融业资产规模（万亿元）	预期性	4.2	8
3	新增社会融资规模总量（万亿元）	预期性	【2.2】	【2.8】
4	金融结算总量（万亿元）	预期性	2	10
5	国民经济证券化率（%）	预期性	53.7	达到全国平均水平
6	保险深度（%）	预期性	3.3	5
7	保险密度（元/人）	预期性	1706	3500
8	涉农贷款年均增速（%）	预期性	17.2	高于全市贷款年均增速
9	小微企业贷款年均增速（%）	预期性	19	

注：①经济指标绝对数为当年数；②"【 】"为"十二五"或"十三五"规划期累计数；③金融结算总量指标为离岸金融结算、跨境人民币结算、跨国公司总部结算、跨境电子商务结算、金融要素市场结算量的汇总数。

第三部分
路径确立——重庆市金融业发展方向

重庆建设国内重要功能性金融中心，是在总结"长江上游地区金融中心"的发展经验和深入研究金融中心发展理论的基础上，结合国家重大战略发展要求，对重庆市金融业发展方向和实现路径的科学定位。2015年，重庆市金融办启动编制《重庆市金融业"十三五"发展规划》，在编制过程中经过反复的调研、论证和修改，最终形成《重庆市建设国内重要功能性金融中心"十三五"规划》（以下简称《规划》）。为方便读者更加清晰地了解重庆市金融业转型发展思路的升华，我们将规划相关研究的最新认识和成果形成系列解读，言简意赅，通俗易懂。

《规划》最终明确了重庆建设国内重要功能性金融中心的三大功能、四项重点任务、五个着力点措施等内容。三大功能：发展现代金融机构体系，夯实金融基础功能；构建金融要素市场体系，强化金融特色功能；健全金融基础设施体系，完善金融配套功能。四项重点任务：优化金融空间布局、服务供给侧结构性改革、提升金融运行效能、形成内陆金融开放高地。五个着力点措施：打造普惠金融示范区、建设全国保险创新发展试验区、改善金融生态环境、建成金融人才高地、完善支撑保障措施。

《规划》凝聚了相关研究及历次征求意见稿的核心与精华，最终明确了"十三五"期间重庆市金融转型发展的目标、重点任务和措施等内容，确立了重庆市金融转型发展的路径与思路，是"十三五"期间重庆市金融转型发展的行动指南。

重庆市建设国内重要功能性金融中心"十三五"规划及解读

《重庆市建设国内重要功能性金融中心"十三五"规划》根据《中共重庆市委关于制定重庆市国民经济和社会发展第十三个五年规划的建议》和《重庆市国民经济和社会发展第十三个五年规划纲要》编制。

第一章 发展基础与环境

【篇章解读】

本篇深入分析了重庆市金融业发展基础和发展环境,是规划编制的基础。规划是立足现在描绘未来发展的蓝图,正确认识发展基础,是确保规划具有针对性和可操作性的重要保障。全面分析发展环境,有效识别金融业未来发展面临的机遇和挑战,确保规划具有前瞻性,从而为重庆市金融系统在金融业未来的发展中认清大势、抓住机遇、应对挑战提供借鉴。

"十二五"时期,面对复杂多变的国内外经济金融形势,重庆市金融系统深入贯彻落实国家宏观经济金融政策和市委、市政府关于金融工作的决策部署,紧紧围绕金融服务实体经济的本质要求,着力在深化改革、提升服务、防控风险上下功夫,金融综合实力显著提升,金融组织体系更趋完善,金融服务功能明显增强,地方金融改革深入推进,金融对外开放不断扩大,金融生态环境持续改善,为金融业长远发展打下了坚实基础。2015年,重庆市金融业增加值超过1410亿元,是2010年的2.6倍;金融业资产规模4.2万亿元,较2010年翻了一番;金融机构达到1500家,是2010年底的2.9倍。

"十三五"时期，重庆金融业发展机遇与挑战并存。重庆建设城乡统筹的国家中心城市，获批中国（重庆）自由贸易试验区，实施中新（重庆）战略性互联互通示范项目，打造内陆开放高地和西部创新中心，战略机遇汇集，改革开放创新加快，为建设国内重要功能性金融中心提供了强劲动力，拓展了发展空间。在此基础上编制《重庆市金融业"十三五"发展规划》，对于加快构建与实体经济发展相适应、市场化水平较高的现代金融体系，进一步做大、做强、做优金融产业，充分发挥金融支撑经济转型升级具有重要的作用。

【篇章原文】

"十二五"时期，全市金融业整体实力和抗风险能力显著增强，金融市场体系不断健全，金融改革创新取得新成就，金融对外开放水平和服务能力明显提升，为建设国内重要功能性金融中心夯实了基础。

第一节 发展基础

金融业综合实力稳步提升，支柱产业地位持续巩固。2015年，全市金融业增加值超过1410亿元，是2010年的2.6倍，年均增长13.8%，占GDP比重达到9%，较2010年提高2.1个百分点。2015年金融业对经济增长的贡献率较2010年提高5.2个百分点，达到11.8%，拉动经济增长1.3个百分点。

金融总量规模迅速增长，服务实体能力明显增强。截至2015年底，金融业资产规模4.2万亿元，较2010年翻了一番。金融机构人民币存贷款余额为2.8万亿元和2.2万亿元，分别是2010年底的1.8倍和2.1倍。"十二五"时期，全市新增地方社会融资规模2.2万亿元，债券发行总额达到3666亿元。境内外上市公司总数新增17家、达到62家，新增新三板挂牌企业59家。2015年，保费收入514.6亿元、较2010年增长60%，保险赔款及给付220.2亿元、较2010年增长2.5倍。保险深度达到3.3%，保险密度达到1706元/人、较2010年增长53.3%。

金融组织体系逐步健全，金融机构加速聚集。截至2015年底，全市金融机构达到1500家，是2010年底的2.9倍。银行、证券、保险等机构持续增加，银行法人机构及市级分行达到101家，各级支行近2600家；在渝证券营业部172家，较2010年新增76家；保险法人机构及市级分公司49家，较2010年新增12家。新型金融机构迅速发展形成13个门类，资本金达到2446.9亿元、较2010年增长5.6倍。小额贷款公司265家，资本规模621.8亿元，贷款余额887.9亿元，分别是2010年的2.4倍、3.8倍、9倍。融资担保公司161家，资本规模359.3亿元，在保余额2045.8亿元，分别是2010年的1.2倍、2.9倍、5.5倍。492家股权投资类企业管理规模合计超过2000亿元，其中战略新兴产业股权投资基金总规模800亿元，产业引导股权投资基金总规模超200亿元。

要素市场体系更加完善，辐射范围有效扩大。截至2015年底，全市共有要素市场14家，形成了资产、权益和商品合约三大交易板块，交易品种37类，五年来累计交易量突破2万亿元。全国保险资产登记交易系统落户重庆，平安集团完成对重庆金融资产交易所的重组和业务布局，重庆药品交易所公司、重庆联合产权交易所公司、重庆股份转让中心公司对全国的辐射带动效应初步显现，重庆汽摩交易所公司、重庆农村土地交易所、重庆航运交易所等市场加快建设具备交易结算、电子商务、融资增信等功能的综合服务平台。

改革开放不断深化，金融结算加快发展。"十二五"时期，金融业累计引进外资超100亿美元，外资金融机构数量超过120家。金融成为中新（重庆）战略性互联互通示范项目重要板块。稳步推进投融资便利化，获得全国首批开展外资股权投资基金试点资格，引进全国首家跨境人民币基金，成为中西部唯一跨境贸易电子商务服务、外汇支付"双试点"城市。加快推进跨境结算，离岸金融结算总量达到3687亿美元，跨境人民币收付拓展至101个国家和地区，累计跨境人民币结算金额超过5000亿元，跨国公司外汇资金集中运营、跨境电子商务第三方结算、跨境人民币双向资金池等业务快速发展。

金融生态环境保持良好，金融监管体制建设有序推进。"十二五"时期，地方金融监管体制机制初步建立，中央金融监管部门与地方金融管理部门的监管协调，市级部门之间的监管协同，市、区县（自治县）两级的监管联动得到有效提升。全方位实施重点领域风险把控，有效防控传统金融机构和新型金融机构风险，非法集资案件高发势头得到遏制。截至2015年底，全市银行业不良率、小贷公司不良率和融资担保公司代偿率分别为0.9%、2.54%、1.3%，风险总体可控。

第二节 发展环境

一、发展机遇

我国经济发展进入新常态，经济结构不断优化，发展动力持续转换，发展方式稳步转变，新产业、新业态、新模式、新动能加快孕育，长期向好的基本面没有改变。我市经济保持了平稳较快增长，综合竞争力快速增强，产业结构调整和优化升级步伐加快，发展的质量和效益不断提高。经济兴则金融旺，经济发展向好的态势为金融业提质增效和可持续发展打下坚实基础。

重庆积极融入国家发展战略，区位优势突出，在"一带一路"、长江经济带、西部大开发等重大战略中承担重要使命，在国家区域发展和对外开放格局中具有独特而重要的作用。全市深入建设城乡统筹的国家中心城市，获批中国（重庆）自由贸易试验区，实施中新（重庆）战略性互联互通示范项目，打造内陆开放高地和西部创新中心，战略机遇汇集，改革开放创新加快，为建设国内重要功能性金融中心提供了强劲动力，拓展了发展空间。

"十三五"时期我国加快完善现代金融市场体系，全面深化金融机构、金融市场、金融监管、金融开放、金融安全、金融基础设施等领域改革，坚守金融服务实体经济的本质要求，提高金融资源配置的效率，为我市全面增强金融功能，拓展金融深度广度提供了良好机遇。国家层面稳妥推进区域性金融改革，"自上而下"与"自下而上"相结合，支持地方探索可借鉴、可复制、可推广的改革经验,有利于重庆金融乘势而上,进一步争取国家更大力度的支持和指导,形成在国内有影响力的特色功能和优势功能。

二、问题与挑战

站在新的起点,必须正视差距与短板,找准问题与不足。一是总量规模不够大。我市金融产业规模和增加值总量还不大,集聚辐射能力不强,地方法人金融机构数量不多,缺少全国性总部和国家级金融市场。二是发展优势不突出。金融创新的能力还需加强,在区域乃至全国具备重要影响力的机构、市场和产品不多,金融业的独特优势和竞争力有待进一步培育。三是业态发展不均衡。证券市场利用不够,保险保障不全面,资金多投资难、企业多融资难"两多两难"的问题有待解决。四是金融人才不足。缺少创新型、复合型金融人才,特别是高端金融领军人才紧缺。五是金融风险防控面临新的压力。当前金融体系、业务、产品更加复杂,各类经济、社会、金融风险交织,潜在金融风险防控难度不断增加。

同时,我国经济增速换挡、经济结构调整、新旧动能转换等带来的问题和矛盾仍然突出。我市总体上仍处于欠发达阶段、属于欠发达地区的市情和"十三五"如期全面建成小康社会的目标,都对金融机构转变经营模式、改善服务质量提出了更高要求。区域金融改革发展步伐加快,使我市面临资源、政策等方面的激烈竞争,也将进一步考验地方政府管理金融的能力和水平。

第二章 指导思想与目标

【篇章解读】

本篇具体包括"十三五"时期金融业发展指导思想、基本原则和发展目标三个方面,集中体现了中央金融工作方针和市委、市政府战略部署,体现了金融业发展的基本规律，是全面完成"十三五"规划的基本遵循和根本方法。

指导思想分为三个层面，一是深入贯彻中央对重庆市的战略定位；二是深入落实市委、市政府决策部署；三是瞄准"一市两点"战略定位，借助中国（重庆）自由贸易试验区和中新（重庆）战略性互联互通示范项目的平台优势，围绕核心功能体系建设，准确把握现代金融业发展规律和趋势，加快建设国内重要功能性金融中心。

基本原则包括四大原则，具体是坚持服务实体，产融结合；坚持健全体系，完善功能；坚持改革开放，创新发展；坚持稳健运行，防范风险。这四大原则相辅相成、融会贯通。"坚持服务实体，产融结合"是根本，"坚持健全体系，完善功能"是保障，"坚持改革开放，创新发展"是支撑，"坚持稳健运行，防范风险"是金融业发展的永恒主题。

《规划》提出到2020年，国内重要功能性金融中心建设取得显著进展，争取实现金融支柱产业地位加强、形成完善的金融机构体系、打造特色金融市场体系、建设扎实的金融基础设施体系、服务功能建设取得新突破、金融生态环境进一步优化等目标。

【篇章原文】

第一节　指导思想

以党的十八大和十八届三中、四中、五中、六中全会精神为指导，深入贯彻习近平总书记系列重要讲话和视察重庆重要讲话精神，统筹推进"五位一体"总体布局和协调推进"四个全面"战略布局，牢固树立创新、协调、绿色、开放、共享的发展理念，大力推进供给侧结构性改革，准确把握现代金融业发展规律和趋势，借助中国（重庆）自由贸易试验区和中新（重庆）战略性互联互通示范项目的平台优势，围绕金融机构、金融市场、金融基础设施等核心功能体系建设，增强金融改革创新发展的新动能，塑造金融与实体经济融合发展的新格局，构造地方金融监管的新体制，形成金融功能强、开放水平高、运行效能好、生态环境优、人才梯次全的发展新态势，加快建设国内重要功能性金融中心。

第二节 基本原则

——服务实体，产融结合。坚持金融服务实体经济的本质要求，着力增加金融有效供给，改进服务方式，改善服务质量，提升金融服务效能。提高金融工具创新和运用水平，加大金融对转方式调结构的支持力度，全方位强化对经济转型、产业升级、社会治理、民生服务等重点领域的服务，形成产业资本与金融资本良性互动、共赢发展新局面。

——健全体系，完善功能。构建多层次、多元化、互补性的金融市场体系，形成门类齐全、布局科学、结构合理、治理良好的金融机构体系，夯实金融基础功能，强化特色功能，完善配套功能，不断提高金融资源集聚辐射度，有力提升行业发展能级，促进功能性金融中心建设。

——改革开放，创新发展。充分发挥市场在金融资源配置中的决定性作用，更好地发挥政府的作用，遵循国家金融改革开放部署，高度重视金融领域新技术新理念的应用，深化地方金融改革，协同经济社会重点改革，积极稳妥推进机构创新、产品创新和服务创新，完善创新配套支撑环境，激发行业发展的动力和活力。统筹利用好境内外两个市场两种资源，加强中国（重庆）自由贸易试验区和中新（重庆）战略性互联互通示范项目与功能性金融中心建设的联动。

——稳健运行，防范风险。改革和完善地方金融监管体制，加强中央和地方金融监管协调，健全金融风险监测、评估、预警和处置体系，防范金融市场主体风险、社会领域金融风险等各类金融风险交织。把握信用、杠杆、风险的平衡，实施全方位金融监管，完善监管手段和方法，提高金融机构抗风险能力，守住不发生系统性金融风险的底线。

第三节 发展目标

到 2020 年，国内重要功能性金融中心建设取得显著进展，实现以下目标。

——金融支柱产业地位加强。到 2020 年，金融业增加值占地区生产总值比重达到 11% 以上，对经济增长的带动作用更为显著，金融业资产规模达到 7 万亿元左右。

——形成完善的金融机构体系。银行、证券、保险及各类新型金融机构加速集聚发展，基础功能更加完备。到 2020 年，金融机构数量达到 2000 家左右，行业结构更加合理均衡，商业性金融、开发性金融、政策性金融、合作性金融分工合理、相互补充的金融机构体系基本成型。

——打造特色金融市场体系。地方金融要素交易市场创新发展水平明显提升，特色功能更加突显，市场交易能力和辐射范围持续扩大。到 2020 年，金融市场交易量增长两番以上，达到 5 万亿元左右。

——建设扎实的金融基础设施体系。征信、支付、综合统计、国库、消费者保护以及金融后台服务体系等金融基础设施建设步伐加快，金融运行的配套功能更加完善、保障更加有力。

——服务功能建设取得新突破。围绕金融结算、金融交易、资金融通、保险保障、金融普惠等重点领域，基本形成特色化、差异化、在国内具有重要影响力和竞争力的金融功能。

——金融生态环境进一步优化。法治环境、政策环境、政务环境和中介环境明显改善，人才队伍建设进一步增强，社会信用体系进一步健全，金融机构营商环境进一步优化。金融运行效能提高，金融监管体系更加健全高效，金融机构风险管理水平位居全国前列，发展质量和效益水平保持良好。

表　　　　　　"十三五"期间金融主要发展指标

序号	指标名称	2015 年	2020 年
1	金融业增加值占 GDP 比重（%）	9	高于 11
2	金融业资产规模（万亿元）	4.2	7
3	金融机构数量（家）	1500	2000
4	新增地方社会融资规模（万亿元）	【2.2】	【2.8】

续表

序号	指标名称	2015 年	2020 年
5	金融要素市场交易规模（亿元）	9919	50000
6	小微企业贷款年均增速（%）	19	不低于全市贷款平均增速
7	国民经济证券化率（%）	53.7	高于全国平均水平
8	保险密度（元）	1706	3500
9	保险深度（%）	3.3	5
10	全行业资产利润率（%）	1.57	高于全国平均水平
11	银行不良贷款率（%）	0.9	保持低于全国平均水平

注：①经济指标绝对数为当年数；
②"【 】"为"十二五"或"十三五"规划期累计数。

第三章　构建金融核心功能体系

【篇章解读】

本篇内容是经过多次反复讨论修改后确定的，我们对原"初稿"作出较大调整，重点突出了功能性金融中心的转型发展。其中，在"征求意见稿"中，采纳了中国社科院等机构的研究成果，围绕金融结算、金融交易、资金融通、保险保障、金融普惠五个功能定位，建设功能性金融中心。之后，在更深入、大量论证重庆建设国内重要功能性金融中心的针对性、科学性和可操作性的基础上，高度概括并形成体系，最终确立了"构建金融核心功能体系"的核心功能定位，通过构筑现代金融机构体系、金融要素市场体系和金融基础设施体系三大体系，重点突出金融基础功能、特色功能和配套功能三大核心功能，提升金融产业的发展特色和比较优势。在此总体框架下，努力在金融结算、金融交易、资金融通、保险保障、金融普惠等方面取得新突破，力争在国内形成较大的影响力和较强的竞争力。

一是发展现代金融机构体系，夯实金融基础功能。重庆市金融机构牌照已有 27 类、持有国家牌照的法人金融机构已有 72 家。"十三五"时期，将继续完善金融机构牌照体系，完善机构门类，壮大总部法人机构，创新机构业态，健全金融功能的基础载体。

二是构建金融要素市场体系，强化金融特色功能。重庆市已有 14 家金融要素市场，年交易规模 1 万亿元。"十三五"时期，将重点打造保交所、金交所、石油天然气交易中心三大全国性万亿元级金融市场，提高区域性市场资源配置能力，增强行业发展独特优势。

三是健全金融基础设施体系，完善金融配套功能。重庆市各类金融基础设施运行良好，已形成跨境人民币结算、跨境电子商务结算、离岸金融结算等新型结算业态，年结算规模约 2 万亿元。"十三五"时期，将重点丰富拓展金融结算内涵，提高支付结算体系效率，强化金融配套服务能力。

【篇章原文】

第一节　发展现代金融机构体系，夯实金融基础功能

加大机构牌照培育、重组、引进力度，健全金融机构体系，完善机构门类和结构层次，增强金融机构实力，为功能性金融中心建设提供载体和支撑。

一、丰富金融机构牌照门类

不断提高金融机构集聚度，紧跟国家金融政策动向和金融机构创新进展，积极参与国家各项金融改革和金融机构业务模式创新。吸引各类金融机构来渝设立总部、区域性总部、功能性总部和专业子公司，发展一批法人机构、专业机构、专营机构、中介机构和服务平台。推动在渝内外资金融机构分支机构提档升级，提升管理层级和业务辐射范围，争取新增一批外资金融机构国内法人总部。

支持境内外银行业金融机构来渝设立分支机构或功能性总部，引进银

行票据、资金运营、信用卡、理财、贵金属等业务板块和条线子公司落户重庆，争取各银行总行来渝设立离岸中心、后台业务处理中心、国际结算中心、全国性清算中心，大力发展消费金融类业务。积极争取有限牌照银行、养老金管理等试点，不断完善银行金融机构体系。支持符合条件的外国银行在渝设立分支机构，支持符合条件的民间资本参与现有银行业金融机构尤其是中小商业银行的增资扩股和重组改制，引导民间资本依法发起设立村镇银行、非银行金融机构，提升银行业对内对外开放水平。"十三五"期间，力争我市银行业金融机构法人机构、市级分支机构和功能性总部机构数量增加20家。

推动证券公司、基金管理公司、期货公司、证券投资咨询公司等交叉持牌，支持符合条件的金融机构在风险隔离基础上申请证券期货业务牌照。支持设立合资证券公司，鼓励民间资本设立专营证券公司。支持证券期货经营机构与其他金融机构在风险可控前提下以相互控股、参股的方式探索综合经营。推动证券经营机构实施差异化、专业化、特色化发展，促进形成若干具有国际竞争力和品牌影响力的现代投资银行。引导证券公司在贫困区县（自治县）设立分支机构或工作站等，扩大服务区域。适时扩大外资参股或控股的境内证券期货经营机构的经营范围。"十三五"期间，力争我市证券、期货、基金法人和市级分支机构数增加40家。

积极争取在渝新设相互保险、自保险等新型市场主体，发展农业保险、互联网保险等专业性机构以及人寿保险、财产保险、保险资产管理公司等法人机构。积极推动国内外保险及再保险机构来渝设立分支机构、后援中心等。引导和鼓励在渝保险法人机构加强创新、稳健发展，形成各自特色经营模式，服务经济转型升级，积极参与社会治理，满足人民群众多样化保险需求。"十三五"期间，力争我市保险法人和市级分支机构数增加20家。

二、壮大地方法人金融机构总部

做大法人金融机构资本规模，引进具有全国性影响力的资本资金重组、参股我市法人金融机构，增强机构资本实力、运营能力和扩大业务规模。有序支持本地法人金融机构走出去，鼓励我市金融机构通过新设或收购，在境内外组建综合或专业金融子公司，设立分支机构，稳步拓展海外业务，提升资本管理和跨境运营能力。加大本地各类法人金融机构运用资本市场的力度。推进H股上市法人银行回归A股，进一步完善银行资本金补充机制。促进法人证券公司提升监管评级，快速提升净资本规模，拓展海外窗口和平台，争取更多业务资格，建成全国一流券商。支持法人保险机构上市，打造全国性总部梯队，组建保险集团，提高保险资金投资运用能力。发挥各类国有资本运营公司优势，加强统筹市内法人金融机构的战略协同与业务联动，实施对外收购兼并，打造金融控股集团。发展民营金融控股公司，开展多元化金融业务，形成可持续的综合金融服务商业模式。

三、创新金融机构门类和业态

争取申报设立银行卡清算机构，创新支付清算方式，扩展境内外线上业务，发展县域农村支付业务，降低银行卡使用费率，打造银行卡产业。支持各类产业资本来渝投资设立移动金融、汽车金融、消费金融、财务公司、产业基金等金融机构，立足重庆，面向西部乃至全国提供服务。大力发展政府支持的融资担保机构，健全再担保体系。围绕产业链、价值链和大数据创新小额贷款公司经营模式，发展支持科技、创业创新和"三农"的专业性小额贷款公司。规范发展股权投资、风险投资、资本管理等机构。推动设立主要服务小微企业和"三农"的金融保理公司、金融租赁公司、内外资融资租赁公司等机构。落实国家关于互联网金融发展的政策要求，支持众筹平台、金融科技公司发展，构建新型网络创业股权投资平台，探索发展基于大数据、云计算的金融新业态。

专栏1 健全"全牌照"金融机构体系

银行、证券、保险金融机构。推动设立银行卡清算机构、移动金融公司、有限牌照银行等创新机构，争取各银行总行来渝设立离岸中心、后台业务处理中心、功能性总部、国际结算中心，发展一批第三方支付机构。争取设立中外合资券商机构、券商资管公司，发展公募证券投资基金、私募证券投资基金。争取境内外再保险公司在渝设立分支机构，设立专门服务"三农"领域的财产保险公司，组建保险资产管理公司、自保公司、相互保险公司、互联网保险、养老金管理公司等机构。吸引产业资本设立金融租赁公司、财务公司等机构。

地方新型金融机构和市场。在风险可控的前提下，鼓励金融与互联网、云计算、大数据等结合，规范发展网络小贷公司、私募股权投资基金、风险投资基金、资本管理公司、资产管理公司、金融保理公司、财富管理、股权众筹等机构。稳妥创新旅游交易、跨境葡萄酒、影视版权等各类金融要素市场。

四、完善金融中介服务体系

加强各类中介服务机构与金融机构、企业的对接，创新服务方式，提高中介服务水平。实施金融中介机构引进计划，支持国际国内知名会计师事务所、信用评级机构来渝设立分支机构或区域性总部。做优金融领域法律服务品牌，积极发展资产评估、投资咨询、保险经纪、公估、审计、证券投资咨询等中介服务机构。鼓励金融数据处理、金融软件开发、客户服务和拓展等服务外包业务发展，设立针对个人或企业征信的征信公司、信用评级公司等信用服务机构。

第二节 构建金融要素市场体系，强化金融特色功能

充分发挥金融要素市场降低交易成本、价格发现、优化资源配置、规范市场秩序和实现金融结算的五大核心功能，构筑金融服务实体经济的特色渠道。

一、积极融入全国金融市场

发展全国性金融交易市场集群，形成功能性金融中心建设的重要支柱。

建设全国性保险资产登记交易系统，围绕保险资产登记、交易、结算和保险资金资产配置的特色功能定位，加快集聚全国保险机构、产品和资金，建成全国性保险机构市场、保险业资金市场，畅通保险资金直接服务国民经济的通道，成为我国保险业的重要基础设施。支持重庆金融资产交易所公司围绕"中小金融机构资产负债管理商"和"地方政府资产负债管理商"的特色功能定位，着力打造机构间的金融资产交易市场，形成"非标"金融资产的定价中心，建成全国性互联网金融交易所。建设国家级石油天然气交易中心，搭建集现货、期现结合、期货交易为一体的多层次现代石油天然气交易平台，形成全国性石油天然气交易中心，强化我国在国际能源市场定价权和话语权。

争取全国金融市场改革试点。抓住资本市场改革机遇，争取创业板改革试点，推动重庆股份转让中心公司与全国股转系统互联互通，探索多层次资本市场转板机制。继续推动设立大宗商品期货交割库，为企业提供便利的交易条件，拓展大宗资源性产品期货、商品期权、金融期货等交易工具运用。争取银行间交易商协会产品创新与业务试点，加强与中债信用增进投资股份有限公司合作，探索通过批量授信的方式为企业发债提供"一揽子"服务，开展信用衍生品等创新。争取银行间外汇掉期冲销业务试点，加快推进外汇即期、远期、衍生产品等业务创新。与上海黄金交易所合作，打造区域性黄金交易中心，拓展实物黄金、账户黄金和黄金衍生产品交易，开展黄金互换、黄金租赁等融资业务。

二、增强地方金融要素市场集聚辐射效应

加快要素市场发展整合步伐。扶持一批在全国或区域市场有影响力的产品种类，形成一批竞争力强、运作规范的综合性要素市场平台（联盟）。支持重庆药品交易所公司、重庆联合产权交易所公司、重庆股份转让中心公司等有条件的机构加快引进战略投资者、增加注册资本，增强发展后劲，扩大全国市场影响力。支持重庆（荣昌）生猪交易市场、重庆航运交易所、重庆农村土地交易所、重庆汽摩交易所公司、重庆咖啡交易中心公司、重庆电力交易中心、重庆资源与环境交易中心等打造特色功能，力争成为有

全国影响力的区域性特色要素市场。支持要素市场加强资源整合与业务联动。推进重庆农村土地交易所与重庆涪陵林权交易所公司，重庆农畜产品交易所公司、重庆咖啡交易中心公司与重庆土特产品交易中心公司，重庆金融资产交易所公司与重庆股份转让中心公司等立足交易需求和自身特色优势开展合作，形成协同效应。统筹要素市场布局，调整优化现有市场定位和产品结构，研究整合重组一批行业相似度过高、发展潜力较小的产品种类和平台。

创新要素市场机构体系。依托我市资源禀赋条件，稳步推进科技要素、影视版权、电力、旅游、天然气等交易中心建设，进一步丰富完善权益类、资产类、商品（合约）类交易场所机构体系。依托中新（重庆）战略性互联互通示范项目和中国（重庆）自由贸易试验区建设，探索创新发展一批跨境要素市场（平台），支持符合条件的要素市场在中国（重庆）自由贸易试验区内设立电子信息产业链、金融资产、黄金及钻石（制品）、物流等跨境业务平台，提高我市金融要素市场对外交易辐射能力。"十三五"期间，争取建成连接境内外市场、服务功能全、定位精准的交易场所体系。

创新交易模式和产品种类。不断夯实现货交易基础，按照国家监管政策要求，稳步探索现货、期限结合、期货、复杂衍生品的交易模式演进升级。积极推进"互联网+交易所"融合发展，将互联网跨区域的穿透性、辐射性与要素市场的核心功能有机结合，进一步提升交易结算、电子商务、融资增信"三个平台"综合服务功能，形成集交易、物流、结算、信息"四大中心"于一体的综合服务体系。增强市场交易信息整合功能，规范市场秩序，简化交易程序，加强仓储物流、质量监控、结算等配套功能，降低企业交易成本。引导商品合约类交易场所扩大现货交收比例，提高交易转化率，强化对要素资源的配置能力。

第三节　健全金融基础设施体系，完善金融配套功能

构建市场化、信息化、一体化的金融基础设施体系，不断延伸金融产

业链条,强化金融配套服务能力,保障金融市场安全高效运行和整体稳定。

一、发展特色金融结算服务

跨境人民币结算。全面推进企业、个人、金融同业、要素市场等跨境人民币业务,扩大人民币结算覆盖面。丰富跨境人民币结算方式,扩大经常项下和资本项下跨境人民币结算规模,增强对外贸易投资的支持力度。积极开展信用卡消费结算,稳妥开展宏观审慎管理框架下的全口径跨境融资、股权投资基金人民币对外投资、境外发债、个人经常项下跨境人民币结算等创新业务。到2020年,力争全市跨境人民币结算规模达到6000亿元。支持钱宝等海外结算企业创新发展。以人民币加入特别提款权(SDR)为契机,构建海外人民币基础结算平台,服务全球大宗贸易,构建支付产业链。探索布局海外清算网络,探索运用分布式计算、区块链、并行数据处理和挖掘技术,发展全球间多币种实时清结算业务。

跨境电子商务结算。积极推进全国跨境电子商务综合试验区建设,吸引异地跨境电商来渝开展结算,扩大跨境互联网电子商务结算。鼓励开展电子商务领域的人民币跨境结算,推进支付机构跨境外汇支付结算业务试点,支持国际电子商务认证中心开展跨境电子商务外汇结算业务。推动支付服务市场向外资非金融机构开放,支持银行机构与符合条件的互联网支付机构开展跨境支付合作。到2020年,力争跨境电子商务结算规模突破200亿元。

跨国公司总部结算。积极引进跨国公司、国内外总部机构、大型企业集团在渝设立资金运营和结算中心。深化跨国公司外汇资金集中运营试点,研究放宽业务管理准入条件,探索简化资金池管理,支持开展跨境双向人民币资金池业务,鼓励跨国公司集中办理境内成员企业经常项目下的外汇资金集中收付汇和轧差净额结算等业务,提高主办企业境内账户与境外账户资金流动的便利度。到2020年,力争跨国公司总部结算规模达到5000亿元。

离岸金融结算。支持符合条件的银行试点开办离岸银行业务,引进银行机构来渝设立跨境结算中心、离岸业务运营中心，探索扩大开办本外币离岸业务的机构范围。扩大离岸结算业务规模，支持银行机构提升多币种产品交易和清算能力，完善对非居民的金融服务。继续做大惠普（重庆）离岸结算规模，向跨国公司复制推广结算模式。到2020年，力争离岸金融结算规模达到6000亿美元。

金融要素市场结算。支持要素市场运用互联网技术为交易双方提供便捷结算服务。鼓励有条件的要素市场开展跨境交易结算，完善配套管理便利化措施，实现要素市场结算量稳步增长。推动建立要素市场结算平台和资金监控平台，提升结算资金运转效率。发挥联合产权交易所"联付通"支付牌照作用，为各交易所提供结算合作服务，形成共享共赢的良好态势。到2020年，力争全市金融要素市场结算规模达到5万亿元。

企业账户资金结算。发挥环球银行金融电信协会（SWIFT）全球银行通信网络的基础性作用，与地方法人银行合作，在渝设立跨国企业全球现金管理平台，建设企业级全球账户资金结算中心"金融云"。支持企业集团和跨境企业接入平台进行快捷跨境支付，实现财务一体化管理与资金结算集约化管理。到2020年，力争全市企业账户资金结算规模突破1万亿元。

二、健全支付结算体系

优化多层次支付清算网络。完善安全高效的支付清算基础设施，丰富支付清算渠道，提升支付效率。加强大、小额支付系统及网上支付跨行清算系统等支付清算系统的业务管理，提高风险防范意识和能力。充分发挥银行业金融机构行内系统的基础性功能，积极支持各类市场主体在零售支付系统建设中发挥作用，协同为社会公众提供更加安全、便捷、低成本的支付服务。

夯实票据支付结算能力。推动票据市场统一化、电子化进程，支持和推动票据影像业务和电子票据的发展，研究引入电子票据新品种，降低票据处理成本，提高票据支付效率。提升纸质票据防伪技术及核验水平，确保票据使用安全。

提高银行卡支付结算效率。全面促进银行卡应用，不断改善受理环境，扩大银行卡受理范围，推动金融IC卡与公共服务应用的结合。开展农村支付服务环境建设综合试点，创新农村支付服务产品。严格落实银行账户实名制，规范银行卡发行和收单市场，强化特约商户和受理终端管理。

发展移动支付和网络支付。推进商业银行、非银行支付机构、银行卡清算机构等开展移动金融业务创新，实现跨行业、跨区域、跨介质的资源整合和信息共享。发展移动金融实体企业，丰富移动金融产品。完善移动金融受理环境，推进示范区、示范商圈建设，拓展移动金融在电子商务和公共服务领域的应用。积极对接移动金融相关标准规范，建设重庆移动金融可信服务平台，实现与国家移动金融安全可信公共服务平台对接，构建移动金融安全可信基础环境，增强创新安全可控能力，提升交易可靠性。推动网络支付业务健康有序发展，严格落实支付账户实名制，规范发展支付机构网络支付平台。推动科技手段与移动支付应用的融合，加快移动支付在金融、交通、医疗、教育等领域的渗透应用。

三、提高金融基础设施服务能力

加强金融要素市场配套基础设施建设。围绕要素市场公共服务、监管功能发挥，探索建立统一登记（监管）系统、大宗商品仓储监控中心、大宗商品物流服务平台、呼叫（回访）后援服务中心、仲裁调解中心等基础设施，形成系统发达、功能强大、数据管理规范、架构设计合理的市场配套基础设施体系。

建立金融风险监测预警系统。支持银行、证券、保险等行业完善监管信息系统，适应金融监管改革需求。健全小贷公司、融资担保公司、要素市场非现场监管系统，提高实时监测和纠错能力。探索实施互联网金融机构运行监测，形成在线监测预警和常态化管理机制。探索监管数据系统和机构风险管控系统的有效对接，进一步增强风险监测的准确性和风险预警的及时性。

健全金融后台服务机构体系。拓展金融产业链，积极打造全市金融配套服务基地,完善金融后援现金中心、结算中心、灾备中心、数据处理中心、银行卡中心、研发中心、呼叫中心等后台服务机构体系。争取全国生证券、国债、清算等登记托管分中心落户重庆。吸引境外证券交易所和证券清算、存托机构在重庆设立代表处和办事机构。

完善金融综合统计,推进宏观审慎框架下统一、全面、共享的地方金融综合统计体系建设,健全本外币协同统计监管框架,完善地方金融信息动态收集、报送、发布机制。建设国库服务体系,实施国家金库工程,推进国库信息化及其配套工程建设。加强国债发行兑付管理,深化匡库现金管理,提升国库分析研究水平。

第四章 重点任务和措施

【篇章解读】

本篇明确"十三五"时期,重庆市金融发展的重点任务和措施主要集中在优化金融功能空间布局、金融服务供给侧结构性改革等八个方面,更加全面深刻地阐述了重庆建设国内重要功能性金融中心具体发展路径。八项重点任务和措施始终按照服务于"一带一路"、长江经济带、西部大开发等重大战略,按照加快实施创新驱动发展战略要求,坚持以服务实体经济为宗旨,以市场化为导向,统筹发展间接融资与直接融资、传统金融业态与新兴金融业态,为实体经济发展提供有力支撑。通过深化改革、扩大开放,进一步优化金融发展环境,激发金融创新活力,防范金融运行风险,逐步建成内陆金融开放高地、普惠金融示范区及全国保险创新发展试验区。具体重点任务和措施如下。

一是优化金融功能空间布局。推动两江新区建设内陆金融综合改革试验区、江北嘴—解放碑—弹子石建设功能性金融中心核心区。引导各功能区域因地制宜、培育发展金融特色产业。

二是金融服务供给侧结构性改革。通过增加有效金融供给、减少无效金融供给、加快科技金融和绿色金融发展，提高金融服务实体经济的能力和质量。

三是提升金融运行效能。通过创新投融资体系、畅通企业融资渠道、提高金融机构运行效率和效益水平。完善机构治理架构，加强财政杠杆、信用增进等外部配套，形成运转高效、效益良好、风险可控的良好态势。

四是形成内陆金融开放高地。抓住中国（重庆）自由贸易试验区建设、中新（重庆）战略性互联互通示范项目金融合作机遇，推动金融对外开放、探索跨区域金融合作，深化重庆市金融市场与周边市场的紧密融合。

五是打造普惠金融示范区。坚持基础金融服务与改进重点领域金融服务相结合，加大经济发展薄弱环节的金融资源有效供给、深化农村产权抵押融资改革、强化金融精准扶贫、发展互联网金融等，提高金融服务的覆盖率、可得性和满意度。

六是建设全国保险创新发展试验区。通过发展西部再保险市场、增强保险社会民生保障"稳定器"功能、发挥保险经济"助推器"功能，加快建设与重庆市经济社会发展需求相适应的现代保险服务业。

七是改善金融生态环境。通过优化法治和社会信用环境、完善政务和政策环境、加强金融消费者权益保护等，着力打造在全国具有良好美誉度、对金融机构有较强吸引力的生态环境。

八是建设金融人才高地。通过创新金融人才引进方式、加大人才引进政策力度、健全多层次金融人才培养机制、培养金融文化氛围等，营造实现金融人才价值的良好发展环境。

【篇章原文】

第一节　优化金融功能空间布局

优化金融资源空间布局，引导各功能区域因地制宜、突出首要，培育发展金融特色产业，打造层次分明、功能齐备、结构合理、互为支撑的金融产业和功能格局，形成建设国内重要功能性金融中心的合力。

一、以两江新区为载体，推进内陆金融综合改革创新

充分发挥两江新区的开放引领、创新示范和辐射带动作用，争取国家赋予两江新区更多金融先行先试政策，推进实施中国（重庆）自由贸易试验区金融项目，推动中新（重庆）战略性互联互通示范项目金融合作创新试点在两江新区加快落地，探索建设内陆金融综合改革试验区，为全市内陆金融开放高地建设提供有力支撑。支持照母山片区新型金融机构和创新要素集聚。围绕两江新区开放平台和口岸建设，加强对加工贸易、服务贸易和新型贸易的金融服务。围绕两江新区产业发展需求，健全创业创新金融服务体系，整合各类金融资源，发挥两江新区战略性新兴产业股权投资基金等政府投资基金的引导作用，为先进制造业、战略性新兴产业、高技术服务业发展提供有力服务。

二、以江北嘴—解放碑—弹子石为平台，建设功能性金融中心核心区

大力推进江北嘴—解放碑—弹子石金融核心区建设，不断增强核心区建设政策优势，集成金融高端要素和功能，进一步提升城市形象和行业形象。高标准打造江北嘴金融城，鼓励新设和引进全国性、区域性金融总部和全国性金融市场，建设跨国资金运营和结算中心，打造金融总部集聚地。加快解放碑金融商务区建设，进一步优化商务环境，打造外资金融总部机构聚集区、金融要素市场聚集区，发展多层次支付结算、财富和资产管理业态。完善弹子石区域基础设施和营商氛围，积极引进特色新型金融机构，结合中央银行综合金融服务基地建设，打造金融综合配套服务产业，培育发展信用评级等金融综合服务和中介服务机构。

专栏2　金融改革创新试点布局

坚持突出首要、以点带面，在全市范围内选择一批条件成熟的区县分类开展金融改革创新试点，为深化金融改革开放、创新服务实体经济积累经验。

产业金融服务创新试点。支持万州区、黔江区、沙坪坝区、九龙坡区、南岸区等区县立足区域自身基础，围绕支柱产业、优势产业集群的发展要求，加大融资平台和增信机制建设，引导金融优化资源配置，提供针对性金融服务。

金融开放创新试点。立足自由贸易试验区区位布局，开展跨境金融结算、跨境人民币业务创新、跨境投融资便利化等金融服务试点。按照有形+无形的理念，在全市推进中新金融合作示范项目。

农村金融改革试点。支持涪陵区、开州区、忠县、酉阳县等"两权"试点区县（自治县）及大足区、武隆区等有条件的区县围绕分散现代农业规模经营风险、盘活农村资源，在农村金融服务组织、供应链金融服务、扩大农业贷款抵质押担保物范围、农业保险等方面进行探索。

物流金融创新试点。支持沙坪坝区等有条件的区县围绕跨境物流、公路物流、铁路物流、航空物流等产业，研究组建物流金融平台、完善物流金融机构体系、创新物流金融产品和服务。

大数据金融产业创新试点。支持渝北区等有条件的区县依托大数据基础设施体系，探索云计算、大数据、物联网等新兴产业在金融领域的运用。

金融后台服务创新试点。支持南岸区、江津区等区县集聚发展金融后台服务产业，提升金融综合配套服务能力。支持巴南区、永川区等区县集聚发展金融信息技术、业务流程及知识处理外包产业，提升金融服务外包的功能和水平。

第二节 服务供给侧结构性改革

主动适应经济发展新常态，以供给侧结构性改革为主线，实施"三去一降一补"重点任务，为实体经济增加有效金融供给、减少无效金融供给，加快科技金融、绿色金融发展，提高金融服务实体经济的能力和质量。

一、强化对有效供给体系的支持力度

做好资金"加法",引导金融机构配合实体经济发展调存量、优增量,加大对转型升级的传统优势产业、战略性新兴制造业、战略性新兴服务业的支持力度。发挥银行主渠道作用,调整信贷投放结构,向符合国家和地方重大发展战略的领域倾斜。创新银行产品服务,围绕汽车、电子信息、新能源、新材料、互联网云计算大数据等新兴产业发展价值链融资、供应链融资、消费金融等新业务。扩大贷款抵质押物范围,鼓励使用动产、应收账款、仓单、股权、知识产权、收益权等进行抵(质)押贷款,提高抵(质)押率。发展银行理财子公司,进一步提高银行资产管理和投资能力,支持财务公司服务范围沿产业链拓展。

二、支持去除无效供给

做好资金"减法",密切配合推进去产能、去库存、去"僵尸企业"和空壳公司,切实减少无效供给和低效供给,提高资金使用效率。坚持区别对待、有扶有控原则,对产品有竞争力、有市场、有效益的优质企业继续给予信贷支持;严控钢铁、煤炭、烟花爆竹等过剩行业、过剩产能信贷投放,稳妥实施信贷退出,逐步压缩高污染、高能耗企业贷款。有效发挥金融风险企业债权人委员会机制作用,督促银行、小贷、担保等金融机构一致行动,集体确定增贷、稳贷、减贷、重组等处置措施。有序推动"僵尸企业"重组整合或市场退出,支持金融机构调整还本付息政策,积极稳妥开展并购贷款业务。加强统筹协调和信息共享,严厉打击恶意逃废债务行为。

三、降低企业融资成本

加强监管指导和政策引导,进一步完善重庆市场利率定价自律机制,督促金融机构落实国家利率政策,合理确定利率水平。引导金融机构把握创新实质,围绕真实经济活动创新产品和服务,压缩过多环节、过长链条的产品。持续规范金融机构、中介机构服务收费,加强收费合规性、真实性管理,整合精简收费项目,降低收费标准,公示收费价格,清理整顿不合理收费。扩大股权融资比例，通过财政补贴、银保合作等方式降低企业抵押担保成本，完善企业信用等级评价机制。推动符合条件的银行和实施主体按照国家相关政策要求，积极推进实施债转股试点，与债权人委员会、投贷联动等政策联动，做好风险监测防范，确保依法有序推进，提高企业经营管理和盈利水平，降低企业杠杆率。

四、服务创新驱动发展战略

鼓励商业银行在产业园区、孵化器设立科技支行，支持银行、小贷与创投基金合作开展投贷联动，创新知识产权质押融资模式。探索设立科技创业证券公司，支持科技项目开展众包众筹。壮大创业投资规模，支持创业种子、天使、风险投资等各类基金发展，吸引产业企业、保险、信托等渠道投资设立创业投资企业和创业投资母基金，打造"双创"投资机构聚集地，鼓励成立公益性天使投资人平台组织，发展投保联动、投债联动等新模式。为创新创业企业登陆创业板、新三板融资创造条件，支持重庆股份转让中心科技创新板建设。推动财政资金与金融资本共同设立风险补偿资金，形成科技融资担保联动机制。发展科技保险，探索建立科技保险奖补机制和再保险制度，开展专利保险试点，形成风险补偿分担机制。

五、积极发展绿色金融

按照国家对绿色金融发展的部署，加快建立绿色金融体系，引导更多社会资本投入节约资源技术开发和生态环境保护等绿色产业。加大绿色信贷投放力度，积极发展能效、特许经营权、排污权、碳排放权抵（质）押贷款，研究建立绿色信贷贴息机制、绿色项目担保机制，降低绿色信贷成本，推动地方法人银行纳入绿色银行评价范围。支持符合条件的机构发行绿色债券等产品，鼓励发展绿色信贷资产证券化，推动节能、清洁交通、清洁能源、污染防治等行业企业上市挂牌和再融资。支持政府性资金与社会资本共同发起设立绿色发展基金，运作好环保产业股权投资基金，重点支持成长性较好的生态环保类企业和重大环保基础设施项目。落实环境高风险领域环境污染强制责任保险制度,支持保险机构创新绿色保险产品和服务。推动重庆资源与环境交易所加快发展,整合排污权、碳排放权、节能量、环保服务等环境权益,打造综合性环境资源交易平台。完善信用环境配套,将企业环境违法、环境影响评价、项目竣工验收、清洁生产审核等信息纳入征信系统,将企业环境信用记录作为融资重要参考条件。

第三节 提升金融运行效能

坚持市场化改革导向,促进金融体系发展转型,创新投融资体系,顺畅社会资金流动,提高金融整体运行效能。加快金融机构经营转型,完善机构治理架构、内部管理和信息技术支撑,加强财政杠杆、信用增进等外部配套,形成渠道畅通、运转高效、效益良好、风险可控的良好态势。

一、畅通企业融资渠道

大力发展直接融资。进一步提高股权融资比重,优化企业融资结构,完善企业市场化资本补充机制。推动企业在境内外多层次资本市场上市、挂牌,不断提升全市证券化率水平,进一步完善企业上市储备机制和激励政策。支持企业在银行间债券市场和交易所市场发行债务融资工具,创新股债结合、高收益企业债、项目收益债、永续债、资产支持证券等产品。建设区域性资本市场,创新基础设施支持证券、房地产信托投资基金(REITs)等资产证券化产品,探索开展私募股权基金份额转让,探索重庆地区债券价格指数,增强市场活跃度和融资能力。支持国内外资本在渝设立各类公募、私募股权投资基金,多渠道推动股权融资,争取与国家风险投资基金等机构合作,发挥产业引导股权投资基金、战略性新兴产业基金、中新互联互通投资基金的引导放大作用,撬动社会资本投入。吸引保险资产管理机构来渝设立保险私募基金,与产业引导股权投资基金合作设立专项投资基金。

畅通间接融资渠道。推动银行业金融机构创新金融产品和提高风险识别能力,加大银企对接力度,保持信贷合理稳定增长。完善贷款担保机制,探索设立融资担保基金，与国家融资担保基金对接，强化担保行业承保能力。发挥再担保公司作用，建立全市"伞形"担保业务分险体系。研究设立应收账款登记中心，加强仓单质押监管，支持建设各类应收账款融资服务平台、产融信息对接平台，强化产融信息对接。引导银行规范开展各类表外融资业务，综合运用理财、资管资金为实体企业服务。

二、提高金融机构运行效率

支持民间资本进入金融领域，支持外资金融机构提高市场份额，通过加大市场竞争提升金融市场运行效率。深化地方法人金融机构改革，优化调整国有资产考核制度，改善公司治理机制和组织架构，提高整体管理效能。加快金融业信息化建设，促进金融机构IT系统架构转型升级，完善综合业务管理系统，围绕客户需求和业务条线，建立企业应用和大数据应用等平台，提高IT技术的前瞻性、稳定性和支撑能力，实现IT系统由业务支撑向业务推动转变。健全信息系统安全防护体系，保持"两地三中心"灾备中心稳定运行，提高科技管理水平和科技风险防控能力。

三、保持良好的机构效益水平

推动金融机构扩大业务范围，加快经营转型和业务创新，提高盈利能力，"十三五"期间，争取全市金融行业资产利润率、资本利润率等指标保持高于全国平均水平。支持法人银行机构申请债券承销、财富管理、私人银行等业务牌照，争取银行间市场交易商协会主承销商资格，申请证券期货、基金业务牌照。加快银行业务转型，积极拓展表外资产、投行、代理类业务，提高非息收入占比，增加生息资产的收益率。提升管理精细化水平，加强成本管控能力，优化存款结构，降低资金、费用、税务、资本、风险等成本。强化券商综合金融服务能力，争取法人券商境内业务全牌照资格和境外证券交易所业务资格，推动业务模式向"资本＋中介"转型，拓展全产业链服务模式，不断增加零售、投行、资管、机构、买方和国际等业务协作，提高业务核心竞争力，加大互联网信息技术运用，满足资本市场各参与方需求。推动保险机构经营方式和产品创新，增加机构网点覆盖面，加快网销等新型渠道建设，实现保费规模增长。以保险服务为核心，拓展养老产业、健康管理等关联产业。完善保险资产配置管理体系，加大股权、股票、无担保债等投资力度，提高投资效益水平。引导各类新型金融机构发挥比较优势，明确市场定位，贴近乡镇、村、社区客户需求，实现与银行、证券、保险等传统金融机构的错位竞争。发挥好信托公司境外理财业务（QDII）作用。积极引导小贷、担保等行业转型发展，促进并购重组和市场化退出。

四、防范化解金融机构重点风险

严密防控金融机构风险叠加、交叉传染。强化中央、地方金融管理部门协作，健全风险监测、评估、预警、信息共享、重大风险事件报告等机制，按照"透明、隔离、可控"的原则，防范银行、证券、信托、保险、私募基金、互联网金融等机构跨行业跨市场经营风险，禁止跨境跨业违规套利。严控金融产品高杠杆风险，严格管理万能险、股市杠杆融资、券商资管、理财等产品风险，规范金融要素市场行为。加强声誉风险管理，有效管理市场预期，维护良好金融秩序。

完善金融机构风险治理机制，提高信息系统和数据质量水平，建立健全风险"防火墙"，提升全面风险管理能力。强化金融机构流动性风险防控，督促金融机构加强流动性管理机制建设，统筹协调表内外流动性管理，满足监管资本要求，高度关注流动性风险与市场风险相互转化。强化操作风险防控，加强重点领域和关键环节的操作风险管理，加大检查处罚和责任追究力度，规范从业人员行为。强化信用风险管控，加强信用风险动态监测和前瞻性管理，管控好房地产、政府债务、关联企业、跨境融资套利等信贷业务风险，落实金融中介机构责任，防范化解信用卡违约、债券信用违约风险。加大不良资产核销处置力度，拓展不良资产打包出售、仲裁、债权重组等处置渠道，探索不良贷款资产证券化和不良资产收益权转让试点。到2020年，力争小额贷款公司不良率、融资担保公司代偿率等指标保持低于全国平均水平。

第四节　形成内陆金融开放高地

抓住中国（重庆）自由贸易试验区建设、中新（重庆）战略性互联互通示范项目金融合作机遇，顺应国家对内对外开放大势，不断创新金融对"一带一路"和长江经济带、成渝城市群发展等重大战略的服务，为国家提供可借鉴、可复制、可推广的改革经验，促进金融与国际金融市场的全方位对接，深化我市金融市场与周边市场的紧密融合。

一、务实推动金融对外开放

推动中国（重庆）自由贸易试验区金融制度创新突破。探索在试验区内建立宏观审慎框架下的外债和本外币一体化资本流动管理体系，探索推进自由贸易账户建设，促进资本项目可兑换的先行先试，积极稳妥实施全口径跨境融资宏观审慎管理。简化和完善外汇管理行政审批，从事前审批向事中事后监管转变，切实促进贸易投资便利化。在防范风险前提下，支持试验区内各类金融机构提高业务自主权，研究探索综合经营试点，开展本外币离岸金融业务，在银行、保险、融资租赁、股票、债券等方面推动以人民币计价的业务创新，探索开展境外证券发行承销、投资顾问、金融产品销售等业务，提升跨境金融服务能力。

促进中国（重庆）自由贸易试验区跨境双向投融资改革。在风险可控前提下，促进试验区内跨境投融资便利化的改革试点。拓展境内外证券期货市场的双向投资渠道，提高试验区内境外个人投资人民币金融产品的便利度，支持证券、期货经营机构开展非居民个人境内证券期货投资业务。进一步完善外债规模管理改革试点，支持试验区内银行、企业等主体与境外开展双向人民币融资，优化调整融资租赁、商业保理公司等机构跨境金融服务的外汇管理。

发展外资金融机构。完善中国（重庆）自由贸易试验区金融业负面清单准入管理模式，支持符合条件的民间资本、境外资本在区内发起和参与设立金融机构。支持在试验区内注册成立证券期货风险管理和资产管理、证券投资咨询、个人征信、外资健康保险等各类外资或中外合资金融机构。

推进中新双方金融机构互设试点。探索引进新加坡国际金融市场共建能源交易等资产登记和交易平台，开展金融要素市场的跨境交易和结算，引进新加坡企业来渝设立结算中心和资金运营中心。支持本地金融机构赴新加坡申请保荐上市、发债等业务牌照资格，设立海外窗口平台。

促进跨境金融协作。推动组建金融开放创新专家委员会，为中国（重庆）自由贸易试验区金融创新、中新金融合作提供智力支持。完善"走出去"投融资服务体系，争取国家国际产能合作股权投资基金等跨境金融机构的支持，围绕服务国际产能合作和国际贸易，加强对企业增信、融资、保险等服务。依托"渝新欧"国际物流大通道，探索铁路货物监管模式及应收账款融资等铁路单证项下结算和融资产品创新。创新金融交流合作机制，加强与纽约、伦敦、法兰克福、新加坡、香港等境外主要金融中心的交流，为功能性金融中心建设拓展国际合作空间。完善我市与新加坡方面政策配套，建立健全双方政府间合作机制、工作推进机制。双方协同实施配套财政支持和创新支持政策，从项目储备、资源协调、环境营造等方面着手，为中新合作项目开展创造良好的环境。

专栏3　中新（重庆）战略性互联互通示范项目金融领域主要合作项目

跨境融资。进一步健全国家、新加坡、重庆地方三个层级的跨境融资政策支持体系，建立跨境融资重点培育企业名录库，完善企业信用提升工作实施机制，积极推动重庆企业通过跨境贷款、赴新加坡上市、发行本外币债券、发行房地产信托产品等途径实现跨境融资，实现中新资本市场的互联互通。

跨境投资。推动中新互联互通投资基金等基金开展对内投资，积极设立股权投资基金开展对外投资，努力打造双向跨境投资中心。推动双方金融机构相互投资或并购。吸引国际资金及投资者投资重庆，促进重庆与东南亚国家间的贸易和投资。

跨境金融结算。推动跨国公司来渝开展离岸金融结算、本外币资金集中运营管理、本外币轧差结算,推动跨境人民币结算、跨境电子商务等经常项下跨境业务,做大我市跨境金融结算规模。

保险产品服务及资金运用创新。推动新加坡企业参与保险创新发展试验区建设。鼓励新加坡再保险企业在重庆设立专业子公司、分支机构以及再保险经纪、风险评级等配套机构。推动中国保险投资基金设立中新(重庆)战略性互联互通示范项目子基金。支持保险资金投资与中新(重庆)战略相关的股票、企业股权、股权投资基金、创业投资基金以及不动产和基础设施。

金融机构设立。推动中外资金融机构在渝设立面向中新金融合作的专业子公司、功能性总部、区域性总部和后台服务机构。推动符合条件的重庆地方金融机构赴新加坡设立营业机构,提升国际化发展水平。

二、探索跨区域金融合作

拓展区域金融市场合作。与长江经济带沿线省市、成渝城市群密切协作,建立机构互设、产品互认、资金互通、市场互联的合作机制。创新金融合作模式,鼓励各类政策性、商业性金融机构加强资金融通协作,探索设立区域合作产业投资基金等机构,服务区域重大项目和基础设施建设。协同为企业和个人提供一体化的存款、取款等基础金融服务,降低资金跨区域流通成本。支持在渝法人金融机构跨区域开展业务和跨区域并购重组,深化渝沪航运交易所战略合作,加快建立长江黄金水道货运定价、交易和结算平台,促进金融资源协同配置。

建立跨区域金融合作机制。探索建立机构信息库、产品信息数据库和从业人员信息数据库,加大金融管理与市场运行信息、社会公共信用信息、行业协会自律信息的共享,为区域金融市场合作提供信息保障,助推金融资本、人才等资源跨区域流动。推动建立常态化协调工作机制,协商解决区域协同发展中面临的突出问题。建立跨区域长效金融监管协作机制,简化金融机构行政审批流程,力争实现监管互认,加强对非法集资、互联网金融等跨区域风险的监管合作和协调,统一监管标准、方法和手段,协调跨区域案件处理。

第五节 打造普惠金融示范区

坚持政府引导与市场主导相结合、增强基础金融服务与改进宣点领域金融服务相结合，加快完善统筹城乡的金融服务体系，建立与全面建成小康社会和精准扶贫相适应的普惠金融服务和保障体系，不断提高金融服务的覆盖率、可得性和满意度。

一、加大经济发展薄弱环节的金融资源有效供给

强化涉农金融服务。鼓励金融机构通过电子机具、便民服务点、助农取款点、手机银行、网上银行等多种方式，形成覆盖面更广、功能更健全的农村金融基础服务体系，为农户提供便捷、低成本的存取款、小额贷款等金融服务。支持商业银行增加区县（自治县）网点，单列涉农信贷安排，推进社区和乡镇特色网点建设，加快实现村镇银行全覆盖。完善涉农担保体系，在有条件的区县（自治县）组建政策性农业担保公司。围绕返乡农民工、农村青年、农村妇女、大学生村官、科技特派员就业创业等创新涉农信贷产品，提高涉农贷款风险的监管容忍度，保持涉农贷款持续增长。引导涉农企业上市挂牌，鼓励涉农企业发行企业债、公司债融资。

创新小微企业融资服务。创新工作机制，引导银行加强资源倾斜保障，创新多样化、个性化的服务产品，实现"三个不低于"（小微企业贷款增速不低于各项贷款平均增速、贷款户数不低于上年同期、申贷获得率不低于上年同期）的监管要求。推进政策性银行充分运用资金成本优势，开发批发型贷款，为小微企业提供低成本资金。引导大型商业银行、股份制商业银行强化对薄弱环节的金融服务，创新循环使用类、弱担保的小微信贷产品，优化信贷制度、机制、流程，完善结算、融资、理财、咨询等综合性金融服务。为中小微企业利用股票市场、债券市场融资创造条件。引导小额贷款公司优化服务小微企业、产业链建设等商业模式，贴近小微企业"短、快、频、急"的融资需求，扩大客户数量和服务覆盖面，持续提高

低息免息类产品占比。

二、深化农村产权抵押融资改革

积极开展农村土地承包经营权、农房、林权等农村产权抵押融资，推广涉农动产抵押融资，拓宽抵押物范围。大力发展农村土地承包经营权和农村居民住房财产权"两权"抵押贷款，用好用足"两权"试点政策。开展农村集体经营性建设用地抵押贷款试点，实现农村集体经营性建设用地与国有建设用地同等抵押权能。在试点基础上推广农村土地收益保证贷款，加大财政贴息贴费力度，逐步扩大试点区县范围。推动兴农担保公司等政策性融资担保公司增资扩股，增强资本实力，提升农村产权抵押融资担保能力。进一步完善农村产权抵押融资配套机制，健全流转交易信息发布、组织交易、交易鉴证、资金结算、产权抵押、融资信息汇集等功能，提供抵押登记、不良资产处置等服务。到 2020 年，力争实现农村产权抵押累计贷款 1300 亿元。

三、强化金融精准扶贫

完善金融扶贫服务体系。推进设立村镇银行、农村小额信贷组织等新型支农金融机构，为农村贫困人群提供融资服务。优先支持具备条件的贫困地区开展村级农村金融服务组织试点和新型农村合作金融组织试点，为农户申请农村产权抵押贷款提供农村产权托管、处置及风险补偿服务。继续提升贫困地区农行"惠农通"、邮储银行"商易通"、重庆农商行"便民服务点"等基础金融服务设施的覆盖率和使用效率，到 2017 年底前，力争基本建成覆盖全市贫困地区和贫困人口的农村金融服务体系。

扎实推动信贷扶贫产品落地。畅通政策性、开发性、商业性、合作性金融等融资渠道，创建政策性金融扶贫实验示范区。积极推进金融扶贫主办行、"一行一品"产品创新、金融扶贫示范点和金融精准扶贫统计等工作。大力开展基础设施项目贷款、高山生态扶贫搬迁贷款、产业扶贫贷款，改善贫困地区、贫困人口生产生活条件。实施精准扶贫小额到户贷款工程，为贫困户提供基准利率、免抵押、免担保的小额信贷支持，力争对符合条件的建档立卡贫困户的有效贷款需求实现扶贫小额信贷全覆盖。脱贫攻坚期间，保持贫困地区、贫困户金融资金投入总量持续增长，力争实现贫困地区各项贷款增速高于全市贷款平均水平，贫困户贷款增速高于农户贷款平均增速。

丰富金融扶贫方式。强化保险保障，扩大贫困户农房保险覆盖面，推广人身意外伤害、疾病医疗等扶贫小额人身保险产品，实现贫困户大病医疗补充保险全覆盖，探索创新扶贫小额保险补助机制，支持开展保险资金支农融资。利用资本市场扶贫政策，优先支持贫困地区企业上市、挂牌，建立辅导验收、政策扶持、入库培育、协调服务的便捷通道。加快实现重庆兴农担保公司担保业务对贫困区县的全覆盖，创新涉农交易场所精准扶贫新模式，支持贫困户实现脱贫增收。

专栏4　发展农村合作金融体系

目标：建立完善监管制度，健全监管机制，加快村级金融服务组织和新型农村合作金融组织试点。

加快组建村级金融服务组织。出台管理办法和操作指南，探索建立乡村内生的信用约束机制和农村产权资产合法有效流转机制。通过非营利的社会团体的组织形式，强化服务组织社会服务功能；采用农村产权附条件买卖方式替代抵押担保，设置风险保证金提供流动性保障，建立农村产权资产日常需求登记制度和合理安排处置流程；对试点区县和行政村进行严格筛选，建立区县、乡镇、村三级联动的日常监管、风险监测、风险事件处置机制，及时识别并处置风险。为农户申请农村产权抵押贷款提供农村产权托管、处置及风险补偿服务，撬动银行贷款覆盖农户5万～50万元的融资需求。

规范发展农村合作金融。加强新型农村合作金融监管协作，着力构建新型农村合作金融监管机制和风险防控长效机制。在管理民主、运行规范、带动力强的农民合作社和供销合作社以及发展条件较好的农村社区，开展组建新型农村合作金融组织试点。

四、稳妥发展互联网金融

进一步深化金融科技创新发展，促进信息科技与金融服务深度融合，完善数字金融服务基础设施，降低交易成本，提高金融普惠性和覆盖面，提升服务效率和质量。支持金融机构依托科技创新驱动产品创新和服务创新，满足实体经济多层次投融资需求，以及不同场景的特定需求，为普惠金融商业可持续提供有力支持。培育和规范发展互联网金融及其衍生的支付、理财、征信等新业态，推动互联网金融与电商、供应链管理、跨境贸易等领域的相互促进。积极探索基于区块链技术的数字货币、资产认证、智能合约等创新和应用实践，争取在智能投顾、保险代销等方面取得新突破。

加快发展"金融+互联网"，支持银行、证券、保险等传统金融机构加大对大数据、云计算等新兴信息技术的运用。推广重庆农商行手机银行、重庆银行直销银行等新型终端，支持法人银行成立互联网金融专营事业部或独立法人机构，稳妥发展互联网保险业务，支持符合条件的消费金融公司等新型机构利用互联网平台开展服务。规范发展"互联网+金融"，稳妥支持优质的互联网企业开展金融业务，发展金融服务新模式新业态。打造网络小额贷款公司高地，不断创新大数据风险控制模式，运用信用记录、交易记录、行为习惯等多维度数据实现风险识别度量。有序支持具备较强数据收集及分析能力的企业通过设立或入股新型金融机构实现大数据的金融运用。依规发展网络借贷、股权众筹、网络金融产品销售等普惠金融创新业态，加强机构信息披露，为低收入人群、小微企业等薄弱环节提供高透明度的金融服务，降低市场风险和道德风险。

第六节 建设全国保险创新发展试验区

充分发挥保险业在完善现代金融体系、改善民生保障、创新社会管理、促进经济提质增效升级和政府职能转变中的重要作用，加快建设保障全面、功能完善、安全稳健、诚信规范，与我市经济社会发展需求相适应的现代保险服务业。

一、发展西部再保险市场

以中新（重庆）战略性互联互通示范项目为契机，加强我市与新加坡再保险企业的技术交流，吸引国内外再保险机构来渝设立专业子公司、分支机构及再保险经纪、风险评级等配套机构。积极推动巨灾、农业保险再保险业务创新，争取国内外再保险机构在渝开展业务、技术等创新，推动我市逐步建成西部重要的保险风险集散中心。

二、增强保险社会民生保障"稳定器"功能

丰富保险产品、保险服务，创新保险展业模式，充分发挥保险促进社会稳定的保障功能。鼓励商业保险机构参与多层次社会保障体系建设，促进商业保险逐步成为多层次社会保障体系的重要组成部分。支持保险机构参与城乡居民大病保险、城镇职工大额医保工作，不断完善运作机制，提高保障水平。鼓励有条件的企业建立养老健康保障计划和企业年金制度，创新发展养老保险产品和服务，试点开展住房反向抵押商业养老保险，支持保险机构在渝设立养老服务产业。鼓励保险机构研究开发与基本医疗保险相衔接的相关医疗、疾病保险。充分运用商业保险机制，服务政府职能转变，大力发展医疗、环境污染、食品安全、建筑质量、校园安全等方面关系公众安全的责任保险，探索重点领域强制责任保险试点工作。建立巨灾保险制度，根据我市灾害特点，开展针对暴雨、地震、滑坡、泥石流、洪水、森林火灾等灾害的巨灾保险，探索建立巨灾保险基金和开展巨灾证券化产品等，逐步形成财政支持下的多层次巨灾风险分散机制。

三、发挥保险经济"助推器"功能

全面提高保险业对实体经济的保障力度。加快农业保险基层服务体系建设，推广中央政策性农业保险，逐步建成以中央、市级政策性农业保险为主，商业性农业保险、互助农业保险共同发展的农业保险体系。实现应保尽保。积极开发满足农民和农村经营主体需求的专属农业保险产品，加大收益保险和价格保险创新力度，探索开发天气指数保险等产品。积极发

展个人消费贷款保证保险，促进释放居民消费潜力。发挥出口信用保险促进外贸稳定增长和转型升级的作用，支持开展船舶保险、货运保险等业务，探索建设服务渝新欧国际物流大通道的专业物流保险中心和长江黄金水道的内河航运保险中心。鼓励保险机构开展信用保证保险、外汇长期寿险、平行进口车保险、保税仓储物流责任保险等业务创新。

加大保险资金投资力度。发挥保险资金长期投资的优势，支持保险机构以债权、股权以及政府和社会资本合作等模式投资我市基础设施和重大建设项目，运用优先股方式参与地方国企改革重组。开展保险资金运用创新试点，探索通过产品分级、资产抵质押、股债结合等方式，创新保险资产管理产品结构，为科技型企业、小微企业、"三农"等发展提供资金支持。

第七节　改善金融生态环境

把营造良好的金融生态环境作为建设功能性金融中心的重要前提，加快优化全市法治和社会信用环境，完善政策和政务环境，加强金融消费者权益保护，着力打造在全国具有良好美誉度、对金融机构有较强吸引力的生态环境。

一、优化法治环境

加强金融司法联动，建立健全行业主（监）管部门、公安、法院、检察院协调配合机制，合力推动金融案件立案侦查、审查起诉、案件审判等工作，实施非法集资等重大案件"挂牌督办制度"。推动金融司法制度创新，进一步完善金融监管和金融审判联席会议制度，继续强化金融审判专业化建设，研究设立清算与破产审判庭、金融专业合议庭等机构。逐步建立"快侦快诉快审快结"机制和高效金融争议协调机制，推行金融仲裁，研究完善金融案件专项执行机制，提升金融债权执行效率和执行兑现率。完善地方金融法规，研究出台地方金融业管理条例，强化金融服务、金融发展、金融监管、法律责任等金融运行重点环节的管理。

二、优化社会信用环境

健全社会信用体系,依法建立守信激励、失信惩戒的信用制度,开展政府、金融机构、企业间的信用信息共建共享,推动放开政府各行政部门间信用信息,构建服务小微企业与金融机构的信用平台。扩大人民银行征信系统对地方新型金融机构覆盖面,加快推动小贷公司、融资担保公司等加入征信系统。推广社会信用体系建设试点区经验,健全企业信息系统、农村征信系统,支持建设信用村、信用乡镇。建立信用评级系统,支持行业协会积极开展行业信用评价工作。引导征信产品广泛运用,规范发展第三方信用评级市场,提高企业参评积极性、主动性,推动信用评级结果的实际应用。

三、打造地方金融安全区

建立健全金融稳定工作机制。按照国家金融监管体制改革要求,加快建立健全"规制统一、权责明晰、运转协调、安全高效"的地方金融监管体制。发挥市金融工作协调联席会议机制作用,加强中央和地方跨行业、跨市场、跨部门的金融监管协作,加强监管协调和信息共享。发挥好金融各行业协会组织的自律、维权、协调、服务作用,实现自律监管、他律监管协调运行。

提高地方金融监管水平。落实金融机构和金融中介服务机构风险防范主体责任,按照"谁审批、谁负责,谁主管、谁监管"的原则,落实市级部门和区县(自治县)人民政府监管职责和风险处置责任。加强全方位风险监测预警,深入排查各类风险隐患,及时应对风险事件。强化地方新型金融机构事前、事中、事后管控,推动实施穿透式监管,建立针对地方新型金融机构和行为的功能监管模式和行为监管模式,强化行为负面清单管理,建立完善市场化退出渠道。对从事金融活动的工商企业加大源头管理和动态监控力度,保持对非法集资等非法金融活动打击高压态势,推进风险早预防、早发现、早处置。

> **专栏5　打击非法集资活动**
>
> 目标：非法集资高发蔓延势头得到遏制，存量风险及时化解，增量风险逐步减少。重大风险案件得到依法、稳妥处置。风险监测预警及时到位，社会公众相关法律意识和风险意识明显增强。非法集资综合治理长效机制逐步建立。
>
> 健全处非工作机制。全面落实《国务院关于进一步做好防范和处置非法集资工作的意见》，提高处非工作常态化、信息化、社会化水平。进一步发挥处置非法集资领导小组的统筹协调作用，夯实区县（自治县）人民政府主体责任，强化各级职能部门职责落实。加大对风险排查、专项整治等重大行动的现场巡查督查，推动形成处非工作合力。
>
> 加大风险防范力度。坚持打防结合、以防为主、抓早抓小抓苗头，建立健全风险监测预警体系。依托基层网格化管理体系，落实举报奖励制度，加大群防群治力度。建设风险监测预警平台系统，提高信息化监测水平。深化源头治理，建立风险监测台账，及早发现、及时处置各类风险苗头。
>
> 抓好案件统筹处置。坚持疏堵并举、分类处置原则，确保有案必查、有罪必处。坚持控增量、消存量，逐步建立"快侦快诉快审快结"机制。制定出台重大案件挂牌督办制度，集中力量推进重大案件协调处置。完善案件进展定期通报制度，妥善处置网络舆情和各类信访事件，确保案件处置依法、稳妥进行。
>
> 强化打非宣传教育。健全宣传部门协调推动、行业主监管部门积极参与、各区县（自治县）具体落实的宣传工作机制。加强全方位宣传阵地建设。培育发展制度化、常态化宣传方式和载体。推动建立处非宣传志愿者队伍。深入开展法制宣传和风险警示教育，提高群众自觉防范和抵制非法集资意识。

四、完善政务和政策环境

提升地方政府服务意识和效率。畅通政府部门与金融机构的工作联系渠道，及时帮助金融机构解决发展难题。加大公共数据开放力度，为金融机构发展提供环境、土地、人才、政策、社会信用信息等资源信息支撑，帮助金融机构决策。加大简政放权力度，优化调整市场准入、抵押登记、资产处置等行政审批流程，为金融机构提供高效经营环境。探索实施地方金融归口集中管理。优化金融业财税优惠及奖补政策，运用好金融发展专项资金，发挥财政资金杠杆撬动作用，进一步健全金融机构入驻、人才引进、金融市场建设等配套优惠政策，提高财政金融联动效力。综合运用补贴、奖励、减税、风险分担等政策，健全财政各类贴息、贴费、补贴、奖励等机制，完善农村产权抵押融资、小微企业贷款等风险补偿制度和机制，引导金融机构加强对薄弱领域的服务。

五、加强金融消费者权益保护

规范金融机构行为。引导金融机构将保护金融消费者合法权益纳入公司治理、企业文化建设和经营发展战略中统筹规划，落实人员配备和经费预算。建立金融消费者适当性制度，推动金融机构对金融产品和服务的风险及专业复杂程度进行评估并实施分级动态管理，完善金融消费者风险偏好、风险认知和风险承受能力测评制度，将合适的金融产品和服务提供给适当的金融消费者。加强信息披露，有效保障金融消费者财产安全权、知情权、自主选择权等消费者权益。

完善监管工作机制。加强金融消费者权益保护监督管理，建立健全金融消费者投诉处理机制，及时查处侵害金融消费者合法权益的行为，加大对非法金融活动的惩处力度，维护金融市场有序运行。健全金融消费者权益保护工作机制，建立跨领域的金融消费者教育、金融消费争议处理和监管执法合作机制，强化责任落实和人员保障，加强信息共享，协调解决金融消费者权益保护领域的重大问题。

第八节 建成金融人才高地

牢固树立人才是金融中心建设根本保证的理念，健全"高端靠引进、中端靠培训、低端靠教育"的金融人才队伍梯度培养机制，创新金融人才激励机制，注重发挥机构平台作用，在全社会营造支持金融人才成长、实现金融人才价值的良好氛围和可持续发展环境。

一、创新金融人才引进方式

以机构为载体集聚高端金融人才，为金融人才及团队提供干事创业平台，促进机构与人才队伍共同发展。加强紧缺金融人才政策引导，定期发布紧缺金融人才目录。鼓励金融机构以柔性引进、智力引进、团队引进等方式，面向海内外引进一批在业界有较大影响的高级管理人才和引领金融创新的高级专业人才，提高国际化战略金融人才占比。支持金融机构以"人才+项目"模式，依托国家重大人才计划、国家发展战略、政策试点、国际金融合作等项目，集聚和培养高端金融人才。争取国际金融组织和外国政府贷款投资金融人才开发项目，搭建海内外金融人才交流平台。

二、加大人才引进政策支持力度

依法依规完善金融人才激励机制和贡献奖励政策，借鉴沿海地区、科技等行业对人才的激励政策，在金融人才激励性报酬、股权激励配套政策、高层次人才奖励补贴等方面实现突破。探索组建金融人才发展专项基金，建立全市金融人才评价体系。支持金融机构以期权股权、分红、企业年金等市场化方式激励人才。鼓励金融人才创新成果市场转让与转化，将新引进金融人才和项目列入政府性风险投资、创业投资基金优先投资名单。增强对金融人才的公共服务，在户籍、医疗保障、配偶随迁、子女入学、住房、出入境签证、交通、创业投资等方面创造便利条件，研究完善国外金融人才来渝工作、签证、居留和永久居留管理的政策制度，降低金融人才流动的个人成本。

三、健全多层次金融人才培养机制

强化基础金融人才培育。支持市内大专院校完善金融专业设置与课程体系，与国内外知名院校开展金融专业共建，与金融机构合作建设研究院、实验室、实训实习基地。建好重庆金融学院，打造高质量的金融人才教育平台。强化专业人才培训。吸引金融监管部门来渝设立培训基地，引进和培育各类专业化金融教育服务机构、权威认证和金融培训机构，持续建设金融高级研修班、"金融大讲堂"等专业培训平台，支持在渝法人机构设立博士后科研工作站，开展金融领域的中新博士后国际交流项目合作。强化高端人才培养。推进"百名金融高端人才培养计划"，建立高端金融人才储备库。创新重庆金融研究院运行模式，做实国家普惠金融实验室，打造具有较强研究能力和社会影响力的专家智库，加强对全市金融发展的支持和指导。

四、培育尊重、包容的金融文化氛围

营造充分尊重、关怀、宽容、支持金融人才成长，实现金融人才价值的金融文化氛围。健全金融领域重大决策专家咨询制度，鼓励高端金融人才以多种方式参与经济社会管理，在经济和政治待遇上予以倾斜。进一步夯实金融中心文化底蕴，依托重庆独特风俗文化，结合文化产业发展，研究建设金融历史博物馆、金融文化中心等文化传播平台，推动举办标志性、有影响力的金融高端论坛，率先在全国发布咖啡等大宗商品价格指数，打造对外宣传、形象展示和引进智力支持的品牌阵地。组织举办金融文化节、金融博览会等活动，常态化开展金融知识宣传活动，向社会普及现代金融知识、传播现代金融理念，提高民众理财和抗金融风险能力。培育在全国具有影响力的金融传媒、金融自媒体、金融资讯机构，加强金融、传媒行业联动，主动发布、解读信息，及时回应社会和舆论关切，营造良好社会舆论环境。

第五章　支撑保障

【篇章解读】

本篇明确"十三五"时期，各级人民政府、市级有关部门、中央在渝监管机构等以规划的实施工作作为重中之重,明确职责,加强沟通协调,营造良好的政务环境和营商环境,分工推进,形成合力,切实保障规划的推进与落实。

一是加强组织领导。全市各级政府、全行业机构等要统一思想,明确职责,分工协调,积极争取国家层面的政策支持和指导。

二是强化金融资源统筹。全市金融业要准确把握现代金融业发展规律和趋势,着眼境内境外两个市场,增强资源集聚辐射能力,推动各级政府部门、中央与地方金融监管部门、政府部门与金融机构等在统筹金融资源等各方面形成常态化合作机制。

三是推动地方金融工作队伍建设。健全市、区县(自治县)两级金融工作机制,各区县政府明确自身金融定位,实现差异化发展,充实金融工作力量,强化人、财、物保障。

四是实施专项行动计划。"十三五"时期,全市要围绕功能性金融中心建设的重点领域和关键环节,进一步细化工作任务,制订年度行动计划,集中力量,重点突破。

【篇章原文】

第一节 加强组织领导

进一步发挥市金融工作协调联席会议职能,统筹协调国内重要功能性金融中心建设,研究解决发展中面临的重大问题。各区县(自治县)人民政府、市级有关部门、中央在渝金融监管机构按照规划要求,明确职责,分工推进,形成合力,并积极争取国家层面的政策支持和指导。市金融办牵头建立考核督查机制,实施动态监测与跟踪分析,加强与"十三五"规划纲要的衔接,切实推进规划落实。

第二节 强化金融资源统筹

统筹运用财政政策、货币政策工具、监管政策和国资平台,加大对金融资源的统筹调配力度，引导金融资源有序合理流动，针对行业运行中出现的问题和困难，适时实施专项调度。增强中央在渝金融监管部门与地方金融监管责任部门的协调沟通，加大信息互换共享和协作配合，在风险防范化解处置、地方金融改革、业务发展等方面形成常态化合作机制。

第三节　推动地方金融工作队伍建设

不断强化地方金融监管责任部门组织建设、队伍建设和能力建设。健全市、区县（自治县）两级金融工作体制，督促落实区县（自治县）金融工作部门责任，履行风险监管和处置职责，支持区县（自治县）人民政府进一步充实区县（自治县）金融工作力量，为强化区县（自治县）金融工作提供人、财、物保障。进一步加强对区县（自治县）金融工作部门的政策传递、指导支持和业务培训，提高监管人员业务能力，实现市、区县（自治县）两级金融工作部门一体化运作。

第四节　实施专项行动计划

市金融办牵头，围绕功能性金融中心建设的重点领域与关键环节，按年度谋划制订行动计划。进一步细化工作任务，着力金融重大项目梯次储备和实施，突出重点，集中力量，限时推进，促进规划目标和主要任务的实现。有关区县（自治县）人民政府要研究细化规划具体实施方案和年度落实计划。

后　记

《地方金融转型发展路径研究——重庆市金融业"十三五"发展思路》是在总结"长江上游地区金融中心"的发展经验和深入研究金融中心发展理论的基础上，结合国家重大战略发展要求，对重庆市"十三五"期间金融业发展路径和发展思路探索的汇集。

本书凝聚了监管部门、金融机构、科研单位及专家学者们的智慧，展示了重庆市金融转型发展的路径探索过程，提出重庆市金融业"十三五"发展思路，推动重庆由长江上游地区金融中心向功能性金融中心转型发展。我们正是在重庆市建设功能性金融中心的思想指导下，吸取最新的研究成果，编写出这本《地方金融转型发展路径研究——重庆市金融业"十三五"发展思路》，作为重庆直辖20周年的献礼！

本书得以付梓，尤其是材料完善、数据梳理、模型论证等都离不开监管部门、金融机构、科研单位及专家学者们刻苦钻研和辛勤付出。在此要特别感谢在成书过程中关心和支持我们的各位领导，感谢相关部门和单位给予的帮助，感谢编委会的所有成员。我们谨向所有支持本书出版的单位和金融工作者们表示诚挚的感谢和深深的敬意。为保证本书质量，编撰人员进行了严格的组稿、审稿、反馈、编辑等一系列工作。

金融发展创新层出不穷，加之编撰人员能力有限，《地方金融转型发展路径研究——重庆市金融业"十三五"发展思路》难免存在疏漏和不妥之处，敬请广大读者提出宝贵意见。

张洪铭
重庆市金融发展服务中心
2017年6月30日